Johannes Taschner, Johan Temmerman (eds.)

Essays on Theology, Meaning, and Pastoral Care

Analecta Bruxellensia

edited by

Heye Heyen and Johannes Taschner
Faculty of Protestant Theology in Brussels

Volume 18

LIT

Essays on Theology, Meaning, and Pastoral Care

edited by

Johannes Taschner and Johan Temmerman

LIT

This book is printed on acid-free paper.

Bibliographic information published by the Deutsche Nationalbibliothek
The Deutsche Nationalbibliothek lists this publication in the Deutsche Nationalbibliografie; detailed bibliographic data are available on the Internet at http://dnb.d-nb.de.

ISBN 978-3-643-91024-0 (pb)
ISBN 978-3-643-96024-5 (PDF)

A catalogue record for this book is available from the British Library

Klosbachstr. 107
CH-8032 Zürich
Tel. +41 (0) 44-251 75 05
E-Mail: zuerich@lit-verlag.ch http://www.lit-verlag.ch
Distribution:
In the UK: Global Book Marketing, e-mail: mo@centralbooks.com
In North America: International Specialized Book Services, e-mail: orders@isbs.com
In Germany: LIT Verlag Fresnostr. 2, D-48159 Münster
Tel. +49 (0) 2 51-620 32 22, Fax +49 (0) 2 51-922 60 99, e-mail: vertrieb@lit-verlag.de
e-books are available at www.litwebshop.de

The faculty dedicates this issue to Professor Heye Heyen on the occasion of his retirement.

Inhalt

Woord vooraf

Een nieuwe Analecta Bruxellensia ligt voor. We zijn ondertussen aan de 18^e editie. De verzameling vormt tevens de afscheidsbundel voor de hoogleraar Praktische Theologie Prof. Dr. Heye Heyen. Gezien de bijzondere interesse van de aanstaande emeritus en praktisch theoloog is het inhoudelijke hoofdbestanddeel van deze editie gericht op analyse van en reflectie op de logotherapie die de Oostenrijkse neuroloog en psychiater Viktor E. Frankl (1905–1997) introduceerde. Daarnaast biedt de bundel ook een inkijk in de specifieke onderzoeksterreinen die aan de theologische faculteit te Brussel worden beoefend.

Het is een hele klus om in deze steeds verder seculariserende samenlevingen theologie te bedrijven. Theologen zijn misschien meer dan voorheen geroepen om het woord te vertolken naar hedendaags taalgebruik. De oude slogans en het Bijbels jargon worden stilaan onbegrijpelijk. Het is daarbij zoeken naar 'bondgenoten', naar wetenschappen die dezelfde bekommernis delen. In het vakgebied van de Praktische Theologie gaat het om de mens en zijn zorgen. De mens in zijn materiële maar ook en vooral spirituele noden en oriëntatie komt zowel in de psychotherapie als in het pastoraat op de eerste plaats. De zingerichte therapie van Viktor Frankl en de Bijbels geïnspireerde kerkelijke praktijk delen de zorg voor en het gezamenlijk zoeken naar een zingevend perspectief in het leven van het individu. Vandaar dat prof. Heyen in zijn colleges Praktische Theologie niet naliet de studenten op de mogelijkheden en de inspiratie die V. Frankl en zijn benadering voor de pastorale praktijk te wijzen. In deze bundel kan je de neerslag lezen van deze pedagogische insteek. Bachelor-, master- en doctoraatsstudenten nemen in deze afscheidsbundel het woord en wuiven prof. Heyen met een dankbaar gebaar het emeritaat in. Verder komen ook collega's aan bod, zowel van de Nederlandstalige als van de Franstalige faculteit. We hopen met deze bundel niet alleen een staalkaart van de theologische bedrijvigheid in Brussel af te leveren, maar ook een dankbare herinnering aan prof. Heyen te presenteren. Daarover nog de volgende opmerkingen.

Met grote bekwaamheid loodste prof. Heyen de faculteit doorheen enkele moeilijke jaren. Zoals reeds eerder aangegeven loopt het theologiebedrijf vandaag de dag in nauwe schoentjes. Alles in de geglobaliseerde wereldculturen neigt voorin de 21^e eeuw naar snel veranderende en materieel uitdrukbare waarden. De christelijke traditie, die zo sterk de culturele ontwikkelingen in Europa stimuleerde en aandreef, komt in de verdrukking. Onze bescheiden theologische faculteit beleefde een decennium terug dan ook moeilijke tijden. Toen prof. Heyen de rangen vervoegde lag er nogal wat werk op de plank, niet in het minst om het academisch kader te vrijwaren ten einde de accreditatie van de opleidingen te garanderen. De faculteit kijkt dan ook met veel dankbaarheid terug op de samenwerking met en de inzet van prof. Heyen.

Zoals deze bundel al aangeeft, ligt de interesse van prof. Heyen als theoloog in de uitermate zorgvuldige benadering van het pastoraat. Ook daarbij ging hij niet over één nacht ijs. Een mens is meer dan alleen een organisme met een culturele en religieuze identiteit. Een mens draagt ook een levengevende kern, een psyché, met noden en verlangens, hoop en verdriet, trauma's en vreugde. Ook het gevoelsleven en de nood aan concrete zingeving speelt bij gemeenteleden een rol. Daarvoor had prof. Heyen aandacht. Steeds met kritische blik en met doortastende analyse begeleidde hij pastores in spe naar een evenwichtige uitoefening van het ambt. Ook daarin is de bijdrage van prof. Heyen groot.

Zoals hij zelf in het openingsartikel van deze bundel aangeeft, hopen wij met hem dat met zijn emeritaat geen einde komt aan zijn theologische betrokkenheid op academisch niveau in het algemeen en met onze faculteit in het bijzonder. We wensen prof. Heyen dan ook van harte de nodige genoegdoeningen maar ook uitdagingen tijdens het emeritaat dat hij nu aanvangt.

Van harte namens alle collega's en studenten.

Prof. Johan Temmerman
(decaan)

Préface

Vous avez devant vous la nouvelle édition des *Analecta Bruxellensia*, la 18e déjà ! Conjointement, ce volume constitue également un recueil d'adieu pour le professeur de Théologie pratique, prof. Dr. Heye Heyen. Vu l'intérêt tout particulier du futur émérite et théopraticien, l'essentiel de cette édition sera consacré à une analyse et une réflexion à propos de la logothérapie introduite par le neurologue et psychiatre autrichien Viktor E. Frankl (1905–1997). En outre, ce volume proposera aussi quelques coups d'œil dans des domaines de recherche spécifiques qui se pratiquent à la Faculté de théologie de Bruxelles.

Pratiquer la théologie au sein d'une société qui se sécularise toujours plus constitue un défi considérable. Les théologiens sont appelés probablement plus qu'avant à transposer la parole vers le langage contemporain. Les vieux slogans et le jargon biblique deviennent progressivement incompréhensibles, ce qui amène à chercher des «alliés» parmi les sciences qui partagent la même préoccupation. Le domaine de la théologie pratique concerne l'humain et ses soucis. Tant en psychothérapie qu'en pastorale, c'est l'humain qui se trouve au premier plan, avec ses besoins matériels, mais aussi et surtout spirituels. Et ses besoins d'orientation. La thérapie orientée vers le sens de Viktor Fankl et une pratique ecclésiale bibliquement inspirée partagent le souci de développer et de trouver ensemble une perspective de sens dans la vie des individus. Le professeur Heyen n'a donc pas manqué de montrer aux étudiants toutes les potentialités et l'inspiration qui résultent de V. Fankl et de son approche pour la pratique pastorale. Dans ce volume, vous pourrez lire le résultat de cette approche pédagogique : des étudiants du bachelor, du master et du doctorat y prennent la parole, accompagnant ainsi l'entrée dans l'éméritat de leur professeur avec des expressions de leur reconnaissance. On lira aussi des contributions de collègues, tant de la Faculté francophone que néerlandophone. Ainsi, nous espérons fournir par ce volume un échantillon de l'activité théologique en cours à Bruxelles, mais aussi présenter un souvenir reconnaissant au professeur Heyen. A ce propos, ajoutons deux remarques.

Avec beaucoup de compétence, le prof. Heyen a aidé la Faculté à traverser quelques années difficiles. Comme indiqué plus haut, l'activité théologique contemporaine n'en mène pas large. En ce début de 21e siècle, nos cultures mondialisées tendent vers des valeurs très évolutives et pouvant toujours s'exprimer de façon matérielle. La tradition chrétienne, autrefois moteur majeur des développements culturels en Europe, se trouve sérieusement malmenée. Au cours de la décennie écoulée, notre modeste faculté de théologie a connu des temps particulièrement difficiles. Lorsque le prof. Heyen nous a rejoint, le travail ne manquait pas, particulièrement pour sécuriser le cadre académique afin de garantir l'accréditation des formations. La faculté se souvient avec beaucoup de gratitude de la collaboration avec le prof. Heyen et de son investissement dans ce domaine.

Comme ce volume le montre, l'intérêt du prof. Heyen, en tant que théologien, se concentre sur une approche extrêmement méticuleuse du pastorat. Cela non plus n'allait pas de soi. L'humain est plus qu'un organisme avec une identité culturelle et religieuse. Un humain porte aussi en lui un noyau de vie, un psychisme, avec des besoins et des désirs, de l'espoir et de la tristesse, des traumatisme et de la joie. La vie affective et le besoin de sens concret jouent un rôle dans la vie des membres d'Église. Le prof. Heyen y restait toujours attentif. Avec un regard toujours critique et des analyses pénétrantes, il accompagnait des futurs pasteurs en vue d'un exercice équilibré du ministère. Dans ce domaine la contribution du prof. Heyen aura été considérable.

Comme il l'indique lui-même dans l'article d'ouverture de ce volume, nous espérons avec lui que son entrée dans l'éméritat ne mettra pas un terme à son implication théologique au niveau académique en général et pour notre faculté en particulier. De tout cœur, nous souhaitons donc au prof. Heyen toutes les satisfactions, mais aussi les défis propres à l'éméritat qui s'ouvre devant lui.

De tout cœur, de la part de tous les collègues et des étudiants,

Prof. Johan Temmerman
(Doyen)

Preface

A new Analecta Bruxellensia is here! We are now in our 18th edition. The collection also forms the farewell collection for our professor of practical theology, Heye Heyen. Given the special interest or our soon-to-be emeritus practical theologian, the main content of this edition is focused on analysis of and reflection on the logotherapy introduced by the Austrian neurologist and psychatrist Victor E. Frankl (1905–1997). The collection also offers an insight into the specific research areas that are practised at FPG Brussel, the Faculty of Protestant Theology in Brussels.

It is quite a job to do theology in our increasingly secularised society. Theologians are being called more than before to translate the Word into contemporary language. The old slogans and biblical jargon are gradually becoming incomprehensible. Theology is looking for "allies", for sciences that share the same concerns. In the field of practical theology it concerns humanity and humanity's worries. The human being is theology's material, but also and especially spiritual needs and orientations come first in both psychotherapy and pastoral care. The meaning-therapy of Viktor Frankl and biblically-inspired ecclesiastical practice share common concerns for and the joint search for a meaningful perspective in the life of the individual. Hence, in his lectures on practical theology, Prof. Heyen did not fail to point out to students the possibilities and inspiration that Frankl and his approach to pastoral practice have shown. In this collection, you can read the fruit of this pedagogical approach. Bachelor, master and PhD students take the floor and Prof. Heyen accepts his "emeritus" with a grateful flourish! Other colleagues also contribute, both from the Dutch-speaking and the French-speaking faculty. With this collection, we hope not only to deliver a sample of the theological activity in Brussels, but also to present a grateful parting gift to Prof. Heyen. On this point, I make the following remarks.

With great skill, Professor Heyen has guided the faculty through several difficult years. As mentioned earlier, the theology community is currently running on a shoe-string. Everything in globalised world cultures tends to change rapidly in the 21st century into rapidly changing and materially expressible values. The Christian tradition, which so strongly stimulated and stimulated cultural developments in Europe, is coming under pressure. Our small theological faculty was no stranger to a decade of difficult times. When Professor Heyen joined our ranks, a lot of work was pending, not least to safeguard the academic framework in order to guarantee the accreditation of the programmes. The faculty therefore looks back with much gratitude on its cooperation with and the efforts of Prof. Heyen.

As this collection already indicates, Professor Heyen's interest as a theologian lies in his meticulous approach to pastoral care. A person is more than just an organism with a cultural and religious identity. A person also carries a life-giving core, a psyche, with needs and desires, hopes and sorrows, traumas and joy. The emotional life and the need for concrete meaning also play a role for church members. Prof. Heyen has always paid attention to that. Always with a critical eye and with thorough analysis he guided pastors to a balanced exercise of their office. The contribution of Prof. Heyen is also significant in these qualities.

As he himself indicates in the opening article of this collection, we hope with him that his "'emeritus"' will not end his theological involvement on an academic level in general and with our faculty in particular. We would therefore like to congratulate Prof. Heyen on the essential blessings of retirement, as well as on its challenges!

This comes warmly on behalf of all my colleagues and students.

Prof. Johan Temmerman
Dean, FPG Brussel

75 années de la Faculté universitaire de Théologie protestante de Bruxelles[1]

Robert Boudin

Aujourd'hui la Faculté universitaire de Théologie protestante de Bruxelles fête la 75me année de son existence. En réalité nous fêtons aussi le 440me anniversaire de la fondation de la première faculté de théologie protestante des Pays-Bas méridionaux. Dès 1577 quand les réformés furent au pouvoir dans la ville de Gand une de leurs premières mesures prises fut l'organisation de l'enseignement depuis l'école primaire jusqu'à l'Académie. Fermée par les occupants espagnols, les étudiants et les professeurs comme Jacques Kimedocius et Lambert Danneau et d'autres essaimèrent dans toute l'Europe. C'est grâce à l'existence de cette Académie que la ville de Gand fut dotée d'une université en 1817 par le roi Guillaume souverain des Pays-Bas unis. Notre faculté actuelle a donc repris la tradition de cette première institution.

Parmi nos précurseurs il faut citer Victor Chauvin l'orientaliste de l'Université de Liège, qui avec une vision prophétique préconisait la création d'un institut protestant de théologie avec l'étude de l'hébreu et de l'arabe. Il se proposait pour y enseigner les langues sémitiques. Il rassembla en douze volumes une Bibliographie des Ouvrages arabes ou relatifs aux Arabes publiés dans l'Europe Chrétienne de 1810 à 1885, qui constitue encore aujourd'hui un ouvrage de référence.

C'est en pleine occupation allemande – celle de 1940 à 1944 – que les jeunes Belges désireux de poursuivre des études de théologie protestante ne purent s'expatrier comme l'avaient fait leurs prédécesseurs. Une demande de visa pour la Suisse adressée à l'Ambassade d'Allemagne fut refusée. Notez la subtilité : il s'agissait d'une demande dans le domaine de la diplomatie et non pas sur le terrain militaire.

Un jeune candidat Raymond Crassaerts demanda à Matthieu Schyns, pasteur titulaire de la Chapelle Royale, d'organiser des cours à Bruxelles. Schyns trouva parmi ses collègues assez de professeurs encore capables d'enseigner les disci-

[1] Ce texte a été présenté jeudi 5 octobre 2017 lors de l'ouverture de l'année académique 2017–2018 à l'occasion du 75ème anniversaire de la Faculté Francophone à Bruxelles.

plines théologiques y compris l'hébreu et le grec. Ainsi fut constitué le noyau de la faculté.

Le triumvirat Matthieu Schyns, William Thomas et Emile Hoyois – originaire de trois Eglises différentes – se mit à la tâche pour en faire une faculté francophone plantée dans le terreau universitaire belge

En saluant leur initiative audacieuse, nous pensons à la disparition récente de la Faculté de Théologie protestante de l'Université de Neuchâtel et à celle centenaire de Kampen aux Pays-Bas. Plus près de chez nous, le Supérieur Général de la Compagnie de Jésus a demandé la suspension de la Faculté de théologie jésuite francophone à Bruxelles pour septembre 2019.

Contre vents et marées, notre Faculté bruxelloise petite, mais vaillante, maintient le cap et s'adapte aux circonstances. Ce n'est pas une entreprise aisée que de sauvegarder l'existence d'un institut universitaire de formation de chefs de file, dont la souche sociologique est une minorité religieuse. Le protestantisme autochtone se doit de détenir les instruments de formation en mains propres. Il y va d'une question d'honneur.

Au cours des 75 ans écoulés, notre Faculté, qui est la plus petite unité universitaire de notre pays, s'est taillé peu à peu une place dans le paysage universitaire belge.

Ce fut un jour faste lorsque la Faculté fut visitée par un groupe d'ambassadeurs de pays avec lesquels elle avait de contacts cordiaux. Cette visite était présidée par le Nonce apostolique Igino Eugenio CARDINALE qui représenta le Saint-Siège à Bruxelles de 1969 à 1983. Ayant fonctionné à ce titre aux Etats-Unis, il était parfaitement au clair au sujet du protestantisme.

Au nom de toutes les Universités belges tous régimes linguistiques confondus la Faculté octroya à Raoul Wallenberg, premier secrétaire de l'Ambassade royale de Suède à Budapest, un doctorat honoris causa pour son action de secours en faveur des juifs de Hongrie. Il a mystérieusement disparu dans les prisons soviétiques. La cérémonie, couronnement des efforts persévérants de Maître Simone Lucki, se déroula au Palais d'Egmont en présence du prince Philippe, alors Duc de Brabant.

Dans les buts poursuivis par la Faculté, elle vise à enseigner une théologie décloisonnée, dépoussiérée, enrichie du contact des autres sciences humaines

La théologie n'est pas conçue pour alimenter une consommation religieuse, mais pour s'inscrire dans les débats sociaux et politiques de notre temps.

Il s'agit de se pencher sur les structures, les conjonctures et les événements offrant une remise en perspective salutaire. Il faut inciter les étudiantes et les étudiants à entrer en résonnance avec nos problématiques contemporaines en ces moments de replis nationaliste et raciste et dans l'atmosphère d'inquiétudes actuelle. L'enseignement de la théologie dans toutes ses disciplines n'est pas un endoctrinement, une manipulation mentale, mais la transmission d'un questionnement. L'étudiant ne doit pas apprendre à penser juste, mais à penser par lui-même, c'est là le libre examen, un fondement même du protestantisme.'

Examinez toutes choses, retenez ce qui est bon.

D'ailleurs notre institution n'a pas pour but unique de fournir à la Belgique les cadres nécessaires, non, elle englobe aussi d'autres continents. Elle a exporté des professeurs à Chicago, à Strasbourg, en Allemagne et fourni les cadres aux Facultés de la République démocratique du Congo, mais c'est surtout le Rwanda qui fut et est toujours l'objet de notre solidarité. L'Ecole théologique fondée jadis à Butare par Victor Phildius fut hissé au niveau universitaire par les efforts bruxellois. La Faculté de Butare est reconnue par le Ministère rwandais. de l'enseignement et de la Recherche scientifique. Malgré le génocide cette reconnaissance s'est maintenue sans faille. Des visites fréquentes de professeurs et de bibliothécaires ont aidé la Faculté rwandaise à maintenir un haut niveau d'enseignement.

En Belgique une coopération s'est faite avec la Faculté de théologie catholique de Louvain-la-Neuve par une publication commune sur Martin Luther, des professeurs de notre Faculté ont enseigné à l'Université de Liège et à l'Université libre de Bruxelles.

En juillet 2016, une convention a été établie entre notre Faculté et celle de l'Université de Strasbourg pour inscrire, dans nos programmes, des cours que les étudiant(e)s suivent en Enseignement à Distance.

Les titulaires des cours suivis dans ce cadre les évaluent selon leurs critères. Les cotations sont reportées dans les relevés gérés par Bruxelles qui reste l'autorité académique diplomante.

A Bruxelles un accord permet un régime intégré pour les étudiants pouvant suivre des cours dans les deux institutions. Dans le programme de l'Agrégation de l'Enseignement secondaire supérieur délivré par la Faculté, nos étudiant(e)s suivent, à l'ULB, les modules communs à toutes les agrégations de l'ensemble des disciplines organisées par celle-ci.

L'intérêt de ce partenariat, pour la FUTP, est de bénéficier de spécialisations dans les domaines de la philosophie, des sciences religieuses et humaines tout en maintenant notre identité protestante.

Aux étudiants unilingues francophones, il est judicieux de rappeler que pratiquer la théologie protestante basée sur les seules connaissances linguistiques françaises est court et restrictif. C'est se couper de l'immense effort de réflexion théologique publié en langues néerlandaise, anglaise et allemande sources incontournables pour la théologie protestante. Sise à Bruxelles, notre Faculté offre des opportunités excellentes à cet égard.

Parmi les exégètes francophones qui ont renouvelé et approfondi l'étude du Nouveau Testament, il faut citer Pierre César Bonnard, auteur vaudois qui nous a laissé des commentaires pertinents. Lorsqu'il poursuivait ses études à la Faculté libre de Lausanne, il sacrifiait à la bonne tradition de graver son nom dans le banc de l'auditoire supérieur. Il burinait le bois pendant les cours, les profs ne disaient rien, car leurs noms à eux figuraient aussi sur les pupitres. Bonnard avait mentionné ses années d'études. Un facétieux condisciple avait ajouté « Mort en bas âge ».

Fleuron de notre Faculté, la collection Jean Meyhoffer, avec ses livres et manuscrits constitue une source hors pair de textes et de documents au sujet du déroulement de la Réforme aux Pays-Bas et de la vie du protestantisme en Belgique. La bibliophilie éclectique de ce jeune Louviérois est devenu un instrument inégalé pour la recherche sur la famille protestante de notre pays. Consciente de cette richesse, la Faculté s'évertue à la compléter et à l'élargir avec les nouvelles parutions de ce domaine.

Or, il est incontestable qu'enseignement et recherche doivent s'épauler mutuellement Pour citer un projet dans le domaine de l'enracinement des théologiens dans notre pays. Une recherche à moyen terme est la constitution d'une liste de tous les pasteurs, aumôniers et enseignants qui ont œuvré dans ce qui est actuellement la Belgique et ce depuis le XVIme siècle. Chaque jour, nous découvrons des pasteurs, dont nous ne soupçonnions pas l'existence. Une autre opération à long terme est une banque de données reprenant tous les protestants et protestantes identifiés. Grâce à l'informatique, nous pouvons envisager de mener à bien une telle entreprise qui prendre certes plusieurs années.

Vous voyez que pour les années à venir qu'en plus des cours classiques, il y a du pain sur la table académique et du cramique sur le buffet facultaire.

En relevant les défis de la modernité, en se pénétrant des événements de notre histoire en s'inspirant des témoignages bibliques, nos étudiantes et nos étudiants pourront devenir pour nos concitoyens d'aujourd'hui des ambassadeurs d'éternité

Pastoraat en zingerichte therapie

Heye Heyen

Elk theologisch vak heeft op z'n minst één niet-theologische zusterdiscipline.

Voor de kerkgeschiedenis is dat de profane geschiedeniswetenschap; voor de systematische theologie is het de filosofie. Voor de liturgiewetenschap is dat het vak 'Ritual studies', voor de homiletiek de retorica en voor het pastoraat – daar wil ik uiteraard naartoe – de psychologie, ofwel meer specifiek: de psychotherapie.

Maar nu is het zo dat 'de' psychotherapie evenmin bestaat als 'het' pastoraat. Voor beide geldt dat er een aantal verschillende en soms zeer uiteenlopende stromingen en zelfs scholen zijn, dat er een breed spectrum bestaat van mogelijke standpunten die elkaar soms diametraal tegenspreken. Dat is voor wie van buiten kijkt, soms verwarrend.

Voordat ik nader inga op de psychotherapie, begin ik even met het vak 'pastoraat'.

Als iemand wil weten wat pastoraat nou eigenlijk is, kan hij bijvoorbeeld de vakliteratuur raadplegen. Daarin zal hij o.a. vinden hoe de meest bekende vertegenwoordigers van het vak 'pastoraat' definiëren. In het Nederlandse taalgebied zal hij met name de definitie van Ganzevoort & Visser[1] tegenkomen: 'een vastgelopen levensverhaal weer op gang brengen – door het verhaal van God in te brengen'. In de vakliteratuur kan hij ook kijken naar de geschiedenis resp. de ontwikkeling van het vak. Dan zal hij bijvoorbeeld ontdekken dat het in de oude kerk als de kerntaak van de pastor werd beschouwd om de zonde te bestrijden; in de middeleeuwen was het vooral de biecht om tijdelijke en eeuwige zondenstraffen te voorkomen; bij Luther ging het erom de zondaar die in zijn geweten is aangevochten, te vertroosten; in het piëtisme om de wedergeborenen toe te rusten en tijdens de verlichting om mensen te vormen. In de 20^{e} eeuw zal hij ongetwijfeld Thurneysen tegenkomen voor wie de confrontatie met de heilige God, zondebesef, gebed en genadeverkondiging centraal stonden. En hij zal zeker het zogenaamde therapeutisch pastoraat tegenkomen: een stroming waarin alles draaide om het

[1] R.R. Ganzevoort / J. Visser, Zorg voor het verhaal. Achtergrond, methode en inhoud van pastorale begeleiding, Zoetermeer (Meinema) 2007

onvoorwaardelijk aanvaarden van de pastorant en waarin voor gebed of expliciete verkondiging bijna geen ruimte meer was. Dat zijn allemaal dingen die de geïnteresseerde uit de vakliteratuur kan opmaken.

Een andere mogelijkheid zou zijn om te kijken hoe pastoraat in de praktijk eruitziet. Hij zou bijvoorbeeld verschillende pastores kunnen interviewen: Hoe doe je het? Over welke onderwerpen gaan de gesprekken vooral? Wat zijn je voornaamste doelen? Wat is je rol? Bid je met je pastorant of juist niet? – Of hij zou mensen kunnen vragen om iets te vertellen over hun ervaringen als pastorant. Bijvoorbeeld: Heeft de pastor vooral naar mij *geluisterd*? Of heeft hij vooral tegen mij *gesproken*? Wilde hij mij beleren of zelfs bekeren? Had ik het gevoel: Hij begrijpt mij goed? Heeft hij mij verder geholpen – hetzij wat mijn geloof, hetzij wat mijn leven betreft? – Op zo'n manier kun je empirisch in kaart brengen en evalueren hoe het pastoraat wordt gepraktiseerd.

Ik ga hier vandaag nu vanuit een derde invalshoek naar het pastoraat kijken. Namelijk vanuit de vraag: welke psychotherapie beschouwt een vertegenwoordiger van het vak pastoraat eigenlijk als zijn zusterdiscipline? Bij welke vertegenwoordiger van de psychotherapie is hij misschien zelfs in de leerschool gegaan? Met welke richting van de psychotherapie werkt hij samen – en met welke niet? Ook dat zegt heel veel over de invulling van zijn eigen vak. Want ook hierop kan het spreekwoord worden toegepast: Zeg me wie je vrienden zijn en ik zal je zeggen wie je bent.

Daarom zal ik nu vier psychotherapeutische scholen langslopen en laten zien wat de receptie daarvan over het pastoraat zegt.

Ik begin met de school die in de 20^{e} eeuw wel de 'klassieke' genoemd mag worden: de *psychoanalyse* van Sigmund Freud. Zoals bekend, was de centrale ontdekking van Freud dat het menselijk gedrag en het psychisch functioneren in hoge mate bepaald wordt door onbewuste motieven zoals door verdrongen conflicten, door seksuele en agressieve impulsen en de afweer daarvan. Doormiddel van met name hypnose, droomanalyse en vrije associaties probeerde Freud de onbewuste conflicten bewust te maken en op die manier de oorzaak van allerlei neurotische storingen te behandelen.

Toen pastores in de 20^{e} eeuw begonnen om zich inzichten en methoden uit de psychotherapie eigen te maken, m.a.w. toen de subdiscipline 'pastorale psychologie' ontstond, was het in eerste instantie de school van Freud die ze als hun zusterdiscipline gingen beschouwen. Dat kan verbazing wekken, vooral gezien het feit dat Freud, zelf atheïst, religie opvatte als een collectieve dwangneurose. Dus als iets waarvan de mens hopelijk bevrijd kan worden – evenals van andere dwangneuroses. Ook dat de psychoanalyse allerlei deugdzaam gedrag ontmaskerde als een sublimatie van onbewuste driftmatige impulsen, moest ook onder kerkmensen en theologen – zeker in de 1950er jaren – argwaan en weerstand oproepen.

Toch is uitgerekend de psychoanalyse de eerste bondgenoot van het pastoraat geworden – en gedeeltelijk zelfs tot op de dag van vandaag gebleven.

Hoe is dat te verklaren?

Het heeft zeker te maken met een historische factor (en het contingente karakter daarvan). Nog in de jaren 50 was de psychoanalyse de school die min of meer het hele veld van de psychotherapie beheerste. Alternatieve mogelijke bondgenoten van het pastoraat waren er toen dus bijna niet. En nadat binnen de pastorale psychologie de erfhofsteden eenmaal waren verdeeld, was het in de volgende decennia voor vertegenwoordigers van andere therapeutische scholen heel moeilijk om op dat veld ook nog een voet aan de grond te krijgen.

Maar los daarvan zijn er ook wel degelijk inhoudelijke redenen. De vertegenwoordigers van het pastoraat hebben kennelijk in de psychoanalyse – ondanks de atheïstische visie op religie als een dwangneurose – toch een aantrekkelijke bondgenoot gezien. Ze moeten er iets in hebben gezien waarvan ze vonden: daar hebben we iets aan om onze eigen kerntaak te realiseren. Wat zou dat zijn en wat zegt dat over hun invulling van pastoraat?

Ik noem twee punten.

- Ten eerste: Men wilde recht doen aan de pastorant. Als die bijvoorbeeld van zijn geloof niet vrolijk kon worden, maar ondanks Bijbellezen, kerkgang en gebed vast bleef zitten in depressief gekleurde schuldgevoelens en dwangmatige gedachten, dan vroeg de pastor om de competentie om dat niet alleen in termen van zondebesef of gebrek aan geloof te duiden, maar ook in psychologische termen. Hij wilde beter begrijpen: waarom wordt deze pastorant van het geloof dat ik hem verkondig, niet vrolijk? Daarom maakte men dankbaar gebruik van wat de psychoanalyse aanreikte.
- Ten tweede: de pastor kwam in zijn werk tegen wat men 'ecclesiogene neurosen' noemde. Die term staat voor een psychisch lijden als gevolg van een onderdrukkende kerkelijke opvoeding. Dat geldt met name voor de taboeïsering van de seksualiteit en alle neurotische gevolgen van dien. Daarom vroeg de pastor om een theorie die het mogelijk maakte om op een dergelijke onderdrukking a.h.w. profetische kritiek te beoefenen en de slachtoffers te helpen om zich daarvan te bevrijden. Het ging dus om een emancipatoire functie van het pastoraat.

Ik vat samen: Welke invulling van pastoraat is gebleken uit een bondgenootschap met de psychoanalyse? Recht doen aan de pastorant en bevrijding van een neurotiserende onderdrukking. Niemand zal betwisten dat dit legitieme doelstellingen van pastoraat zijn. Maar of daarmee ook al de kerntaak van pastoraat is benoemd, is nog wel een punt voor een kritische discussie.

De tweede psychotherapeutische school die ik hier wil noemen, is de *gesprekstherapie* ofwel de persoonsgerichte psychotherapie volgens de Amerikaanse psycholoog Carl Rogers. Deze is minder dan Freud geïnteresseerd in onbewuste motieven en conflicten. Hij is vooral gericht op de beleving van de cliënt hier en nu. Hierbij wordt grote nadruk erop gelegd dat de therapeut hem bejegent in een attitude van waardering en van onvoorwaardelijke acceptatie. De therapeut treedt dus niet directief en niet beoordelend (laat staan: veroordelend) op. Veeleer luistert hij op een empathische manier naar de cliënt en helpt hem woorden te vinden voor wat hij voelt. Rogers heeft er alle fiducie in dat de cliënt in zo'n klimaat van aanvaarding zal gaan groeien en daardoor zijn problemen te boven zal komen.

Met name in de Klinische Pastorale Vorming en in de praktijk van het pastoraat in het ziekenhuis en andere instellingen is er voor Rogers als de psychotherapeutische bondgenoot gekozen. De manier waarop in de vorming van pastores gespreksvoering wordt geleerd, onder andere door verbatims te analyseren, toont nog steeds grote verwantschap met de manier waarop dit in de opleiding van persoonsgerichte therapeuten gebeurt.

Wat zegt de keuze voor Rogers als bondgenoot over de invulling van het pastoraat?

De centrale term is voor beide 'aanvaarding'. Te faciliteren dat aanvaarding kan worden ervaren, beschouwen beide als hun core business. In een theologische context is bekend dat Paul Tillich heeft voorgesteld om de Bijbelse term 'rechtvaardiging' te vertalen door de term 'aanvaarding'. Hij schrijft: 'Aanvaarding betekent: Wij zijn door God aanvaard hoewel we volgens de criteria van de wet onaanvaardbaar zijn. Wij zijn geroepen om te aanvaarden dat wij aanvaard zijn.'[2] Als dat – met name in een Luthers perspectief – het centrum van de Bijbelse boodschap is, dan moet het volgens deze pastores ook de kerntaak van de pastor zijn om te faciliteren dat de pastorant dat – in het contact met de pastor – mag ondervinden. Ook al legt Rogers zelf de link met de rechtvaardigingsleer niet expliciet, voor de pastor ligt het voor de hand: Rogers is iemand bij wie we kunnen leren hoe we dat het best naar de praktijk vertalen.

Een derde psychotherapeutische school die ik wil noemen, is de *gedragstherapie*. Die speelt vandaag de dag een aanzienlijke rol op het veld van de psychotherapie. Oorspronkelijk ging het alleen over meetbaar gedrag – en over de vragen: Waardoor is dat geleerd? En hoe kan het weer worden afgeleerd? U kent vast het verhaal van de hond van Pavlov die begon te kwijlen als reactie op een geluid dat aan het voeren voorafging. Nadat de hond dit eenmaal had geleerd, begon hij als

2 P. Tillich, *Systematische Theologie Bd. III*, Stuttgart, Evangelisches Verlagswerk, 1966, 258

reactie op het geluid te kwijlen ook wanneer hij daarna geen voedsel kreeg. Maar deze geleerde reactie kon ook vrij eenvoudig weer worden afgeleerd door vaak genoeg dat geluid te doen horen zonder dat de hond daarna voedsel kreeg. Inmiddels heeft ook binnen de gedragstherapie een zogenaamde cognitieve wending plaatsgevonden. Ook bepaalde (met name: destructieve) gedachten en gevoelens worden beschouwd als een soort gedrag dat in principe kan worden afgeleerd. Dat gebeurt o.a. door de zogenaamde flooding: ik laat gewoon op me afkomen en inwerken wat een bepaalde angst oproept, ik ontwijk niet – totdat ik ondervind dat die angst vanzelf afneemt. Met name in het geval van fobieën (bijv. hoogtevrees of smetvrees) is dit een zeer effectieve therapie.

Maar met het pastoraat bestaan er nauwelijks raakvlakken. Voor de mainstream van het pastoraat en de pastorale psychologie is de gedragstherapie niet interessant en dus geen gesprekspartner.

Een uitzondering hierop vormt het zogenaamde 'nouthetisch pastoraat' volgens de Amerikaanse evangelische pastoraaltheoloog Jay Adams[3]. Hij vertaalt psychische problemen in sterke mate in termen van zonde en ongehoorzaamheid tegenover Bijbelse normen. Bijbelse teksten, bijvoorbeeld uit het boek Spreuken, worden – vaak zonder enige herkenbare hermeneutisch verantwoorde vertaalslag – toegepast op het leven van de pastorant vandaag de dag. Voor zover Adams überhaupt gebruik maakt van een psychotherapeutische school, komt daarvoor uiteraard alleen maar de gedragstherapie in aanmerking.

Ook een pastor die voor de gedragstherapie als bondgenoot kiest, laat daarmee zien hoe hij pastoraat invult. Zijn primaire doel lijkt te zijn dat de pastorant zijn gedrag verandert – zodat het voldoet aan de normen die volgens de pastor Bijbels zijn.

Om het even toe te spitsen: Wie het evangelie (d.w.z. de boodschap van de rechtvaardiging zonder de werken der wet) naar het pastoraat wil vertalen, maakt algauw gebruik van Rogers; wie de wet wil vertalen, kiest met Adams voor de gedragstherapie. Ook al heb ikzelf veel kritiek op Adams, met name wat zijn hermeneutiek betreft, hij stelt wel – zij het op een problematische manier – een punt aan de orde waar het mainstreampastoraat vaak geen raad mee weet: dat het woord van God niet alleen evangelie is, maar ook wet: een oproep die de mens in zijn geweten wil raken.

De vierde psychotherapeutische school waar ik hier nu iets uitgebreider op wil ingaan, is in Europa minder bekend dan in Amerika, al is zij in Europa ontstaan, en wel – evenals de psychoanalyse – in Wenen. Ik bedoel de zingerichte psychotherapie van Victor Frankl[4] die bekend staat onder de naam *'logotherapie'*. Die

[3] J.E. Adams, *Competent to Counsel: Introduction to Nouthetic Counseling*, Grand Rapids, Zondervan 1986

[4] In het Nederlands: Viktor E. Frankl, *De zin van het bestaan. Een psycholoog beleeft het concen-*

term mag niet verward worden met logopedie. Het Griekse woord logos betekent in dit verband niet 'woord', maar 'zin' of 'betekenis'. De grondgedachte is dat de mens ten diepste op zoek is naar iets waarvoor hij kan leven, iets dat dus zin geeft aan zijn leven.

Wie was Victor Frankl? – Hij werd in 1905 geboren te Wenen als zoon van joodse ouders. Wenen was in die jaren dankzij Freud en Adler het Mekka van de psychotherapie. Frankl had al vroeg de wens om arts te worden. Hij studeerde dus geneeskunde en specialiseerde zich later in neurologie en psychiatrie. Oorspronkelijk in het kielzog van Sigmund Freud en vervolgens van Alfred Adler, ging hij in toenemende mate zijn eigen weg. Met name in de behandeling van depressieve en soms suïcidale werkloze jongeren ontdekte hij dat hun grootste probleem vaak het gebrek aan 'zin' was, een tekort aan het gevoel: 'daar leef ik voor'. Hij noemde dat een 'existentieel vacuüm'. De kern van hun probleem was dus niet waarop de Freudianen zich focusten, dat namelijk hun streven naar lust niet voldoende bevredigd was of dat ze hun agressieve impulsen niet kwijt konden. Voor zover dat ook het geval was, beschouwde Frankl dat als secundair. Als iets dat alleen maar gaat woekeren in een existentieel vacuüm. En hij vroeg zich dus af: Hoe kan ik een 'Sinnlehre gegen die Sinnleere' (een zin-leer tegen de zin-leegte) ontwikkelen? Dat was het beginstadium van wat hij logotherapie noemde.

In 1942 werd hij samen met zijn ouders en met zijn vrouw naar het concentratiekamp Theresienstadt gedeporteerd. Er volgden nog drie andere kampen, waaronder ook Auschwitz. Zijn vrouw en zijn ouders zouden het kamp niet overleven. Frankl zelf heeft overleefd, onder andere door zijn logotherapeutische inzichten op zichzelf toe te passen. Hij vestigde dus zijn aandacht op hetgeen waarvoor hij wilde overleven. Dat was met name de liefde tot zijn vrouw (zonder te weten of ze nog in leven was en of hij haar ooit terug zou zien) en zijn levenstaak om zijn logotherapie verder uit te werken en te publiceren. Zijn boek 'De zin van het bestaan. Een psycholoog beleeft het concentratiekamp' verscheen in 1946 en werd een wereldbestseller. Op enkele gastprofessoraten in de Verenigde Staten na is Frankl tot aan zijn dood in 1997 in Wenen gebleven, waar hij als arts, als hoogleraar en als auteur van meer dan 30 boeken werkzaam was.

Ik heb reeds aangeduid dat voor Frankl de fundamentele kracht waardoor een mens wordt gemotiveerd, niet het streven naar lust is (aldus Freud) noch het streven naar macht (aldus Adler), maar het streven naar 'zin', naar iets 'waarvoor' hij kan leven. Hierbij is voor Frankl belangrijk dat het om verschillende dimensies gaat. Het lichaam en de psyché roepen om bevrediging. Wie dorst heeft, roept om water. Wie eenzaam is roept om gemeenschap. Het lichaam en de psyché, of

---

tratiekamp & een inleiding tot de logotherapie, Rotterdam, Ad. Donker 2013 (13e druk); idem, *Humaniteit van de menselijke vrijheid. Spiritualiteit en verantwoordelijkheid in Psychotherapie*, uitgegeven door: Nederlands Instituut voor Logotherapie en Existentiële Analyse 2004.

samengevat het psychophysicum, vergelijkt Frankl met de dimensies lengte en breedte. En hij zegt: het specifiek menselijke is een derde dimensie die hij met de hoogte vergelijkt. Deze dimensie noemt hij 'Geist', of in het Grieks 'nous', vandaar dat hij ook spreekt van de noëtische dimensie. In deze dimensie overschrijdt een mens zichzelf en zijn psychische en fysieke gesteldheid. Dat noemt Frankl zelftranscendentie. Een gelijkenis hiervoor is het menselijk oog. Wanneer een oog (iets van) zichzelf ziet, is het ziek en vervult zijn functie niet. Een oog verwezenlijkt zichzelf dus juist door niet zichzelf te zien maar iets buiten zichzelf dat het waard is om ernaar te kijken. Als een mens te zeer zijn aandacht vestigt op zichzelf en zijn problemen, kan dat – met Frankl gesproken – tot een hyper-reflectie leiden, hetgeen vaak betekent dat het probleem nog gaat groeien omdat het teveel aandacht krijgt. In zo'n geval is er een indicatie voor 'de-reflectie'. Dat betekent dat de aandacht op iets anders wordt gericht, op iets dat zinvol is.

Ook (en met name) het geweten hoort voor Frankl in de noëtische dimensie thuis en niet (zoals het Über-Ich van Freud) in de psychische. Het geweten is voor Frankl een 'zin-sonde', d.w.z. een intuïtief vermogen om zin en waarden op te speuren. In het kielzog van de filosoof Max Scheler verdedigt Frankl dat waarden fenomenen zijn die als zodanig serieus genomen dienen te worden en die niet gedevalueerd mogen worden door ze te herleiden tot bijvoorbeeld psychologische afweermechanismen. Hij zegt een keer: 'Ik zou nooit en nimmer bereid zijn om voor mijn reactievormingen te leven, laat staan voor mijn afweermechanismen te sterven.'[5] Als iemand voor iets leeft of zelfs bereid is om ervoor ook te sterven, dan kan dat niet zonder de intuïtieve veronderstelling: hier gaat het om iets buiten mijzelf dat werkelijk is en dat het waard is. Vandaar dat Frankl met name in het eerste stadium van de ontwikkeling van zijn logotherapie zich met nadruk heeft verzet tegen psychologistische tendensen zoals hij die met name in de psychoanalyse herkende. Nog een citaat maakt dit duidelijk: 'Het ontmaskeren zoals dat met name in de psychoanalyse gebeurt, is op zichzelf best legitiem. Maar het moet stoppen op het punt waar het op iets stuit wat niet meer ontmaskerd kan worden – om de simpele reden niet dat het echt is. Als een psycholoog ook dan niet ophoudt, ontmaskert hij maar een ding: zijn eigen onbewuste behoefte om het menselijke in de mens te devalueren.'[6] Het werk van Max Scheler wordt vandaag de dag door (bijna) niemand meer bestudeerd, ook door de meeste logotherapeuten niet. Maar de functie die het werk van Scheler ooit voor de jonge Frankl heeft gehad, met name voor zijn kritiek op het psychologisme en op een reductionistische visie op

---

5 V.E. Frankl, Theorie und Therapie der Neurosen, München/Basel, UTB, 1975 (4e druk) 195; vertaling: H.H.

6 V.E. Frankl, Theorie und Therapie der Neurosen, München/Basel, UTB, 1975 (4e druk) 195; vertaling: H.H.

waarden, is zeker voor een deel overgenomen door het gedicht van Erich Fried[7] dat in logotherapeutische kringen vaker wordt geciteerd:

Het is onzin, zegt het verstand
Het is wat het is, zegt de liefde

Het is ongeluk, zegt de berekening
Het is alleen maar verdriet, zegt de angst
Het is uitzichtloos, zegt het inzicht
Het is wat het is, zegt de liefde

Het is belachelijk, zegt de trots
Het is lichtzinnigheid, zegt de voorzichtigheid
Het is onmogelijk, zegt de ervaring
Het is wat het is, zegt de liefde

In de noëtische dimensie hoort trouwens niet alleen het vermogen thuis om zichzelf te transcenderen, maar ook om zichzelf te distantiëren. Dat gebeurt door iets wat geen dier kan: het lachen. De mens kan dus bijvoorbeeld een bepaalde angst die het niet verdient om al te serieus te worden genomen (want daardoor zou ze alleen maar toenemen), uitlachen en op die manier haar macht breken.

Last not least is voor Frankl ook religie een fenomeen dat in de noëtische dimensie thuishoort. Niet alleen de zelftranscendentie zoals beschreven met behulp van de gelijkenis van het menselijk oog, maar ook een transcendentie, een overschrijding, van de wereld en het leven überhaupt lijkt een vermogen te zijn dat bij het specifiek menselijke hoort. In zijn boek 'Der unbewusste Gott'[8] analyseert Frankl een aantal dromen van mensen waaruit blijkt dat er in hun onbewuste – anders dan in hun bewuste leven – wel degelijk sprake is van religiositeit: bijvoorbeeld van een onbewust Godvertrouwen of een onbewust geloof in een God die hem de weg wijst. De theoloog en logotherapeut Uwe Böschemeyer heeft dit verder uitgewerkt en praktiseert zogenaamde imaginaties, d.w.z. een soort dagdroomreizen ook doelgericht naar de 'onbewuste God' toe.

Daar kan ik hier nu niet verder op ingaan. Maar ik denk dat reeds duidelijk is geworden dat voor Frankl – hoewel hij duidelijk zegt dat logotherapie geen religieuze therapie is en dat de plaats van de logotherapeut aan deze zijde van de splitsing in een theïstische en een atheïstische wereldbeschouwing is – hij toch positief tegenover religie staat. Terwijl religie voor Freud een dwangneurose was, is voor Frankl de dwangneurose een ongezonde vorm van een individuele religie.

---

7 E. Fried, Es ist was es ist. Liebesgedichte, Angstgedichte, Zorngedichte, Berlin, Wagenbach, 2004 (11e druk), 43; vertaling: K. van Iersel: www.kimbervie.nl (24-04-2018).

8 Nederlandse vertaling: Humaniteit van de menselijke vrijheid; zie noot 4.

De verhouding van therapeut en pastor, in Frankls termen: van arts en priester, beschrijft hij als volgt:

Het werk van de arts is qua bedoeling (= per intentionem) gericht op *heling*, het werk van de *priester* is qua bedoeling (= per intentionem) gericht op *heil*. Maar in feite (= per effectum) draagt het werk van de arts ook aan het heil bij en het werk van de priester aan de heling.

Ikzelf heb jaren geleden dit model iets verder uitgewerkt[9]. In plaats van heil en heling spreek ik over relaties en beschouw de therapeut en de pastor allebei als relatiedeskundigen. Het verschil is dat het werk van de therapeut is gefocust op de relatie van de cliënt met zichzelf en met andere mensen. Het werk van de pastor is gefocust op de relatie met God. Dat geldt 'per intentionem'. Maar feitelijk, 'per effectum', spreekt het vanzelf dat een veranderde relatie met God ook invloed heeft op de relatie met zichzelf en met anderen. En ook dat veranderingen in de relatie met anderen en met zichzelf invloed zullen hebben op de relatie met God.

Er zijn tot nu toe maar weinig praktisch-theologen die in eerste instantie voor de logotherapie als bondgenoot van het pastoraat hebben gekozen. Eén van hen, Karlheinz Röhlin[10], gaat zelfs zo ver om pastoraat als 'logotherapie in een kerkelijke context' te definiëren. Dat is trouwens bedoeld als een antithese tegen Stollbergs bekende dictum dat pastoraat psychotherapie in een kerkelijke context zou zijn.[11]

Wat zegt het over de invulling van het pastoraat als iemand voor de logotherapie als bondgenoot kiest?

- Het zegt in ieder geval iets over het mensbeeld van de pastor. Hij beschouwt zijn pastorant niet in eerste instantie als iemand die gedreven wordt door allerlei onbewuste impulsen en conflicten, maar als iemand die uitkijkt naar redenen om voor te leven – en die in een ernstige crisis terechtkomt wanneer hij die redenen niet kan vinden of niet kan voelen. Hij beschouwt zijn pastorant niet in eerste instantie als een slachtoffer van bijvoorbeeld een moeilijke socialisatie, maar als iemand die ervoor kan kiezen om daar alsnog het beste van te maken.
- Het zegt iets over hoe hij zijn eigen rol en taak definieert in vergelijking met de therapeut.

---

9 H. Heyen, M. Walton, E. Jonker, Spiritual Care and Logotherapy, in: *Health and Social Care Chaplaincy* (Equinox Publishing) 4.1 (2016), pp. 35–50.

10 K.-H. Röhlin, *Sinnorientierte Seelsorge. Die Existenzanalyse und Logotherapie V.E. Frankls im Vergleich mit den neueren evangelischen Seelsorgekonzeptionen und als Impuls für die kirchliche Seelsorge*, München, Utz Verlag, 1988, 171–173.

11 D. Stollberg, *Wenn Gott menschlich wäre. Auf dem Wege zu einer seelsorgerlichen Theologie*, Stuttgart, Kreuz Verlag 1978, 33.

- Het zegt tenslotte dat de pastor belangstelling toont voor de waarden van de pastorant, met name ook voor zijn geloof. En dat hij rekening houdt met bewuste en ook onbewuste aspecten van het godsbeeld van de pastorant.

Tot slot: Ik ben niet van mening dat er voor het pastoraat maar één niet-theologische bondgenoot zou mogen zijn en dat daarvoor alleen de logotherapie in aanmerking zou komen. Alle genoemde bondgenoten hebben hun bestaansrecht en ook een potentieel dat voor het pastoraat vruchtbaar gemaakt kan worden. Toch lijkt het me wenselijk dat de logotherapie binnen de praktische theologie en binnen het pastoraat meer aandacht krijgt dan tot nu toe is gebeurd. Ik hoop dat ik daaraan ook na mijn emeritaat nog een bescheiden bijdrage zal mogen leveren.

Logotherapie in vloeibare tijden. Pastoraat en postmoderniteit

Johan Temmerman

In mijn twintigjarige carrière als predikant heb ik meermaals urenlang geluisterd naar een gemeentelid die zijn problemen bij de dominee uitstortte. Nadien kreeg ik steevast de melding dat 'we een goed gesprek' hadden gevoerd. Als pastor stelt men zich doorgaans geen vragen bij semantische kwesties, maar de verwisseling van 'gesprek' en 'monoloog' is in deze illustratief voor de therapeutische functie die een predikant soms heeft. Men kan zonder overdrijving de paradox opwerpen dat de pastor en de therapeut alles en tegelijk niets met elkaar van doen hebben. De logotherapie van de Weense psychiater Viktor Frankl (1905 – 1997) biedt een trefzekere theorie om op een evenwichtige wijze pastoraat en therapie te beschouwen. Ter ere van collega H. Heyen wil ik op de gestalte van pastor/therapeut enig licht vanuit de fenomenologie laten schijnen.

Ambt en fluïditeit

Een chauffeur die de wegcode of een chemicus die de tabel van Mendeljev niet kent, kan zijn job niet uitoefenen. Van een protestants theoloog wordt verwacht dat hij de Bijbel kent, liefst bestudeerd in de grondtalen. Van een gemeentepredikant wordt daarnaast ook verwacht dat hij de mens kent, met moeilijkheden kan omgaan, leiding kan geven en zo mogelijk ook retorische kwaliteiten bezit. Dit is heel wat en doorgaans compenseert een sociale persoonlijkheid veel beperkingen. En dat is maar goed ook. Het is evenwel vervelend als een predikant expliciet pastorale kwaliteiten ontbreekt. Als een gemeentelid aan de dominee een probleem wil voorleggen, maar tijdens het bezoek zwijgt de predikant geen moment zodat het kerklid de kans niet krijgt om zelf iets te zeggen, laat staan zijn probleem te berde te brengen, wordt het ronduit ergerlijk. Kunnen luisteren en bijgevolg geen schrik hebben van de stilte is onontbeerlijk om als pastor werkzaam te zijn. Maar er is meer. Het is al even onontbeerlijk om zinvol te responderen, hetzij door verhelderende vragen te stellen of door mogelijkheden voor gedragswijziging aan te reiken. En van de predikant wordt ook een geestelijk standpunt verwacht, als wil het gemeentelid graag via de pastor vernemen wat Gods licht op de nijpende problematiek openbaart. In dat kader treedt de tweede en evenzeer ergerlijke beperking op, namelijk deze van het geloof. Hierbij kan het gaan om traditionele religieuze beelden en slogans die de bal in de gegeven situatie volkomen mis slaan. Zo hoorde ik tijdens een bezoek aan huis dat ik samen met een kerkenraadslid volbracht, de betrokken ambtsdrager met de beste bedoelingen als oplossing van opstandig puberaal gedrag een verhevigde gebedspraktijk aanraden. 'We zullen ook voor jullie dochter bidden,' zei de al wat oudere persoon naast mij, waarna ik meteen aanvulde met de herkenning van een aantal gedragspatronen die wezen op zinledigheid, kenmerkend voor de prille tienerkleeftijd. En wanneer het kerkenraadslid aan mijn zijde een redevoering over het nut van de zondagse kerkgang dreigde af te steken, ook voor jongeren, sneed ik hem de pas af door te peilen naar eventuele professionele hulpverlening in dit verband, hetzij via school of een therapeut. Het is allemaal uiteindelijk wel goed gekomen, maar sindsdien weet ik dat religieuze zingeving als een vergrootglas werkt, waaronder het onderscheid inzake beleving van zin zichtbaar wordt. Het al wat oudere kerkenraadslid put kracht en troost uit de waarden die hem in zijn jeugd werden aangereikt, terwijl jongeren voorin de 21^{e} eeuw worden bevraagd op hun flexibiliteit. Het volgen van oude regels is voor jongeren eerder een zwakte. De ervaringen waarvan ik getuigenis afleg, dateren al weer van enkele decennia geleden. Sinds die tijd is de kloof alleen maar groter geworden en vloeide religieus-institutionele zingeving weg uit de jongerenwereld.

Deze fluïditeit werd in de tweede helft van vorige eeuw erg duidelijk. De Pools-Britse socioloog en filosoof van Joods afkomst Zygmunt Bauman (1925 – 2017) bracht deze problematiek voor het eerst onder de aandacht van de wetenschappelijke wereld. Bauman analyseert de moderniteit en ziet een verschuiving van het levensbesef. Hij spreekt in dit verband over 'vloeibaarheid'. De late moderniteit of postmoderne wereld wordt gekenmerkt door vloeibare waarden. Deze constant veranderende patronen zijn de oorzaak van onzekerheid en zelfs onmondigheid inzake de grote problemen van deze tijd, zijnde de toenemende kloof tussen rijk en arm met bijhorende massamigratie, als ook de ecologische uitdagingen. Voor ons onderwerp is de constatering van belang dat de overgang van een vaste naar een vloeibare moderniteit gepaard gaat met een sneller uiteenvallen of zelfs wegsmelten van sociale vormen, waardoor een tekort aan een samenhangende en vaste levensvisie dreigt.[1] De vraag naar zin is pregnanter in tijden van onzeker-

[1] Bauman noemt vijf recente ontwikkelingen: (1) de hierboven vermelde overgang van vaste naar vloeibare moderniteit; (2) de scheiding tussen macht en politiek waardoor de nationale staten onmogelijk de planetaire maatregelen kunnen uitvaardigen die nodig zijn om de economische en ecologische problemen te beantwoorden; (3) het wegvallen van collectieve solidariteit ten voordele van individuele verzekering; (4) de opsplitsing van het leven in korte termijnprojecten,

heid. Maar er is meer. Bauman analyseert de cultuur van vandaag in de lijn van filosofen als Jean-François Lyotard die stelden dat het postmoderne en vloeibare levensgevoel geen boodschap meer heeft aan de grote verhalen. Deze cultuurfilosofen zien geen grote toekomst weggelegd voor de religies in de vloeibare samenlevingen. De vraag die de bewegende waarden opgooien is niet naar ultieme zingeving, maar naar identiteit. Wie ben ik? Wat doe ik hier? Deze vragen dienen beantwoord te worden in het besef dat identiteit zelf ook beweeglijk is.

Om de introductie rond te maken wil ik nog wijzen op de positie van het ambt in de hedendaagse samenleving. Amper enkele decennia geleden was de ambtsdrager een gerespecteerde figuur. Dit is heel snel geërodeerd. Maatschappelijk aanzien voor het kerkelijk ambt verdween gelijklopend met het verlies van maatschappelijke relevantie van de christelijke kerken in West-Europa. Communicatie van ultieme zingeving stond vanouds voorop en de 'bedienaar van het Woord' bezat deze gave als geen ander. Hij was een religieus virtuoos die sprak van de hoogst bereikbare dingen. Mensen keken op zondagochtend letterlijk naar zo iemand op en werden er in het beste geval door geïnspireerd. Bauman geeft aan dat in *liquid modernity* alle mensen nu *sensation-gatherers* zijn en zich bijgevolg met de verkondiging ervan alleen niet meer tevreden stellen.[2] De verkondiging zoals die als vanouds werd gedaan maakt, nog steeds volgens Bauman, de postmoderne mens eerder onzeker. Het moet gezegd dat een auteur als Kees de Groot deze analyse van Bauman niet deelt en als antwoord op deze sterk op individuele ervaring gebaseerde visie op religie, het gemeenschapsaccent onderstreept. De beide visies komen samen in het grootste gevaar voor de ambtsdrager in deze tijd: radicalisering. In de analyse van de toenemende onzekerheid in deze vloeibare tijden beantwoordt het fundamentalisme aan zowel zingeving en identiteit, aan omarming van en verzet tegen de moderne ontwikkelingen. De eenvoudige psychologische argumentatie daarbij is dat fundamentalisme het individu bevrijdt van de angst om (fout) te kiezen. De onderwerping aan God en de groep beloven het individu los te maken van onzekerheden.[3] Waar laat dit de religieuze ambtsdrager? Hij of zij weet zich geprangd tussen de eenvoudige remmers van onzekerheden die het biblicisme aanreiken en tussen de solidaire uitdrukking van onzekerheid. Maar hoort de pastor 'het' dan niet te weten?

---

zowel collectief als individueel en (5) de terugval van verantwoordelijkheden op het louter individuele vlak. Zygmunt Bauman (2007), *Vloeibare tijden. Leven in een eeuw van onzekerheid* (Vertaald door J. M. M. de Valk, met een woord vooraf door Willem Schinkel), Zoetermeer: Uitgeverij Klement, 2011.

[2] Kees de Groot (2008), *Three Types of Liquid Religion* in Implicit Religion 11, London: Equinox Publishing Ltd, 277–296.

[3] De Groot, *Three Types of Liquid Religion*, 280.

Betekenistherapie

Alleen de naam al daagt uit om de logotherapie van Viktor E. Frankl in postmodern licht te beschouwen. De inconsistenties die zingeving in vloeibare tijden opwerpt, stellen eens te meer vragen aan de traditionele religies en hun theologie. Daarin gaat het expliciet om 'vastheid'. Theologisch schuilt onder de religieuze waarheid een uitgebreide constructie die varieert van tijdsgebonden ethiek en voorschriften tot eens en voor altijd vastgelegde dogma's. Maar zowel de religieuze gewoonten als de kerkelijke dogma's zijn bestemd als uitleg en dus om te begrijpen. De zin der dingen of de betekenis van je leven is ook het uitgangspunt van de logostherapie die V. Frankl voorstelt.

Over het woordje *logos* is al heel veel inkt gevloeid. Het verschijnt voor het eerst aan onze filosofische horizon in de 5^e eeuw v. Chr. in de 'duistere' geschriften van Heraclitus. Daarin is het niet helder wat de filosoof uit Efeze precies met het woordje bedoelt. Hij maakt het wel tot de sleutel van al zijn overgeleverde uitspraken. Het is de *logos die alles bestiert*, schrijft hij in fragment 3, het is *gemeenschappelijk* aan allen, dit wil zeggen *universeel* (fragment 2).[4] Mansfeld schrijft in zijn uitleg dat het woord vandaag 'theorie' zou heten, 'uitleg' of 'leer'. Het gaat daarbij in elk geval om iets dat geldig is en juist, wetmatig en formeel redelijk. Verder geeft ook Heraclitus aan dat het met inzicht of bewustzijn is verbonden, want 'zoals de bewustzijnstoestand van wie wakker is zich verhoudt tot die van wie slaapt, zo verhoudt zich die van wie de *logos* begrijpt tot de gemiddelde nietslaper.'[5] Met deze summiere aanduiding met betrekking tot de naamgeving van de methode van V. Frankl hebben we meteen de kern van de zaak beet.

Door zijn ervaringen in het concentratiekamp tijdens de Tweede Wereldoorlog, waarbij Frankl zijn vrouw en zijn familie verloor, besefte hij als geen ander dat het menselijk vermogen om betekenis te geven een onvervalste levenskracht is.[6] Het streven naar zin is een primaire motivatiekracht van een mens. Frankl gebruikt het woordje *logos* voornamelijk als 'betekenis'. Zijn methode of logotherapie is dan ook gebaseerd op de wil-tot-betekenis.[7] Zijn uitgangspunt is dat er een existentiële crisis ontstaat als de wil-tot-betekenis wordt gefrustreerd. Als

---

4 Heraclitus, *Aldus sprak Heraclitus. De fragmenten* (bezorgd, vertaald en toegelicht door J. Mansfeld, Groningen: Historische Uitgeverij, 2006, 27.

5 Mansfeld in *Aldus sprak Heraclitus*, 29.

6 Viktor Frankl beschreef deze ervaringen in *Ein Psycholog erlebt das Konzentrationslager*. Het boek werd in 1946 in Wenen gepubliceerd. Het is ondertussen vertaald als V. Frankl, *De zin van het bestaan. Een psycholoog beleeft het concentratiekamp & een inleiding tot de logotherapie*, Rotterdam: Ad. Donker, 1978.

7 Frankl stelt zijn behandelingsmethode expliciet naast de twee andere Weense psychologische scholen, zijnde de psychoanalytische methode van Freud, die is gebaseerd op de wil-tot-lust en deze van Adler die voornamelijk gebouwd is rond de wil-tot-macht. Frankl, *De zin van het bestaan*, 123.

de persoon met deze frustraties door omstandigheden niet adequaat kan omspringen, kan een structureel probleem in het gedrag ontstaan, wat in klinische termen 'neurose' heet. Met zijn logotherapie wil Frankl doordringen tot de geestelijke dimensie van het bestaan om daarin de zingevingsvraag te analyseren. Het is van belang op te merken dat Frankl expliciet de geestelijke kant van de persoon beschouwt. *Logos* als betekenis is bijgevolg expliciet geestelijk. Ook de aandoening waarmee de patiënt bij de therapeut komt is noögenisch (van het Griekse '*nous*' dat geest betekent) van aard en is dus het gevolg van een geestelijke crisis. Frankl spreekt van 'noögenische neurosen'.

In het kader van ons onderzoek naar de mogelijkheden van pastoraat in postmoderne context is het van belang erop te wijzen dat Frankl de zin van het bestaan niet in absolute termen uitdrukt. De betekenis van het leven is voor ieder persoon anders, het is tijd- en plaatsgebonden. De zinvraag verdraagt geen abstract antwoord. Het gaat hier bijgevolg niet om een dogma of voorschrift, maar om dialogisch denken. Dit maakt het mogelijk om de zinvraag om te keren en te begrijpen als het bestaan dat aan de mens een vraag stelt. In de lijn van het Bijbelse 'Adam, waar ben je?' wordt aan de mens de vraag om verantwoording gesteld. In logotherapeutisch oogpunt is verantwoordelijkheid de kern van het bestaan. Verantwoordelijkheid verschuift het levensperspectief tot voorbij het eigen bestaan. Daarom spreekt Frankl niet zozeer van zelfverwezenlijking, maar van zelftranscendentie. Het bestaan dat het op het moment van crisis aan zin ontbreekt, gaat voorbij het eigene. Zelfverwezenlijking is volgens Frankl slechts een bijproduct van zelftranscendentie. Het is door de ander te ontmoeten, voorbij het eigene, dat de mens tot zin kan komen. Deze opvatting wordt helder als men erbij denkt dat Viktor Frankl zijn inzichten opdeed en kon toetsen tijdens zijn gevangenschap in de Duitse vernietigingskampen. Dan is zelfverwezenlijking veraf en zo goed als onbereikbaar. In het kader van mensonterend lijden wint het kwaad en heeft de mens geen weerbaarheid tegen onrecht. En ook al bepaalt het lot dat lijden je deel is, dan nog is dit niet het laatste woord, aldus Frankl. Op dit punt opent de betekenistherapie zich op zijn breedst, want Frankl slaagt erin op geloofwaardige wijze het lijden zin te geven. Niet als loutering of met het oog op inzicht, want dan zouden lijden en pijn als instrument dienstbaar kunnen zijn wat mensonwaardig is, maar als uitgangspunt. Frankl debiteert geen algemeenheden of dogma's, maar hij poneert betekenis als zoekontwerp. De therapeut faciliteert dan de zoektocht van de patiënt. Hij of zij helpt de ander betekenis te vinden.[8] Dit is dan ook de kwaliteit van een pastor: facilitator. De logotherapie heeft bijgevolg verschillende raakpunten met de pastorale en liturgische context van de predikant of geestelijke

---

8 'Moedig aanvaard lijden,' schrijft Frankl, 'verleent tot het allerlaatste ogenblik zin aan het leven. Met andere woorden: de betekenis van het leven is een onvoorwaardelijke betekenis, aangezien deze zelfs de potentiële betekenis van het lijden omvat.' Frankl, *De zin van het bestaan*, 142.

hulpverlener. We zullen nu enkele theologische problemen in de context van het post-seculiere levensbesef voor het voetlicht van de logotherapie brengen.

Als er geen waarheid is, is er dan betekenis?

Het eerste spanningsveld dat we hier willen signaleren oscilleert tussen de wereld van de globalisering, grofweg aan te duiden met de periode tussen 1492 en 1945, en deze van de *Global Age* na de Tweede Wereldoorlog. Er is sprake van de verdwijning van alomvattend zingevingssysteem, zij het religieus of areligieus ingevuld, en een levensgevoel van wegzinken in het bodemloze. Dit kenmerkt de periode die na de Tweede Wereldoorlog begon. De data blijven voor discussie vatbaar, maar ook de Duitse filosoof Peter Sloterdijk maakt regelmatig gewag van deze onomkeerbare verandering. Hij gaat zelfs zover dat hij meent te kunnen aantonen dat men in strikte zin slechts van geschiedenis kan spreken vanaf het ogenblik dat de wereld voor het eerst een globe werd, na de ontdekking van Amerika in 1492. Van toen af was de wereld een geheel met een geschiedenis.[9] Hij schetst deze ontwikkeling als het 'drama van de ontsluiting van de aarde als draagster van lokale culturen.' De globalisering heeft deze lokale culturen met netwerken verbonden en zodoende de wereld 'samengeperst' tot 'een verschuimde wereldsamenhang'. Dit proces hebben we de naam 'geschiedenis' gegeven. Wat daarvoor bestond aan volken en culturen heeft weinig of geen 'historische' trekken. Na 1945 biedt de geschiedenis ook geen narratief antwoord meer op de ontologische vragen. Dit is wat we gaandeweg postmodernisme zijn gaan noemen en wat in het kader van ons onderzoek de volkomen verdwijning van zin of betekenis heet. 'Er is geen waarheid' lijkt de hypnotiserende mantra van een betekenisloos leven te zijn, waarmee men de gapende diepte van een donker verleden wil bezweren. De post-seculiere mens leeft in het luchtledige, omdat hij wetenschappelijk ontdekte dat we in een leeg heelal leven dat op de koop toe steeds verder uitdijt. Ik schrijf 'post-seculier' omdat de gangbare opvattingen die de verwereldlijking hebben begeleid nu, na de voltooiing van de seculiere samenleving, geen antwoord meer bieden op de zijnsvraag. Lang meende men met 'minder god en meer winst' de samenleving tot een rechtvaardig geheel te kunnen kneden, waardoor iedereen een eigen betekenisvol leven kan leiden. Niets is evenwel minder waar gebleken. Het verdwijnen van de grote verhalen (Lyotard) dat meteen ook het einde van de geschiedenis inluidde (Fukuyama) bracht een onvoorziene en constante betekeniscrisis teweeg.

In religieus opzicht was een herintroductie van het grote Bijbelse Verhaal lange tijd een werkbaar antwoord. De tijd van de globalisering vroeg om een andere

[9] Peter Sloterdijk (2004), *Het kristalpaleis. Een filosofie van de globalisering* (vertaling Hans Driesen), *Amsterdam: SUN*, 171ev.

vertolking van de aloude scheppings- en verlossingsmythe. De reformatie voldeed aan deze vraag door de mens rechtstreeks met God en het heil te verbinden. De geschiedenis werd op gang getrokken door een met ontferming bewogen God die zich in zijn Zoon aan de wereld gaf. De bestemming van het project 'wereldgeschiedenis' was naar goed Bijbels gebruik de nieuwe wereld, dat door de puriteinen aan de overkant van de Atlantische Oceaan werd ingericht. De Franse revolutionairen dachten daar anders over. Ze brachten de wereldgeschiedenis in een stroomversnelling, die sindsdien niet meer stilviel of het zou in Auschwitz moeten geweest zijn. We noemen deze periode de 'moderniteit'.[10] Na de Tweede Wereldoorlog en vooral na het verdwijnen van het Sovjet communisme in 1989 begint de postmoderniteit of de ahistorische *Global Age*. In deze nieuwe tijd weten we hoe het wereldsysteem tot stand is gekomen, maar we hebben er in de verste verte geen controle meer over. Alles stroomt en zal blijven stromen, maar waar we voorheen nog konden spreken van een vast te stellen en dus reguleerbare wetmatigheid (*logos*) is ook dit niet langer het geval. De ondraaglijke lichtheid van het bestaan (om met een boektitel van Milan Kandura te spreken) wordt door de eis van betekenis nog ondraaglijker. De reformatorische theoloog die niet in de openstaande val van het radicalisme wil trappen, door een herintroductie van het grote Bijbelverhaal 'naar het voorbeeld' van de reformatoren, ziet zich geconfronteerd met het theologisch probleem dat de metafysische kaders en dogma's definitief achter ons liggen. Terwijl Luther en de zijnen nog konden uitgaan van een spoedige wederkomst, naar analogie met de nieuwtestamentische verkonding, ontneemt de a-historiciteit van het vloeibare tijdsbesef aan het christendom ook deze laatste reddingsboei. Heeft het christendom wel een toekomst? Of anders gesteld: hoe kan de pastor op geloofwaardige wijze de christelijke grondwaarheden hanteren en verkondigen? Waar ligt de betekenis-therapeutische kracht van pastoraat?

Supra-betekenis

Frankl stelt in zijn logotherapie een aantal indringende vragen en geeft daarnaast ook handzame pastorale raad. In zijn uiteenzetting over de zin van het lijden verbindt hij de complete crisis met het verdwijnen van elk perspectief. De onafwendbaarheid van het einde, bijvoorbeeld na een verdict van een ongeneeslijke ziekte of zoals het zich in de kampen hardnekkig opdrong, ziet Frankl als een kans om de hoogste en diepste waarde te vervullen. Hij zegt er meteen bij dat het doel van het bestaan niet bestaat uit last of pijn vermijden, maar betekenis ontdekken. Het is vanuit deze vraagstelling slechts een kleine stap om de metafysische voorstellingen te bevragen. Is met de wereld van de mens het einde van de evolutie

[10] Ik heb deze analyse uitvoerig gedocumenteerd en beschreven in Johan Temmerman (2016), *Maarten Luther, 500 jaar reformatie*, Brussel: Academic & Scientific Publishers nv, 61 – 142.

van de kosmos gekomen? Zouden er andere dimensies kunnen bestaan waarin een antwoord op de vraag naar de betekenis van het lijden van de mens kan gegeven worden?[11] Deze vragen doen nogal speculatief aan, maar ze zijn naar mijn mening retorisch gesteld. Nee, het eindpunt van de evolutie is niet gekomen met de totstandkoming van de (ahistorische) mensenwereld. De mogelijkheid van antwoorden op de vraag van het lijden, is dan weer een open deur naar de vraag naar God (de 'andere dimensies'). Hoewel Frankl geen expliciet theologische redeneringen maakt, kunnen we een aantal impliciete verwijzingen naar God naar voor halen. Hij kadert deze impliciete veronderstellingen onder de noemer 'supra-betekenis'.

We zagen reeds dat voor Frankl de zin van het bestaan ten diepste antwoord geven is op de vraag naar de zin van *je* bestaan. De context waarin hij zijn verantwoordelijkheidsethiek opstelde en toetste was de vernietigingskampen tijdens de Tweede Wereldoorlog. Maar hoe kan een overlevende van Auschwitz enige betekenis ontdekken? Alles wijst erop dat Frankl na de bevrijding anticipeerde op de duizelingwekkende val van de westerse cultuur in het bodemloze. Er is geen zin, alle betekenis is subjectief. Maar volgens Frankl is dit slechts schijn. Anders dan de existentiële filosofen van zijn tijd, die nogal stoer stelden dat de mens de zinloosheid moest dragen, spreekt Frankl van 'het onvermogen de onvoorwaardelijke betekenis van het leven in rationele termen te begrijpen'.[12] Daarmee geeft hij aan dat de uiteindelijke betekenis van het bestaan – denk aan de vraag over de 'andere dimensie' – het intellectuele vermogen van de mens overschrijdt. Dit is wat Frankl aanduidt met *logos* die zich voorbij *logica* bevindt. 'Supra' (boven of voorbij, net zoals *meta*) en 'betekenis' of het besef dat niemand de uiteindelijk volle betekenis der dingen rationeel kan uitdrukken, stelt de therapeut in staat om de door de patiënt gehanteerde geloofsvoorstellingen te bevestigen, ook al deelt hij deze persoonlijk niet. Zo kan ook een pastor een gelovige die al te zeer onder schuldgevoelens gebukt gaat vooruit helpen met de melding dat zijn bestemming of de zin schuilt in zich vrijmaken van de vermeende zondigheid. Het gaat de pastor om de persoon een nieuw gezichtspunt te geven, niet om de ene absolute waarheid te verkondigen. Dit nieuwe gezichtspunt kan een andere visie op God inhouden en dit hoeft dan niet de visie te zijn die de pastor op dat moment aanhangt. Methodisch heeft de logotherapie veel te maken met omkering. Pastorale hulpverlening kan zich bijgevolg erg goed in deze methode vinden. Maar dan is het van belang om geen absoluut voorschrift te verkondigen – het absolute is niet rationeel verklaarbaar – maar hulp te verlenen door een omkering te bewerkstelligen van een 'hyper' intentie of 'hyper' reflectie. Dit zijn dwangmatige verlangens

---

[11] Frankl, *De zin van het bestaan*, 144 – 145.
[12] Frankl, *De zin van het bestaan*, 146.

of waanbeelden die door middel van omkering (bijvoorbeeld hevig verlangen naar wat men vreest) kan ontzenuwd worden.

God en existentie

Hoe kunnen we in deze vloeibare tijden omgaan met ultieme zingeving, zij het dan niet rationeel verklaarbaar? Heeft God in de logotherapie van Viktor Frankl een plaats? Reeds in 1948 verschijnt een boek van zijn hand, getiteld *Der unbewußte Gott.* Nadien blijft hij de tekst bewerken. De laatste bijstellingen zijn te vinden in de Engelse uitgave *Man's Search for Ultimate Meaning* uit 1997.[13]

Frankl begint met duidelijk te maken dat het onbewuste in zijn ogen niet louter driftmatig is. Er is ook iets geestelijks. Er is bijgevolg sprake van een 'onbewust driftmatige' en 'onbewust geestelijke' kant. Daarbij komt dat de grens tussen beide erg vloeibaar is, net zoals het onderscheid tussen bewust en onbewust. Menszijn is dus niet louter gedreven zijn, maar ook gewoon '*Dasein*', existentieel. Het is op dit existentiële niveau dat Frankl het 'verantwoordelijk-zijn' als zin en betekenis ziet ontspringen. In een rake volzin schrijft hij:

> 'Mens-zijn begint waar gedreven zijn ophoudt en eindigt waar verantwoordelijkheid ophoudt.'[14]

Het centrale deel van het mens-zijn en dus ook van het individu is zijn geestelijkzijn. En net als de ultieme zin of de uiteindelijke *logos* is ook de existentie niet te beredeneren, noch te analyseren. Het bestaan als *Dasein* is een niet te reduceren oer-fenomeen. Dit is de persoon 'ten diepste', wat hij of zij werkelijk (existentieel) is. Als 'geestelijke dieptepersoon' is de mens niet-reflecteerbaar en dus onbewust. We zijn bijgevolg in oorsprong geestelijk en onbewust. Van deze kenmerkende eigenheid is het geweten het model.[15] Dit is een markant element van het mensbeeld dat Viktor Frankl hanteert. 'We zijn in oorsprong onbewust' heeft iets neoplatoons, vooral als je 'onbewust' verbindt met het 'geweten' en ook met God. Frankl schrijft dat het geweten a priori transcendent is.[16] Vrijheid krijgt daarin een dubbel aspect. Enerzijds is vrijheid loskomen van gedrevenheid (drift) en anderzijds gericht zijn op verantwoordelijkheid. Om dit dubbel aspect samen te vatten spreekt Frankl van 'gewetenstranscendentie'. In de woorden van Maria von Ebner-Eschenbach klinkt het: 'Wees heer over je wil en knecht van je geweten.'

---

[13] We gebruiken de Nederlandse vertaling van deze Engelse editie, Viktor E. Frankl, *Humaniteit van de menselijke vrijheid. Spiritualiteit en verantwoordelijkheid in psychotherapie (Der Unbewußte Gott)* (Bewerking en annotatie drs. Pieter Hoekstra),Amersfoort: Nederlands Instituut voor Logotherapie en Existentiële Analyse, 2004.

[14] Frankl, *Humaniteit van de menselijke vrijheid,* 12–13.,

[15] Frankl werkt deze stelling uitvoerig uit in *Humaniteit van de menselijke vrijheid,* 20–29.

[16] Frankl, *Humaniteit van de menselijke vrijheid,* 36.

Dit betekent dat het geweten een positie boven het zelf veronderstelt, van waaruit ik mijzelf kan schouwen en kennen, dus een transcendente positie.

Op deze wijze schuift Frankl stilaan op in de richting van een expliciet Godsbeeld. Omdat we vrij zijn, zijn we heer van onze wil. We hoeven geen speelbal te zijn van allerhande driften of verlangens. Maar om deze vrijheid ook wezenlijk en dus existentieel vorm te geven, hebben we een oriënteringspunt nodig. Hier treedt het geweten op en wijst ons naar verantwoordelijkheid. In verantwoordelijkheid zijn we pas volkomen vrij. Dit betekent dat we ons moeten verheffen tot de transcendentale positie dat het geweten vertegenwoordigt. Zo komt Frankl tot de volgende kernachtige notitie:

> 'Achter het *Über-Ich* van de mens staat niet het ik van een *Über-Mensch*, maar het Gij van God; want nooit of te nimmer kon het geweten een gezag zijn in de immanentie, als het niet het Gij-woord was van de transcendentie.'[17]

De God van Viktor Frankl is bijgevolg transcendent (als geweten) en immanent (als geestelijk onbewuste). Hij spreekt over de onbewuste God en duidt daarmee aan dat we in een onbewuste houding tegenover God staan.[18]

Pastoraat en therapie

De pastor en de therapeut hebben alles en niets met elkaar gemeen. Dit lijkt op een open deur intrappen, maar wie met de pastorale praktijk te maken heeft weet dat men regelmatig mensen die raad vragen niet verder kan helpen en men noodgedwongen moet doorverwijzen naar professionele hulp. Aan de andere kant blijken nogal wat mensen aan de pastor therapeutisch advies te vragen, vooral in religieuze kwesties, omdat men er bij de gangbare therapeut niet mee terecht kan. De pastorale en therapeutische praktijk overlappen elkaar bijgevolg regelmatig. En toch is het noodzakelijk om de beide benaderingen zorgvuldig uiteen te houden. Een gelovige die zijn intieme religieuze beleving bij de therapeut uit de doeken doet en aansluitend van de therapeut verneemt dat zijn God een sublimering van het libido is of wordt afgedaan als een onpersoonlijk collectief onderbewustzijn, zal weinig of geen hulp ontvangen. De pastor moet zich op zijn beurt kunnen beperken tot de begeleiding van de geestelijke ontwikkeling van de hulpvrager

---

17 Frankl, *Humaniteit van de menselijke vrijheid*, 41.

18 We moeten opmerken dat Frankl geenszins wil trappen in de val van een mystieke 'verborgen' God of een gnostische 'God in ons'. Deze 'dilettantische' theologie verweet hij C.G. Jung, die weliswaar noties van de onbewuste God ontwaarde, maar deze in het Es lokaliseerde, dit betekent dat het 'ik' er nooit vat kon op krijgen, verborgen als Hij was in het Es. Zo verbond Jung religiositeit met de collectief onbewuste archetypen. Voor Frankl is religiositeit 'ik'-eigen, de allerpersoonlijkste kern van het 'ik', dat weliswaar aan het onbewuste ontspringt. Frankl, *Humaniteit van de menselijke vrijheid*, 44–47.

en zich niet op 'psychologiserend' terrein begeven. Als de pastor merkt dat zijn gemeentelid worstelt met de beelden uit de zondagschool en als volwassene erg moeilijk hetzelfde geloof onverkort kan hanteren, is het de taak om de persoon te helpen een volwassen religieuze beleving aan te nemen. Pastor en therapeut moeten bijgevolg hun plaats kennen. Dit behelst de discipline van los te laten en door te verwijzen. Dit geldt voor zowel de pastor maar ook voor de therapeut. Deze laatste kan niet zonder de godsdienstigheid van de patiënt ter sprake te brengen, maar hij moet zich hoeden om geen psychoanalytische alwetendheid voor te wenden. Voor de pastor is het geboden zich niet 'heiliger dan de paus' voor te doen of als een supergelovige uit de hoek te komen. Dergelijke heldhaftige positioneringen draaien vaak averechts uit. Ofwel zakt de patiënt/hulpvrager nog dieper in het moeras van zelfverwerping en angst, ofwel keert hij zich van alles en iedereen af.

Het is bijgevolg noodzakelijk om psychotherapie, waarvan logotherapie een aanvulling wil zijn, duidelijk te scheiden van pastoraat en geloof. De beide benaderingen kunnen elkaar nabij-zijn en helpen, maar moeten tegelijk alert zijn niet voor elkanders voeten te lopen. Het onderscheid is dat de pastor per intentionem en de therapeut per effectum op het heil van de patiënt is gericht. De therapeut werkt louter in de richting van de wetenschappelijk bereikte onderzoeksresultaten. De analyse en methode zijn beproefd en beogen termijnresultaten. De pastor vergezelt de hulpvrager, loopt een eind mee, ondersteunt en oppert suggesties. De weg van de religie loop je levenslang. Het is daarom dat de therapie zelden of nooit de marsrichting van de religie volgt. Pastoraat en therapie sluiten elkaar echter niet uit. Als aanvulling van de therapie kan de pastor de hulpvrager naar een aan zijn of haar levensfase appellerend Godsbeeld begeleiden. De therapeut kan de existentiële betekenisvragen helpen uitklaren. Pastoraat en therapie vullen elkaar bijgevolg aan op het vlak van zingeving.

Als dit een mens is, waar is dan God?

Tot slot wil ik deze verkenning omtrent pastoraat in vloeibare tijden en de hulplijn die de logotherapie van Viktor Frankl aanbiedt, afsluiten met een theologische vraagstelling. De vraag ontluikt aan de gedachte dat, als het diepste wezen van de mens of 'zijn geestelijk onbewuste kern' (V. Frankl) wordt vernietigd, ook zingeving of betekenis verdwijnt. Theologisch loopt deze gedachte uit op de stelling dat we na Auschwitz niet meer over God kunnen spreken. Wat is betekenis (*logos*) in het licht van een industrieel uitgevoerde genocide? Wat is 'goddelijke voorzienigheid' in een vernietigingskamp? Is God wel almachtig? Hebben we niet eerder te maken met persoonlijke zingeving als ethische oriëntering, dan met een alles overheersende persoonlijke God? Noopt de culturele ontwikkelingen van de naoorlogse periode, de vloeibaar-wording van waarden, ons niet tot een herijking van het

Bijbelse Godsbeeld? De aanzet van deze uitdagende theologische vraagstelling is het relaas van Primo Levi in *Is dit een mens?*[19] Ook Levi overleefde Auschwitz en publiceerde zijn kampervaring. Tijdens de lectuur van *Ein Psycholoog erlebt das Konzentrationslager* (1946) van Viktor Frankl werd ik voortdurend aan het indringende relaas van Primo Levi over zijn verblijf in Auschwitz herinnerd. De indringende theologische vraagstelling wordt ingegeven door de gedachte die helemaal aan het slot bij het nakende einde bij Levi opwelt.

'Nu denk ik om het feit alleen dat er een Auschwitz heeft bestaan, geen mens in onze dagen meer van Voorzienigheid zou mogen spreken. Maar zeker ging toen de herinnering aan de Bijbelse reddingen uit uiterste nood als een windstoot door ons allen heen.'[20]

Levi vroeg zich eerder in zijn boek al af of de verhalen van de overlevenden van Auschwitz een nieuwe Bijbel vormen.[21] Maar deze 'nieuwe Bijbel' verschilt grondig van de oude versie. In Auschwitz is er geen sprake van zin of bestemming en al zeker niet van Voorzienigheid. In leven zien te blijven, dit uur door te komen, dit is de uiterste bedoeling van elke gedachte en handeling.

'De overtuiging dat het leven zin heeft is in elke vezel van de mens geworteld, is een eigenschap van de menselijke natuur (. . .) Hier en nu is de zin van ons bestaan de lente te halen. Achter dit doel ligt voor het ogenblik geen ander doel.'[22]

Levi deelt dus de mening van Frankl dat zingeving een primaire behoefte is. Frankl op zijn beurt lijkt mij Levi te kunnen bevestigen in zijn melding dat 'de lente halen' als doel extra kracht geeft. Levi geeft tevens inzicht in de werking van betekenisgeving en waarom het een positieve werking heeft in perspectiefloze situaties. Beide auteurs hebben uitvoerig nagedacht over de betekenis van het lijden. We zagen eerder in deze tekst dat Frankl de confrontatie met eindigheid aanwendt om te spreken over 'supra-betekenis' of de ultieme zin die in de aller diepste crisis maar al te duidelijk onuitspreekbaar is, voorbij taal en logica. Voor Frankl geeft dit besef aanleiding tot een verantwoordelijkheidsethiek. Levi ervaart deze 'supra-betekenis' als solidariteit en het feit dat gemeenschappelijk gedragen lijden lichter weegt. Hij geeft met een indringende paragraaf aan hoe dit in zijn werk gaat.

---

[19] Primo Levi, *Is dit een mens?* (uit het Italiaans vertaald door Frida De Matteis-Vogels, Amsterdam: Meulenhoff bv, 1987. Levi schreef het werk in 1946 en het werd in 1961 ook in Duits uitgegeven. Het Italiaanse origineel draagt als titel *Se questo è un uomo*, wat allicht trefzekerder zou omgezet worden met 'Als dit een mens is'. De eerste Nederlandse vertaling uit 1963 luidde: 'Eens was ik een mens' (Arbeiderspers).

[20] Levi, *Is dit een mens?*, 178.

[21] Levi, *Is dit een mens?*, 73.

[22] Levi, *Is dit een mens?*, 79.

'De mens is namelijk zo geschapen dat gelijktijdig geleden moeite en verdriet niet in hun volle omvang op hem drukken, maar zich achter elkaar verbergen, de minder erge achter de ergere, volgens een vaste optische wet. Dit is een uitkomst en maakt dat wij in het kamp kunnen leven ... '

Meteen daarna geeft Levi een erg trefzekere omschrijving van wat de hulpverlener kan doen en wat dus Frankl met zijn logotherapie voor ogen staat: waarde bepalen.

'... Het is ook de reden waarom je in het vrije leven zo vaak hoort zeggen dat de mens nooit tevreden is: wat niet zozeer een kwestie is van een menselijk onvermogen om ooit echt voldaan te zijn, als wel van een altijd onvoldoende inzicht in de samengestelde aard van zijn ongenoegen, dat vele, opklimmend gerangschikte oorzaken heeft, maar uitsluitend naar de voornaamste wordt benoemd; tot die op gegeven ogenblik wegvalt en men tot zijn schrik achter de eerste oorzaak een tweede ontdekt, en in werkelijkheid een hele reeks.'[23]

Groot lijden splitst zich bijgevolg uit en rangschikt zichzelf. Dit maakt een op het eerste zicht ondraaglijk verdriet doorstaanbaar. Lijden is een gelaagd begrip, met verschillende zich achter elkaar verbergende gestalten. Het grote leed wordt pas ondraaglijk als men de onoverkomelijke oorzaak als enige en uiterste beschouwt. Dit is niet zo, aldus Levi, want in werkelijkheid volgt op deze schijnbaar enige lijdensfactor nog een hele reeks oorzaken. Dit besef 'verdeelt' het leed en maakt het draaglijk. Het is de kracht van solidariteit en van het geloof dat de barmhartige God meelijdt.

Conclusie

Het ziet ernaar uit dat de kampervaring van Viktor Frankl en Primo Levi ons overtuigt dat in de lijdende mens een goddelijke kracht aanwezig is. Een kracht om het lijden te dragen en te overwinnen. Voor Frankl is dit aanleiding om een therapie op te stellen die een weg naar de ontdekking en aanwending ervan aanwijst. Levi graaft in zichzelf en delft op literaire wijze deze kracht op.

Deze conclusie kan evenwel niet zonder er onmiddellijk bij te melden dat lijden op geen enkele wijze ter loutering aan het zelf of de ander kan toegebracht worden. Frankl onderstreept in zijn publicaties meermaals dat het om crisispatiënten gaat, neurosen en andere ziekteverschijnselen. Hier licht het onderscheid met pastoraat op. Bij de pastor moet een alarmsignaal flikkeren als de hulpbehoevende zich in een aanhoudende diepe crisis bevindt. Deze aanhoudendheid kan door religieuze denkkaders ondersteund worden, waardoor het voor de pastor erg verleidelijk is om mee te stappen in de waan. Het element bij uitstek dat religie en neurose met elkaar verbindt, is de fundamentele antropologische scheiding tussen

[23] Levi, *Is dit een mens?*, 82.

'geredden' en 'verlorenen'. De neurotische waan dat de wereld wordt bestuurd door samenzweerders allerhande, uitlopend op apocalyptiek en 'het kwaad dat als een brullende leeuw rondloopt', wordt vaak met Bijbelteksten ondersteund. Primo Levi getuigt dat deze tendens in de context van uiterst fysisch lijden ontstaat, als men ziet dat sommige medegevangenen lichamelijk beter uitgerust zijn om in de kampen te overleven dan anderen. Zodra men merkt dat anderen minder snel moe zijn of beter honger kunnen verdragen, treedt een mechanisme in werking dat 'overleven' verdacht maakt. De sterken hebben verborgen voordelen, wat wil zeggen dat je zelf te kort wordt gedaan. Deze paranoïde gedachten ontaarden in neurotisch gedrag als ze aanhouden.

In tijden van vloeibare waarden is de zucht naar zingeving duidelijk te horen. De predikant of pastor ontvangt steeds meer vragen over zin en betekenis van mensen die niets met de christelijke gemeenschap van doen hebben dan vanuit de inwendige kring. Kerkleden aanvaarden de traditionele zingeving. De wereld verkeert in dit opzicht, zeker in West-Europa, in een diepe crisis. Op het einde van deze uiteenzetting lijkt het mij althans duidelijk dat de pastor kan peilen, toetsen en aanreiken wat zingeving door de eeuwen inhoudt. Hij of zij vindt daarin steun bij de logotherapie die stelt dat zingeving een primaire motivatiekracht in de mens is.

In een logotherapeutisch perspectief naar Bijbelse teksten kijken

Harry Sinnaghel

Het eerste deel van dit artikel licht de logotherapie toe aan de hand van het boek 'De zin van het bestaan' van Viktor Frankl[1]. In het tweede deel ga ik proberen enkele impulsen uit de logotherapie vruchtbaar te maken voor het verstaan van twee Bijbelteksten.

Deel 1: Het boek 'De zin van het bestaan' van Viktor Frankl

De term logotherapie komt van de Griekse woorden 'λόγος' en 'θεραπεία'. Het woord 'λόγος' kan men als 'woord' maar ook als 'betekenis' of 'zin' vertalen. Het woord 'θεραπεία' betekent 'behandeling'. De logotherapie is dus een behandeling dat zich zowel richt op de betekenis van het leven, als op het streven van de mens naar een dergelijke betekenis. De logotherapie beschouwt het zoeken naar betekenis of zin als de primaire menselijke motivatie. Het biedt hulp in de heroriëntatie van het leven door middel van het ernstig ingaan op de existentiële vragen, en biedt herstel door het versterken van het vertrouwen in de onvoorwaardelijke zin van het leven en de waarde van de persoon. De logotherapie werd door Viktor Frankl ontwikkeld, en onder deze naam werden zijn denkbeelden voor het eerst in 1938 gepubliceerd.

Viktor Frankl (Wenen, 26 maart 1905 – Wenen, 2 september 1997) was een Oostenrijks neuroloog en psychiater. Hij groeide op in een liberaal-Joods gezin. Zijn Joodse achtergrond speelt in zijn denken een belangrijke rol, maar binnen de logotherapie wordt geen standpunt ingenomen over welke levensbeschouwing dan ook. Hij heeft als enige van zijn familie de concentratiekampen overleefd. Hij verloor dus zijn echtgenote, zijn ouders en zijn broer in de concentratiekampen, behalve zijn zus die voor de oorlog naar Australië migreerde. Gedurende drie jaar verbleef hij in verschillende concentratiekampen en was hij getuige was

[1] Frankl V.E. (2016). *De zin van het bestaan: een inleiding tot de logotherapie.* Rotterdam: Uitgeversmaatschappij Ad. Donker bv

van het meest gruwelijke menselijke leed. Hij moest net zoals de medegevangenen dwangarbeid verrichten, maar daarnaast behandelde hij zijn medegevangenen voor zwaarmoedigheid of voor het voorkomen van zelfmoord. Viktor Frankl was hoogleraar in de Neurologie en Psychiatrie aan de Universiteit van Wenen. Hij was ook als gastdocent verbonden aan verschillende universiteiten in de Verenigde Staten. Hij ontving 29 eredoctoraten van universiteiten in alle delen van de wereld.

De logotherapie wordt ook de Derde Weense School van de psychotherapie genoemd, met als leerstelling de 'wil tot betekenis'. Dit in onderscheid met de Eerste Weense School van Sigmund Freud met als leerstelling 'de wil tot lust', en de Tweede Weense School van Alfred Adler met als leerstelling 'de wil tot macht'.

Het boek 'De zin van het bestaan' van Viktor Frankl bestaat uit twee delen. In het eerste deel schetst Viktor Frankl zijn ervaringen als gevangene in een concentratiekamp vanuit het perspectief van een psychiater. Dit deel verscheen eerst als afzonderlijk boek 'Ein Psycholog erlebt das Konzentrationslager' reeds in 1946. Op verzoek van de uitgever heeft Viktor Frankl een tweede deel bijgevoegd, waarin hij de beginselen van de logotherapie beschrijft: zijn psychotherapeutische methode voor het vinden van de bedoeling en de betekenis van het leven in alle levensomstandigheden, en daarmee een reden om verder te leven. Om te blijven leven heeft de mens niet enkel voedsel en veiligheid nodig, maar hebben mensen ook een doel, een objectief, een betekenis nodig, iets waarop ze kunnen hopen, waarop hij of zij naar kan uitkijken. De mens heeft dus behoefte aan het streven om een waardevol doel te bereiken.

In het boek citeert Viktor Frankl meerdere malen Friedrich Nietzsche: '*Hij die een reden tot leven heeft, kan vrijwel alle levensomstandigheden verduren*' (blz. 98 en 130). Dit is het basisidee achter de logotherapie.

In het boek raakt Viktor Frankl verschillende thema's aan: naast de zin van het bestaan worden ook de verantwoordelijkheid, het existentiële vacuüm, de liefde, de humor, en het lijden behandeld. Voor elk van deze thema's gaan we een citaat van dichterbij bekijken.

'*Het streven naar de zin van het leven is de primaire motivatiekracht waarover de mens beschikt*' (blz. 123). Het hebben van een doel, een betekenis van het leven, geeft de nodige motivatie aan de mens. De mens moet streven om een waardevol doel te bereiken. De mens heeft deze stimulans van een potentiële betekenis nodig. Een van de beginselen van de logotherapie is, dat de belangrijkste doelstelling van de mens niet is om lust of macht te verwerven, maar de zin van zijn of haar leven te ontdekken. Viktor Frankl observeerde dat niet degenen in de kampen die in fysieke zin het sterkste waren het langst overleefden, maar diegenen die ondanks de erbarmelijke omstandigheden nog betekenis in hun leven ervoeren.

Die zin van het leven wordt ons echter niet op een dienblaadje aangereikt; het is aan de individuele mens om te ontdekken wat de zin van zijn of haar leven is. Logotherapie is dus niet zin-gevend, maar zin-vindend.

'Veel mensen beschouwen het leven niet langer als zinvol' (blz. 133). Mensen zonder een waardevol doel missen de gewaarwording van een betekenis die de moeite waard is om te leven. Mensen zonder een waardevol doel ervaren een innerlijke leegte. Viktor Frankl noemt deze innerlijke leegte het existentiële vacuüm. Mensen hebben een gevoel van innerlijke leegte dat zich vooral manifesteert in de vorm van verveling. Bij deze mensen komt dit vaak op zondag naar boven, en wordt de 'zondagneurose' genoemd: neerslachtigheid maakt zich meester van mensen die zich de onvrede met hun bestaan realiseren, wanneer de drukke werkweek ten einde is, en zij hun innerlijke leegte gewaarworden. Zinloosheid of een gevoel van zinloosheid is schadelijk voor de mens, en kan nefaste gevolgen hebben: meerdere gevallen van zelfmoord zijn helaas te herleiden tot deze innerlijke leegte, algemene verschijnselen als alcoholisme en jeugdmisdadigheid zijn vaak uitsluitend te herleiden tot deze innerlijke leegte, dit geldt ook voor de crisis die gepensioneerden en bejaarden kunnen ondergaan.

'Ieder mens wordt door het leven ondervraagd en hij kan zich slechts verantwoorden tegenover het leven, door zijn eigen leven te verantwoorden. Hij kan slechts gehoor geven aan het leven door verantwoordelijkheid te dragen voor zijn eigen leven. Daarom beschouwt de logotherapie (de eigen) verantwoordelijkheid als de kern, de essentie van het menselijke bestaan' (blz. 136). Het gaat erom dat de mens de verantwoordelijkheid neemt om het leven en de dingen die op haar levenspad komen zin te geven. Viktor Frankl roept de mens op om te luisteren naar wat het geweten van de mens vraagt en dat naar beste kunnen uit te voeren. De unieke kans zit hem in de manier waarop de mens met de uitdagingen die op het levenspad komen omgaat. Zolang de mens een doel heeft, een 'waarom' om voor te leven, kan de mens de wereld aan. De logotherapie tracht de patiënt volledig bewust te maken van zijn verantwoordelijkheid, daarom ook moet zij hem de keuze laten waarvoor, tegenover wie en wat, hij zich verantwoordelijk acht.

'Alleen door de liefde kan een mens doordringen tot het innerlijke van een medemens, tot de kern van zijn persoonlijkheid' (blz. 139). De liefde stelt de mens in staat de essentiële eigenschappen van de naaste te ontdekken en zelfs meer dan dat: de mens ontdekt potentiële mogelijkheden die nog wachten op verwezenlijking. Door de liefde maakt de mens de ander bewust van hetgeen hij of zij kan zijn en kan worden. Liefde geeft de dingen betekenis. Viktor Frankl zegt dat de liefde het hoogste doel is waarnaar de mens kan streven.

'Ook humor was een wapen in de strijd om zelfbehoud. Het is overbekend dat humor, meer dan alle andere menselijke eigenschappen, in staat is de mens afstand te doen nemen van zijn problemen en hem de mogelijkheid biedt zich boven

iedere situatie te verheffen, zij het soms slechts gedurende enkele seconden. [. . .] De poging een gevoel voor humor te ontwikkelen, is een vaardigheid die men leert wanneer men de levenskunst tracht meester te worden' (blz. 62–63). Door over zichzelf te lachen, distantieerde Viktor Frankl zich van zijn levenssituatie, van de harde realiteit van het concentratiekamp, en kon hij zich daarmee innerlijk bevrijden. Daarmee geeft Viktor Frankl aan dat humor ook in verstikkende omstandigheden een wapen kan zijn; humor sluit dan nauw aan met de beleving van vrijheid. Humor verruimt het gezichtsveld omdat men vertrouwd op zijn vermogen tot het vinden van creatieve oplossingen voor datgene wat zijn pad kruist. Humor verzacht, relativeert, schept afstand en is soms de enige manier om het vol te houden.

'Daarom is de mens ook steeds tot lijden bereid, mits zijn lijden zin heeft' (blz. 141). Viktor Frankl verwijst in zijn boek naar Spinoza: *'Emotie die lijden is, zal ophouden lijden te zijn, zodra wij er ons een duidelijke en nauwkeurige voorstelling van hebben gevormd'* (blz. 96). Het lijden is een onderdeel van het leven, is onvermijdbaar, en het kan betekenisvol zijn. Viktor Frankl bedoelde hier niet mee dat we een masochistische levenshouding moeten aannemen, maar eerder dat we zouden herkennen dat het leven vol moeilijkheid zit, en dat de mens de ervaring van levend zijn moet omarmen door affirmatief te leven in het aangezicht van onvermijdelijke zorg en lijden.

'De mens bepaalt uiteindelijk zichzelf. Wat hij wordt [. . .] heeft hij van zichzelf gemaakt' (blz. 163). Met deze uitspraak beëindigt Viktor Frankl zijn boek. Uiteindelijk is het de mens zelf die bepaalt hoe je met het leven omgaat. Deze uitspraak gaat samen met vrijheid en verantwoordelijkheid: maak zelf iets van je leven, neem je leven in handen, schep opportuniteiten voor jezelf en voor de ander, wie ben je en waar sta je voor. Als men de omstandigheden de schuld geeft verliest men daarmee zijn eigen vrijheid, en daarmee tevens de kans om het leven betekenisvol te laten zijn.

Deel 2: Vanuit de logotherapie naar twee Bijbelteksten kijken

In dit deel probeer ik enkele impulsen uit de logotherapie te benoemen en toe te passen bij het kijken naar de Bijbelteksten Mattheüs 11: 2–6 en 1 Korintiërs 13: 13.

Mattheüs 11: 2–6 vertelt dat Johannes de Doper in de gevangenis zit. Via zijn discipelen hoort Johannes de Doper over de daden van Jezus. En Johannes de Doper twijfelt: is Jezus nu de langverwachte Messias, of is Jezus enkel een leraar? De discipelen van Johannes de Doper gaan naar Jezus en stellen Jezus de vraag: *'Bent u degene die komen zou of moeten wij een ander verwachten?'* (vs. 3). En Jezus antwoordt de discipelen van Johannes Doper *'Zeg tegen Johannes wat jullie horen en zien: blinden kunnen weer zien en verlamden kunnen weer lopen, mensen met huidvraat worden gereinigd en doven kunnen weer horen, doden worden opgewekt en aan armen wordt het goede nieuws bekendgemaakt'* (vs. 4–5). Dit lijkt een verwijzing naar de profetie in Jesaja hoofdstuk 35 en naar Psalm 146 te zijn waar gezegd wordt datin het Koninkrijk van God lichamelijke beperkingen worden opgeheven. Maar Jezus voegt twee nieuwe elementen bij: *'doden worden opgewekt en aan armen wordt het goede nieuws bekendgemaakt'* (vs. 5b). Maar wat bedoelde Jezus met deze aanvulling? Wie zijn de 'armen' en wat betekent dat 'doden worden opgewekt'?

Het evangelie geeft wel enkele voorbeelden, zoals het meisje datdoor Jezus uit de dood wordt opgewekt (Marcus 5: 41). In de popmuziek heeft Michael Jackson met de clip van het lied 'Triller' een Halloweenachtige interpretatie gegeven: zombies die uit de graven komen en die de omgeving onveilig maken. Maar waar had Jezus het over? Kennelijk willen deze woorden niet zeggen dat nu plotseling alle kerkhoven in Galilea leeg zouden lopen. Ik denk dat Mattheüs iets helemaal anders bedoelde.

Om de oorspronkelijke strekking op het spoor te komen, ga ik in een logotherapeutisch perspectief naar deze woorden kijken. Dan wordt herkenbaar dat de zoektocht naar zin ook in de vraag van de discipelen van Johannes aanwezig is. Jezus daagde zijn toehoorders dus uit door hen te confronteren met en te laten nadenken over de zin van hun leven, over de zin van hun bestaan. Jezus hielp de toehoorders die geen zin of betekenis in hun leven hadden, een waardevol doel van het leven te ontdekken.

Een korte en pregnante omschrijving en invulling van die betekenis vind ik in een andere Bijbelse tekst, in de eerste brief van Paulus aan de gemeente te Korinthe: *'Ons resten geloof, hoop, en liefde, deze drie'* (1 Kor. 13: 13a). Inhoudelijk is dat niets anders dan wat Jezus aan zijn volgelingen gaf: geloof, hoop, en liefde.

Ik zal nu deze drie begrippen – in een door Viktor Frankl gestimuleerd perspectief – interpreteren als drie Bijbels ingevulde stappen van zingeving.

Geloof. Marcus hoofdstuk 2 vertelt het verhaal van een verlamde die op een draagbed door een gat in het dak naar beneden werd gezakt. En er staat: *'Bij het zien van hun geloof zei Jezus tegen de verlamde: 'Vriend, uw zonden worden u vergeven''* (vs. 5). De aanwezige Schriftgeleerden waren woedend want wat Jezus zei was in hun ogen godslasterlijk: zonden konden alleen vergeven worden door een offer in de tempel te brengen. Jezus vergaf zonden buiten de tempel om: zonden werden vergeven door het geloof. Dit was geen reactie tegen het Jodendom, maar een reactie tegen de tempel en de corrupte tempelaristocratie. De rol van de tempel in de vergeving van de zonden en als bemiddelaar tussen God en de mensen werd opzijgeschoven. Dit was een revolutionair alternatief. De vergeving werd niet verkregen door offers in de tempel te brengen, maar was het resultaat van de genade van God voor iedereen die dit geloofde en ernaar wilde leven. Dit is de eerste stap in de zingeving: door het geloof vertrouwen op God en op Gods genade.

Hoop[2] gaat over hoe iemand denkt over het doel dat hij voor ogen heeft, en over de manier waarop hij dat doel kan bereiken. Jezus herinnerde zijn volgelingen dat wij leven in de hoop, dat Gods liefde het zal winnen van al het kwaad in de wereld. Het hart van de Bijbelse boodschap is hoop: hoop voor de wereld, hoop voor de mensen die altijd aan de verkeerde kant van het leven hebben gezeten, hoop voor de gelovigen die altijd vertrouwen hebben gehad in de zaak van God. Hoop geeft mensen kracht en moed in het dagelijks leven, en kan een politiek-maatschappelijk ideaal inspireren. Die hoop wordt gevoed door het feit, dat God ons altijd een stapje vóór is. We geloven niet in een God die regelend en bedisseld áchter ons staat, maar in een God, die uitnodigend vóór ons uit gaat. Een God die voortdurend werkt aan de vernieuwing van mens en wereld, en die ons uitnodigt daarin met Hem mee te gaan. Ook al is de toekomst principieel open, toch horen wij achter elke horizon de stem van God, de Roepende, die ons bemoedigt en uitdaagt. De hoop van Jezus gaf mensen de kracht om zich te verzetten tegen onrecht, om lijden aan te klagen, om zich niet zonder meer bij het lijden van mensen neer te leggen. Hoop is geen vrijgeleide om passief af te wachten. Hoop daagt mensen uit om zelf actief aan een betere wereld bij te dragen. Hoop legt de focus op de mogelijkheden die men voor zichzelf ziet. Het is het samengaan van de verantwoordelijkheid die mensen voor zichzelf en voor elkaar opnemen, met de hoop op Gods steun. Volgens psychologen blijkt hoop ook een beschermende factor te zijn die mensen kan helpen om depressies te voorkomen. Deze theologie van de hoop werd door Jezus gepredikt, en werd door Paulus onderlijnd in de eerste brief aan de Thessalonicenzen: '*Wij sporen u aan, broeders en zusters, [...] moedelozen hoop te geven*' (1 Thess. 5: 14). En dit is de tweede stap in de zingeving: Jezus gaf zijn volgelingen hoop; hoop op een betere wereld, en in die hoop meewerken aan en zich engageren voor die betere wereld, voor het verwachtte Koninkrijk van God.

Liefde. Viktor Frankl zegt, en ik herhaal, dat alleen door liefde, ook door naastenliefde, kan een mens doordringen tot het innerlijke van een medemens, tot de kern van zijn persoonlijkheid. De liefde stelt de mens in staat de essentiële eigenschappen van de naaste te ontdekken en zelfs meer dan dat: de mens ontdekt potentiële mogelijkheden die nog wachten op verwezenlijking. Door de liefde maakt de mens de ander bewust van hetgeen hij of zij kan zijn en kan worden. Het gaat er dus om hoe deze theologie van de liefde in de praktijk wordt gebracht: accep-

2 Jongsma-Tieleman P.E. (1998). *Godsdienst als speelruimte voor verbeelding.* Kampen: Uitgeverij Kok. In het bijzonder het artikel 'Godsdienst als hoedster van de hoop' blz. 109–142

teert men elkaar en is er tolerantie, ook ten opzichte van mensen en meningen die 'anders' zijn? Is er sprake van aandacht voor elkaar en onderlinge zorg? Kan men zich veilig en geaccepteerd voelen in de geloofsgemeenschap? Is er onderlinge bevestiging? Kunnen verschillende identiteiten samenleven? Is er zorg en ruimte voor de komende generatie? Accepteert men zijn eigen beperktheid? En dit is de derde stap in de zingeving: Jezus herinnerde zijn volgelingen aan naastenliefde, zoals die reeds in het Eerste Testament werd gevraagd. Jezus predikte een ethiek, een orthopraxie.

Wat Jezus aan zijn volgelingen predikte, komt in feite uiteindelijk neer op deze theologie van geloof, hoop en liefde. Deze theologie van geloof, hoop en liefde voedde de gelovige gedurende het hele leven, en gaf hem of haar grond onder de voeten. De gelovige werd zijn of haar hele leven lang door de geloofsgemeenschap ondersteund en gestimuleerd. Jezus leerde zijn volgelingen om anders naar de werkelijkheid te kijken, niet vanuit het eigen profijt, maar vanuit het standpunt van de ander. Jezus decentreerde, verwierp de weg van bekrompenheid van het eigen gelijk, en wees in de richting van grotere gehelen en oriëntaties. Jezus maakte zijn volgelingen gevoelig voor het niet-genaakbare, het niet-definieerbare, het niet-regisseerbare in een mensenleven, voor wat de mens transcendeert. En precies in dat gebeuren van transcendentie werd nieuw leven mogelijk – vers, oorspronkelijk en volstrekt immanent nieuw leven. Wie geloofde in het visioen, wist zich op een nieuwe manier uitgedaagd én bewaard om te onderscheiden waar het in het alledaagse leven op aan kwam.

En de volgelingen van Jezus vonden een doel in hun bestaan: meewerken aan en zich engageren voor het Koninkrijk van God. Zij kregen dus een concrete opdracht te vervullen: werken aan het Koninkrijk van God. In de verkondiging van Jezus komen we inzichten uit de logotherapie van Viktor Frankl tegen, maar 'avant la lettre'.

Door de politieke, economische, sociale, en culturele situatie had het leven van de toehoorders van Jezus weinig of geen zin. Zij waren als het ware 'dood', zij waren geestelijk 'arm'. Aan deze 'armen wordt het goede nieuws bekendgemaakt', het goede nieuws van de theologie van geloof, hoop en liefde. En zij die dit goede nieuws aannamen worden weer levend. Hun zinloos leven kreeg weer betekenis. Daardoor kregen zij volgens Viktor Frankl de nodige stimulans en doelstelling in hun leven. Zij stonden daardoor uit hun 'dood leven' op. Of zoals Jezus het in de tekst uit Mattheüs zegt: 'doden worden opgewekt'. Mensen met een zinloos leven kregen weer een doel, en werden zo uit de dood opgewekt.

Dit is een voortreffelijk beeld van 'doden worden opgewekt', en dit in tegenspraak met de clip van Michael Jackson. Het is niet te verwonderen dat Jezus en zijn goede boodschap over de theologie van 'geloof, hoop en liefde' in de loop van de geschiedenis zoveel aanhangers kreeg.

Zo ondersteunt de logotherapie deze theologie van geloof, hoop en liefde. Vol verwachting kijken naar de toekomst: door het geloof vertrouwen op God en op Gods genade; hopen op een betere wereld, en in die hoop meewerken aan en zich engageren voor die betere wereld, voor het verwachtte Koninkrijk van God; en het uitvoeren van daden van naastenliefde: laten wij met een open hart zien, horen, begrijpen, en doen wat een ander nodig heeft. Niet alleen op individueel vlak maar ook als kerkgemeenschap kan men anderen tot steun zijn, omzien naar elkaar, elkaar bemoedigen, hulp bieden aan de kwetsbare mens, goed zijn voor onze naaste, warmte bieden, samen vieren, enz., echt Gods gemeente zijn.

Literatuur:

Frankl V.E. (2016). *De zin van het bestaan: een inleiding tot de logotherapie*. Rotterdam: Uitgeversmaatschappij Ad. Donker bv

Jongsma-Tieleman P.E. (1998). *Godsdienst als speelruimte voor verbeelding*. Kampen: Uitgeverij Kok

Hoe mensen verbonden zijn. De intergenerationele benadering van Ivan Böszörményi-Nagy als inspiratiebron voor Contextueel Pastoraat[1]

Douwe Boelens

Vooraf

In de winter van 1991/92 leerde ik in Hongarije twee mensen kennen, die vanuit Nederland aan een Voortgezette Opleiding Geestelijke Gezondheidszorg in Boedapest introductiecursussen Contextuele Hulpverlening kwamen geven: dr. J.M. (Hanneke) Meulink-Korf en dr. M.A. (Aat) van Rhijn. Zij waren al sinds 1986 de initiatoren van de postacademische opleiding Contextueel Pastoraat in Nederland.

In dat jaar en in de jaren daarna trad ik meerdere malen op als tolk en vertaler tijdens hun introductiecursussen Contextuele Hulpverlening. De begrippen van de introductiecursus leerde ik zodoende grondig kennen, maar bovendien raakte ik ook inhoudelijk steeds meer geïnvolveerd.

Mijn werkzaamheden binnen deze cursus openden voor mij een nieuw zicht op thema's die zich binnen een familiale context afspelen.

Jaren later besloot ik de hele, meerjarige opleiding Contextueel Pastoraat te doen; dat gebeurde van 2008 tot 2010.

Mijn ontmoeting met Hanneke Meulink-Korf en met Aat van Rhijn in 1991 en onze samenwerking in Hongarije worden genoemd in de biografie van Aat van Rhijn (Greteke de Vries: Meer dan voldoende te eten en een vrolijk hart/Aat van Rhijn, dominee en therapeut in het spoor van Nagy en Levinas, Skandalon 2010, pag. 234vv).

[1] Tekst van een open gastcollege aan de Faculteit voor Protestantse Theologie (Bollandistenstraat 40, 1040 Brussel) op woensdagavond 25 oktober 2017.

Ivan Böszörményi-Nagy

Ivan Böszörményi-Nagy (afgekort als 'Ivan Nagy') geldt als de grondlegger, *'founding father'* van de Contextuele Therapie.

Hij werd op 19 mei 1920 – exact veertig jaar vóór de schrijver dezes – geboren in Boedapest. Hij studeerde geneeskunde en psychiatrie in Boedapest en werd vervolgens hoogleraar psychiatrie.

In 1948 moest hij Hongarije verlaten vanwege de stalinistische terreur die in dat jaar uitbrak. Na een verblijf van enkele jaren als arts in een Oostenrijks vluchtelingenkamp, emigreerde hij in 1950 naar de Verenigde Staten. Hij hield zich daar bezig met wetenschappelijk onderzoek; hij werd hoogleraar Psychiatrie aan de Universiteit van Chicago.

In 1957 werd hij directeur van de Afdeling Gezinspsychiatrie van het *Eastern Pennsylvania Psychiatric Institute* in Philadelphia. In 1963 was hij medeoprichter van het *Family Institute of Philadelphia.*

Wekelijkse ontmoetingen met patiënten, familieleden en stafleden brachten hem op een nieuw spoor: vanaf die tijd combineerde hij de individuele benadering van zijn patiënten met een systemische benadering. Hij begon meer dan twee generaties te betrekken bij zijn klinische werk.

Onder andere door zijn ontdekking van het dialogische werk van Martin Buber kreeg hij steeds meer oog voor vragen van ethiek en voor ethische verantwoordelijkheid als drijvende kracht in familierelaties. Dit alles leidde tot het formuleren en doordenken van de Contextuele Therapie.

Hij combineerde vele wetenschappelijke functies, hoogleraarschappen, bleef werkzaam tot 1999.

Na de 'omwenteling' in Oost-Europa, 1989 heeft hij verschillende malen zijn vaderland, Hongarije kunnen opzoeken. Hij heeft zich daarmee altijd verbonden gevoeld.

In 2000 heeft hij voor zijn wetenschappelijk werk in Hongarije een staatsonderscheiding ontvangen uit handen van de toenmalige president Árpád Göncz.

Op 28 januari 2007 is hij op 86-jarige leeftijd overleden aan de gevolgen van de ziekte van Parkinson. Hij ligt begraven in het Hongaarse dorp Külsővat.

Ivan Nagy was afkomstig uit een intellectueel gezin; zijn vader was rechter. Het is aannemelijk dat het juridische denkkader van zijn vader van grote invloed is geweest op het denken van Ivan Nagy over ethische verantwoordelijkheid binnen familierelaties.

Dat hij in zijn vroege jeugd te lijden heeft gehad onder het nationaal-socialisme en het stalinisme, waarvoor hij in 1948 Hongarije en zijn familie heeft moeten verlaten, heeft hem gevoelig gemaakt voor het belang van familiale verbondenheid en voor de rechten van het individu tegenover een systeem.

Het zijn deze grote gebeurtenissen in zijn eigen biografie geweest die hem mede gevoerd hebben tot de totstandbrenging van de Contextuele Therapie.

De belangrijkste werken van Ivan Nagy zijn:

- Invisible loyalties (1973, met Geraldine Spark)
- Between Give and Take (1986, met Barbara Krassner)
- Foundations of Contextual Therapy (1987)

Daarnaast heeft hij nog een vijftal bundels geredigeerd en vele artikelen in vaktijdschriften nagelaten.

In het Nederlands zijn verschenen:

- Tussen geven en nemen. Over contextuele therapie (1994)
- Grondbeginselen van de contextuele benadering (2000)

De vier dimensies binnen de contextuele benadering

Kenmerkend voor de contextuele benadering is het naast elkaar laten voortbestaan van vier dimensies waarin familiegegevens ter sprake kunnen en moeten worden gebracht. Bedoeling van de vier dimensies is om het geheel van familierelaties in hun volle breedte in het oog te houden, zonder bepaalde aspecten op te moeten geven ten gunste van andere aspecten als die op de voorgrond treden.

1. De eerste dimensie, de feiten

Onder de eerste dimensie worden in de contextuele benadering de 'levensfeiten' verstaan. Hieronder worden ziekte en gezondheid gevat, huwelijken en echtscheidingen, verhuizingen, de dood van een ouder of een kind, werksituaties, rijkdom en armoede, maatschappelijke gebeurtenissen, sociaal-economische status van het gezin, kerklidmaatschap enz.

Niet alleen de levensfeiten van de huidige generatie, maar ook die van de vorige generaties worden geïnventariseerd. De contextuele benadering gaat ervan uit dat feiten uit het leven van voorgaande generaties invloed hebben op het leven van latere generaties.

2. De tweede dimensie, de psychologie

Onder de tweede dimensie worden in de contextuele benadering de verworvenheden van de psychologische wetenschap verstaan.

Er wordt gekeken naar hoe de mensen in een familie de gebeurtenissen uit hun leven verwerkt hebben. Hoe heeft hun persoonlijkheid zich ontwikkeld, hoe gaan ze om met hun gevoelens, door welke angsten en verlangens worden ze gemotiveerd, door welke behoeften en afweermechanismen: het geheel van hun psychische processen. Wat voor psychologische hulp hebben de mensen in deze familie nodig om hun psychische uitdagingen het hoofd te bieden?

3. De derde dimensie, de interacties

Onder de derde dimensie worden in de contextuele benadering de verworvenheden van het systemische denken verstaan. Bij de behandeling van de derde dimensie wordt gekeken naar communicatiepatronen en mechanismen van wederzijdse beïnvloeding. Binnen deze dimensie worden de analyse van transacties, coalities, machtsstructuren enz. ter sprake gebracht. De verhoudingen binnen een familie worden volgens de systemische benadering niet alleen door individuele psychische factoren bepaald, maar ook door patronen en mechanismen van waarneembaar gedrag. Iedere familie vormt een 'systeem', waarin de delen reageren op het geheel.

Om veranderingen tot stand te brengen, dient men inzicht te hebben in de werking van het systeem in zijn geheel – en de derde dimensie dient ertoe om deze systemische factoren te erkennen en te benoemen.

4. De vierde dimensie, de 'relationele ethiek'

Het eigene van de contextuele benadering vormt de dimensie van de relationele ethiek. Bij de behandeling van deze vierde dimensie wordt gekeken naar de mate waarin er binnen relaties rechtvaardigheid geschiedt: of er een evenwicht kan worden gevonden tussen het 'geven en nemen', tussen schuld en verdienste. Er wordt met het oog op komende generaties gestreefd naar herstel van de 'ethische orde' binnen familierelaties; de therapie werkt eraan mee om het herstel van die ethische orde mogelijk te maken.

De Contextuele Benadering gaat ervan uit dat mensen ten diepste worden gedreven door recht en rechtvaardigheid.

Ivan Nagy is in zijn denken over de dimensie van de 'relationele ethiek' vooral beïnvloed door het denken van Martin Buber.

Het gaat hem niet om een ethiek of moraal die van buitenaf, door kerk, staat of cultuur is opgelegd, maar om een rechtvaardigheid die nagestreefd wordt in existentiële relaties: dat er gestreefd wordt naar een evenwicht tussen 'geven en nemen', naar billijkheid.

Genogram als hulpmiddel

In de contextuele benadering is er aandacht voor individuele factoren, maar wordt tegelijkertijd het individu altijd gezien als deel van een familieverband dat zich over de generaties heen uitstrekt.

Het is daarom voor de contextuele benadering van belang om de verschillende generaties aan de orde te stellen in het therapeutische proces.

Grootouders, ouders, kinderen: alle mensen vormen schakels tussen de verschillende generaties. Alle mensen worden geboren in een verhaal dat voor hun geboorte al een aanvang heeft genomen, en dat na hun dood zal worden voortgezet.

Om een zo volledig mogelijk en gestructureerd beeld te krijgen van het familieverband en daarbij niemand uit het oog te verliezen, wordt vaak gebruik gemaakt van een zgn. 'genogram'. Het genogram laat alle leden van een familie zien in hun familiale relaties, liefst over minimaal twee of drie generaties: mannen en vrouwen, vaders en moeders, broers en zusters. Bepaalde, vaste tekens laten zien wie overleden zijn, getrouwd en/of gescheiden, welke relaties het meest zichtbaar of juist verbroken zijn, enz.

Bij het opstellen van een genogram wordt zo mogelijk ieder lid binnen de betreffende generatie van de familie present gesteld.

Juist de verstoorde relaties binnen het familieverband zijn ook relaties.

Het genogram is een hulpmiddel om zicht te krijgen op de familie als geheel, en daarbij niemand uit het oog te verliezen. Met behulp van het genogram worden zowel de breukvlaken als ook de krachtbronnen binnen een familie ter sprake gebracht.

Bij het opstellen van een genogram blijkt vaak dat men over bepaalde familieleden meer informatie heeft dan over anderen. Over de redenen voor die relatieve bekendheid en onbekendheid wordt vaak niet veel gesproken; het opstellen van een genogram kan dan een reden zijn om daarover binnen de familie vragen te stellen.

Vragen die hierbij kunnen opkomen, zijn o.a. waarom iemand meer weet van de ene familie van afkomst dan van de andere, waarom iemand meer weet van de ene grootouder dan van de anderen, waarom iemand bepaalde familieleden nooit of zelden ontmoet heeft, enz.

Existentiële loyaliteit

Kernbegrip in het denken van Ivan Nagy over de verbondenheid van mensen is loyaliteit. Anders dan in het alledaagse taalgebruik (bijv.: 'loyaliteit aan vrienden, aan een politieke partij, aan een vakbond' enz.) gaat het in het contextuele denken om existentiële loyaliteit. Existentiële loyaliteit is niet gebaseerd op een keuze, zoals bij vriendschappen of lidmaatschappen van verenigingen, maar op het 'zijn': het is een zijnsgegeven.

Men kan spreken over vroegere vrienden en vriendinnen, vroegere partners, vroegere overtuigingen en keuzes enz., maar men kan niet spreken over vroegere ouders, grootouders of vroegere kinderen, kleinkinderen.

Deze verticale relaties zijn onverbrekelijk vanwege het eenvoudige feit dat men als kind in een bepaalde familie geboren is. Door het feit dat een kind het leven krijgt van zijn/haar ouders, ontstaat er tussen hen een onomkeerbare band van wederzijdse rechten en verplichtingen, verdiensten en schulden die in hun relatie vorm krijgen. Ook na de dood van ouders en/of kinderen blijft deze band voortbestaan. Existentiële loyaliteit wordt mede bepaald door eerdere generaties en wordt voortgezet in latere.

Schuld

Ivan Nagy heeft een inzicht gewonnen aan een toespraak van Martin Buber over 'Schuld und Schuldgefühle' (Schuld en Schuldgevoelens). Buber hield deze toespraak in april 1957 voor docenten en medewerkers van de *School for Psychiatry* in Washington. (Uitgegeven: Verlag Lambert Schneider, 1958).

Martin Buber betoogt daarin dat schuld als existentieel verschijnsel in de therapie niet dient te worden teruggebracht tot schuldgevoelens en dat schuldgevoelens in de therapie niet kunnen worden behandeld zonder te raken aan reële schuld als verstoring van de menselijke orde.

Voor Ivan Nagy betekende dit vernieuwende inzicht de noodzaak om het perspectief en de doelstelling van therapie opnieuw te doordenken: te streven naar herstel van recht en rechtvaardigheid in de menselijke orde.

Hij werkte dit inzicht uit voor intergenerationele familieverhoudingen.

Gespleten en verborgen loyaliteit

Loyaliteit kan tot een conflict leiden als ze verdeeld moet worden over meerdere personen: gespleten loyaliteit. We zien dit bijv. als kinderen na een echtscheiding gedwongen worden vóór een ouder, en daarmee tegen de andere ouder te kiezen. Voor het welzijn van het kind is het dan altijd beter om een situatie te scheppen waarin het kind openlijk zijn existentiële loyaliteit naar beide ouders toe kan uitdrukken. Dit geldt ook wanneer één van de ouders door bijv. drank- en drugsgebruik, criminaliteit, destructieve opvattingen enz. een negatieve, slechte invloed lijkt te hebben op het kind. Ook dan is het belangrijk dat het kind, in weerwil van genoemde problemen, zijn/haar loyaliteit naar die ouder toe kan blijven uitdrukken. Zelfs als een kind mishandeld of misbruikt is, blijft zijn loyaliteit voortbestaan.

Wanneer loyaliteit niet openlijk wordt toegestaan, wanneer bijv. kinderen gedwongen worden vóór hun moeder en tegen hun vader, of vóór hun vader en tegen hun moeder te kiezen, dan dreigt het gevaar van 'verborgen loyaliteit'.

De loyaliteit voor de ouder die niet openlijk geuit mag worden, komt onverwacht te voorschijn op onvermoede momenten en onvermoede wijze.

Een kind kan zich dan plotseling op negatieve, destructieve wijze loyaal tonen aan de ouder van wie gezegd wordt dat die een negatieve, destructieve levenswijze heeft. Het kind kan zich afwenden van beide ouders en zichzelf zo beroven van de mogelijkheid om zorg en aandacht te ontvangen en te geven. Het kan zich ook eindeloos blijven inzetten voor beide ouders.

Volgens Ivan Nagy behouden kinderen altijd hun loyaliteit aan de ouder tegen wie zij hebben moeten kiezen, omdat hun loyaliteit namelijk niet met hun keuzes, maar met hun bestaan gegeven is.

Een ander veelvoorkomend loyaliteitsconflict is een conflict tussen een horizontale, gekozen loyaliteit, bijv. een vriendschaps- of partnerrelatie, en een verticale, existentiële loyaliteit, bijv. tussen ouders en kinderen.

Als deze twee loyaliteiten in conflict zijn, levert dat grote spanningen op voor de betrokkenen die een keuze moeten maken. Het slagen van de horizontale, gekozen loyaliteit, bijv. een partnerrelatie, is in grote mate afhankelijk van de wijze waarop die kan worden geïntegreerd in de verticale, existentiële loyaliteit tussen de generaties van ouders en kinderen.

Entitlement: 'gerechtigde aanspraak'

In de contextuele benadering wordt gesproken over rechten die een persoon kan laten gelden: 'constructief gerechtigde aanspraak' (of: 'constructief recht') en 'destructief gerechtigde aanspraak' (of: 'destructief recht').

Onder constructief recht worden verdiensten verstaan die de ene persoon heeft ten aanzien van de ander: de zorg, de aandacht die de een geeft aan de ander, de verantwoordelijkheid die men genomen heeft voor een ander.

In principe schenkt een ouder aan een kind: zorg, opvoeding enz. Tegelijkertijd schenkt een kind ook aan een ouder: de vreugde en/of de verantwoordelijkheid van het ouderschap, maar ook: de zorg van het kind om de ouder.

Het goede dat mensen ontvangen, maakt dat ze verschuldigd zijn om deze gift voort te geven aan de volgende generatie.

Als iemand onrecht wordt aangedaan, als die persoon niet heeft ontvangen waar hij/zij redelijkerwijs recht op had, dan ontstaat destructief recht. Dit betekent dat diens recht blijft voortbestaan om te ontvangen wat nog niet is toegekend.

In de contextuele benadering gaat men ervan uit, dat uiteindelijk de rekening voor het achterstallig recht bij iemand anders terecht komt dan voor wie de rekening oorspronkelijk bedoeld was. Men claimt dan bijv. het achterstallig recht op partners of op kinderen; het kan ook gebeuren dat het achterstallig recht vereffend wordt met agressief, destructief gedrag aan derden. Men noemt dit verschijnsel een 'roulerende rekening'. Degene die het destructieve recht laat gelden, ziet niet in, welk onrecht hij/zij bij derden teweegbrengt.

De contextuele benadering heeft aandacht voor beide vormen van gerechtigde aanspraak, om te kunnen komen tot een herstel van de orde en te streven naar een evenwicht tussen 'geven en nemen'.

Overbelaste loyaliteit: parentificatie

Kinderen willen vanuit hun loyaliteit zorg dragen voor hun ouders, zoals ouders in principe zorg willen dragen voor hun kinderen. In moeilijke situaties, tijden van ziekte, invaliditeit enz., kan het gebeuren dat kinderen bovenmatig veel zorg voor hun ouders en/of voor andere kinderen in het gezin dragen. Kinderen kunnen dan tot steun en toeverlaat van hun ouder(s) worden.

Als deze periode te lang duurt en de last voor het kind te groot wordt, spreekt men in de contextuele benadering van 'parentificatie'. Parentificatie ontstaat wanneer een kind een deel van de ouderrol overneemt. Als het kind hier geen of weinig erkenning voor krijgt, kan dit leiden tot een overbelaste loyaliteit, een uit balans geraakte verhouding tussen 'geven en nemen'.

Er kan dan in het kind een vervreemding ontstaan van eigen verlangens en behoeften, het kind verliest de synchronie met de eigen leeftijdsfase.

Als het kind te veel geeft of als het niet wordt erkend in wat het geeft, leidt dat tot destructieve parentificatie.

Hulpbronnen

De contextuele benadering zoekt naar het herstel van de 'ethische orde', naar een balans tussen 'geven en nemen', met het oog op het welzijn van deze en de komende generaties.

Een belangrijke taak voor de contextuele hulpverlening is het opsporen van hulpbronnen. Er wordt in de familiale context van de betrokkene gezocht naar personen, bijv. personen uit de generatie van de ouders of grootouders, die vanuit hun ervaringen en herinneringen in staat zijn om verstoorde loyaliteit binnen de familie te herstellen.

Ontschuldigen

'Exoneration', 'ontschuldiging' is oorspronkelijk het werk van een schuldeiser die aanspreekbaar is op eventuele goede redenen voor het ontstaan van een schuld bij de schuldenaar.

In de contextuele benadering wordt hieronder verstaan dat geprobeerd wordt de omstandigheden te leren kennen, waarin onrecht, schending van de ethische orde heeft kunnen plaatsvinden. Op deze manier kan het destructieve recht van degene die het onrecht ondergaan heeft, ingeperkt worden. Het oordeel over degene die het onrecht veroorzaakt heeft wordt milder.

De contextuele benadering streeft ernaar om de orde te herstellen en te voorkomen dat de 'roulerende rekening' bij de volgende generatie terechtkomt.

Erkenning

Een zeer kenmerkend begrip in de contextuele benadering is het woord 'erkenning'. In principe zijn mensen in staat en ook geneigd om vanuit hun loyaliteit zeer veel aan elkaar te schenken in de vorm van zorg, verantwoordelijkheid, liefde enz.

De balans van 'geven en nemen' is vooral in gevaar als het geven niet wordt erkend door degene die ontvangt. Dat kan verschillende oorzaken hebben: degene die ontvangt is zozeer met zichzelf bezig, dat hij/zij onvoldoende aandacht heeft voor degene die geeft. Ook het destructieve recht is een oorzaak voor het niet erkennen van wat een ander geeft; op deze wijze wordt het destructieve recht voortgezet.

Om de orde te herstellen, wordt vanuit de contextuele benadering, gezocht naar mogelijkheden om alsnog erkenning te geven voor wat mensen binnen hun context aan elkaar gegeven hebben – met de bedoeling om de balans tussen 'geven en nemen' te inspecteren en zo mogelijk te herstellen.

Belang voor het Pastoraat

Het gedachtegoed van Ivan Nagy waarop de contextuele benadering is gebaseerd, is niet expliciet religieus van origine. Het contextuele pastoraat is afgeleid van de contextuele benadering zoals ontwikkeld door Ivan Nagy, maar in de primaire literatuur over Contextuele Therapie bestond weinig aandacht voor kerkelijke of religieuze toepassingen. Ivan Nagy heeft zich aanvankelijk zelfs met scepsis geuit over de belangstelling voor zijn methode vanuit kringen van godsdienst en pastoraat.

Toch worden de inzichten van zijn benadering met veel herkenning en erkentelijkheid gedeeld in opleidingen en supervisiegroepen die georganiseerd worden rond de toepassingen van zijn benadering in het pastoraat.

Contextueel Pastoraat is in staat een gevoeligheid bij pastores te kweken voor familiale thema's die in een strikt individuele uitoefening van pastoraat buiten beschouwing blijven; het biedt pastores een hanteerbare methode om thema's rond de familiale context van hun pastoranten ter sprake te brengen. Het leert vragen te stellen, die kunnen bijdragen aan de onthulling en het herstel van de relationele ethiek binnen families.

Pastores die zich geschoold hebben in het contextuele pastoraat, zijn in staat om, naast de belangen en behoeften van hun individuele pastoranten, zorg te dragen voor het intergenerationele weefsel van de families waarmee zij te doen hebben.

Kortom: contextueel pastoraat biedt een verbreding en een verdieping van het zicht op families die velen ten goede komt.

Nederlandstalige boeken over Contextueel Pastoraat

H.M. Meulink-Korf, A. van Rhijn: De Context en de Ander/Nagy herlezen in het spoor van Levinas met het oog op pastoraat, Zoetermeer 1997

H.M. Meulink-Korf, A. van Rhijn: De onvermoede derde/Inleiding in het contextueel pastoraat, Zoetermeer 2002

M. Thans (red.): Uit betrouwbare bronnen/De pastorale praktijk vanuit contextuele optiek, Zoetermeer 2007

Stichting Contextueel Pastoraat in Nederland geeft een tijdschrift uit, *Contextuele Berichten*, dat viermaal per jaar verschijnt. ('Een belangrijke inspiratiebron is de intergenerationele benadering van I. Boszormenyi-Nagy.')

Waar is mama nou? Ondersteunen bij rouw en verlieservaringen in de zorg voor mensen met een verstandelijke beperking

Jannica Van Boven-de Prenter

1. INLEIDING

Vroeg of laat krijgt ieder mens met verlies te maken, met ervaringen die zo ingrijpend zijn dat ze ons leven volledig overhoop kunnen gooien. Zulke verlieservaringen doen letterlijk pijn: pijn vanwege intense hoofdpijnen en concentratieverlies, innerlijke pijn die boos en onmachtig maakt, pijn die kan uitputten en nachten eindeloos lang maakt, pijn om wat is geweest of nooit heeft mogen zijn, pijn die zo kwetsbaar maakt dat contact met anderen onmogelijk lijkt te zijn. Mensen 'lijden aan' verlies, zegt Marinus van den Berg (2015: 13). Leren leven met verlies is een proces dat zeer doet, zowel op lichamelijk, als op psychisch, sociaal en spiritueel vlak. Vaak worden zulke ervaringen 'rouw' genoemd. Omdat elke verlieservaring uniek is, kent rouw vele vormen: rouw om een dierbare, een kinderwens die nooit in vervulling heeft mogen gaan, vervreemding van een partner, een verloren jeugd, arbeidsongeschiktheid of ziekte. In elk rouwproces doemen dan ook onherroepelijk existentiële vragen op, vragen die gaan over de 'zin' van het leven: Kan ik dit te boven komen? En hoe dan?

Mensen met een verstandelijke beperking rouwen net als ieder ander mens om het verlies dat hen overkomt. In de zorg voor mensen met een verstandelijke beperking is het lange tijd taboe geweest om de rouwende te betrekken bij de verliessituatie. Met de beste bedoelingen werd er al te vaak gesproken over de rouwenden, in plaats van met hen uit angst dat personen met een verstandelijke beperking het verlies niet aan zouden kunnen, of vanuit de vooronderstelling dat zij niet zouden kunnen begrijpen wat 'dood zijn' of 'ziek zijn' betekent. Veel onderzoek en ervaringen van ouders, hulpverleners en mensen met een verstandelijke beperking zelf leren ons dat mensen met een verstandelijke beperking wel degelijk begrijpen wat 'dood' is, en dat ook zij intens verdriet ervaren. Toch zijn er ook verschillen. Vaak zal het rouwproces van mensen met een verstandelijke beperking anders verlopen. Dit vraagt van hulpverleners dat zij voldoende kennis en kunde hebben om rouw te herkennen bij hun cliënten, en de begeleiding hierop af te stemmen. Maar hoe doe je dat, begeleiden bij rouw en verlieservaringen bij mensen met een verstandelijke beperking? Wat is nodig voor een goede begeleiding? Over deze vragen zal het gaan in dit paper over rouw en verlieservaringen.

Dit paper is sterk geschreven vanuit mijn eigen ervaringen als geestelijk verzorger in de Verstandelijk Gehandicaptenzorg. Het is geen objectief verhaal over hoe het moet. Wel gaat het om de verhalen van mensen, met wie ik op weg mag gaan. Het zijn verhalen die mij confronteren met mijn eigen kwetsbaarheid. Oog in oog met de rouwende, wordt ik steeds gedwongen om me af te vragen hoe het verlies van de ander ook mij raakt, en wat verlies voor mij betekent. Dat wil niet zeggen dat kennis niet belangrijk is. Kennis is van zeer wezenlijk belang voor een goede ondersteuning bij rouw in de Verstandelijk Gehandicaptenzorg. In de eerste plaats: kennis over rouw. Wat is rouw? En wat kunnen we weten over het rouwproces? In de tweede plaats gaat het ook om kennis van de cliënt: kennis van zijn of haar levensverhaal, kennis over de manier waarop deze persoon eerder is omgegaan met tegenslag, verdriet en verlies, kennis van het sociale netwerk van de cliënt en zijn of haar ontwikkelingsniveau, kennis over wat deze persoon zin geeft en wat voor hem of haar belangrijk is in het leven. Nog belangrijker dan kennis is misschien wel zorg en aandacht. Naast kennis hebben rouwenden relaties nodig, waarin nabijheid en veiligheid wordt geboden. (cf. Van den Berg 2015: 25).

Een paar woorden nog over de opbouw van dit paper. Dit paper vertrekt vanuit de kennis over rouw. De vraag wat rouw is, waarom rouw pijn veroorzaakt, en hoe het rouwproces eruit ziet staat centraal in §2–4. In paragraaf 2 zal ingegaan worden op de definitie van rouw. Rouw heeft echter ook alles met 'hechting' te maken. Verlieservaringen doen pijn omdat we gehecht zijn aan personen en relaties. Het belang van de relatie tussen rouw en hechting zal besproken worden in paragraaf 3. Een ander belangrijk aspect in de kennis over rouw is het 'rouwproces'. Hoewel elk rouwproces uniek is, kunnen we wel processen onderscheiden die bij de meeste rouwenden aan de orde komen. In paragraaf 4, zal het rouwproces dan ook besproken worden, en zal in het bijzonder aandacht geschonken worden aan de ontwikkelingen in de theorie over het rouwproces. In paragraaf 5 en 6 staat de praktijk centraal. In de zorg voor mensen met een verstandelijke beperking is het van zeer wezenlijk belang dat begeleiding bij rouw afgestemd wordt op zowel de levensfase (d.i. de werkelijke leeftijd van de persoon met een verstandelijke beperking), als de cognitieve en de sociaalemotionele ontwikkeling. Daarom zal in deze paragrafen aandacht worden besteed aan de vraag hoe mensen met een verstandelijke beperking de dood ervaren, en hoe de begeleiding bij rouw hierop afgestemd kan worden. Om het onderwerp van dit paper toch enigszins af te bakenen, is ervoor gekozen om het thema 'rouw' te beperken tot het verlies van een dierbare.

2. WAT IS ROUW?

In de landelijke richtlijn over rouw van het 'Integraal Kankercentrum Nederland' (IKW) wordt rouw verstaan als 'het geheel van lichamelijke, emotionele, cognitieve, spirituele en gedragsmatige reacties die optreden na het verlies van een persoon met wie een betekenisvolle relatie bestond' (Keirse & Kuyper 2009: 2). Rouw 'raakt alle dimensies' van het leven(Keirse 2005: 11), en roept een heel scala van gevoelens en emoties op, van angst en schuldgevoelens, tot agressie, schaamte en opluchting. Rouw is dus meer dan bedroefdheid. De pijn die mensen ervaren wanneer ze rouwen, treft hen op alle terreinen van het leven. Vaak treden er lichamelijke en psychische klachten op, en zal de rouw daarnaast diep ingrijpen in het sociale leven van mensen, en de manier waarop zin en duiding werd gegeven aan het leven. Deze pijn is volstrekt normaal. Toch ervaren rouwenden het niet altijd als 'normaal', en kunnen zij zich grote zorgen maken om bijvoorbeeld slapeloosheid, niet kunnen of willen eten, het gaan of komen van hevige huilbuien, zich moedeloos voelen, of de ervaring dat men 'op slot zit', en zich af wil sluiten van de omgeving. De pijn die mensen ervaren als ze rouwen kan het leven dan ook volledig ontwrichten, en loopt uiteen van fysieke, tot emotionele, cognitieve en, existentiële en sociale pijn (zie figuur 1 hieronder).

Lichamelijk	Slaapproblemen; hyperactiviteit; verminderde eetlust of juist overdreven veel eten; spanningshoofdpijn; energieverlies; afname of toename van behoefte aan intimiteit en seksualiteit.
Emotioneel	Verdriet; eenzaamheid; gevoelens van angst, schuld of schaamte; agressie; machteloosheid; pessimisme; angstige dromen; opluchting of tevredenheid over de uiteindelijke gang van zaken rond het levenseinde.
Cognitief	Concentratieverlies; verminderde zelfwaardering; verwarring en desoriëntatie; ambivalentie; gespannenheid; dwangmatig denken; preoccupatie met de overledene; hopeloosheid; vragen naar zin, identificatie, idealisering, of gedachten aan suïcide.
Zingeving	Verlies van levensperspectief; zinloosheid; eenzaamheid; aantasting van de eigen zingevingskaders; verlies van levensmoed- en levenslust; existentieel geduide schuld; verminderd of verloren zicht op de samenhang van het eigen levensverhaal; angst voor de eigen dood.
Sociaal	Geagiteerd zijn; teruggetrokkenheid; zoekgedrag; vermijding van personen of situaties.

3. ROUW EN HECHTING

'Rouw is de prijs die we betalen voor liefde' (Parkes 1974: 5). Rouw is ingrijpend en pijnlijk omdat de rouwende een betekenisvolle relatie met een dierbare verliest. Rouw heeft daarom alles met 'hechting' te maken. De Britse psychiater John Bowlby (1969; 1973; 1980), die ook wel beschouwd wordt als de vader van de hechtingstheorie, toonde in de jaren '60 en '70 aan dat de wijze waarop kinderen zich hechten aan hun ouders en verzorgers, bepalend is voor de manier waarop later relaties aangegaan worden, en de wijze waarop kinderen op latere leeftijd met verlies omgaan. Hechting is sterk geworteld in de primaire behoefte van kinderen aan zekerheid en een veilige basis. Bowlby ontdekte dat met name het eerste levensjaar cruciaal is voor de opbouw van een affectieve relatie met de ouders of verzorgers. Hierbij is de moeder meestal de belangrijkste hechtingsfiguur. Een sterke affectieve relatie zal volgens Bowlby leiden tot een 'veilige basis', wanneer hechtingsfiguren bij het kind een gevoel van vertrouwen en eigenwaarde weten te bevorderen, en functioneren als een 'bron van emotionele stabiliteit en veiligheid' (Bowlby 1979: 130). Vanuit deze veilige basis, zijn kinderen in staat om vertrouwen in zichzelf en de wereld op te bouwen, en coöperatieve relaties met anderen aan te gaan (Bowlby 1979: 117). Wanneer hechtingsfiguren echter onbereikbaar, onbetrouwbaar, of zelfs vijandig zijn, kan dit resulteren in gevoelens van angst, onveiligheid, wantrouwen en een onvermogen tot zelfvertrouwen.

Hechtingsrelaties, typeren zich dan ook door de volgende vier karakteristieken (cf. Saane 2010: 211): [a] een behoefte van het kind aan 'nabijheid' van de hechtingsfiguur; [b] de hechtingsfiguur functioneert als een 'veilige haven', waar het kind troost en veiligheid vindt; [c] het kind ervaart de hechtingsfiguur als een 'veilige basis', van waaruit de omgeving verkend kan worden; [d] de afwezigheid van de hechtingsfiguur leidt tot 'angst en verdriet'. Bowlby's 'concept van hechting' verklaart dus, waarom mensen geneigd om 'sterke affectieve relaties' met belangrijke anderen op te bouwen, en waarom scheiding of verlies van hechtingsfiguren leidt tot'emotionele pijn' en 'storingen in de persoonlijkheid', zoals 'angst, woede, depressie en emotionele afstandelijkheid' (Bowlby 1979: 103). Hechting kan daarom ook wel gezien worden als de 'motor van de rouw' (Maes & Jansen 2009: 57).

Op basis van Bowlby's onderzoek, identificeerden Ainsworth en haar collega's (Ainsworth et al. 1978) in het gedrag van kinderen drie belangrijke hechtingsstijlen. De 'veilige hechtingsstijl' kenmerkt zich door een vertrouwen in de beschikbaarheid van de verzorger. Veilig gehechte kinderen leren zichzelf zien als gewild en geliefd persoon, exploreren hun omgeving met veel vertrouwen, en vertonen geen angst om verlaten te worden. Een 'angstig-ambivalente hechtingsstijl', ontstaat vaak wanneer ouders en verzorgers niet adequaat reageren of te weinig beschikbaar zijn. Dit lijkt tot angst, klampgedrag, weerstand, weinig of geen vertrouwen in het ontdekken van de wereld, en wantrouwig gedrag. Kinderen met een 'angstig-vermijdende hechtingsstijl' hebben geleerd om hechtingsbehoeften te onderdrukken, omdat ouders of verzorgers in– sensitief reageerden op behoeften. Kinderen met deze hechtingsstijl lijken weinig of geen lichamelijk of emotioneel contact te maken (Bowlby 1988: 124). Aan deze stijlen voegden Main en Solomon (1986) de 'gedesoriënteerde hechtingsstijl' toe. Deze hechtingsstijl heeft kenmerken van zowel de angstig-vermijdende als de angstig– ambivalente hechtingsstijl, en uit zich in inconsistente en onvoorspelbare reacties, die steeds bewegen tussen angst en vermijding.

Hoewel hechtingsstijlen niet statisch zijn en kunnen veranderen, hebben zij grote invloed op de wijze waarop mensen reageren op verlieservaringen. Zo kunnen angstig gehechte personen zich overspoeld voelen door pijnlijke herinneringen, en zijn zij sterker geneigd tot negatieve gedachten en gevoelens. Een negatief zelfbeeld, en sombere gedachten over de toekomst, maken angstig gehechte personen kwetsbaarder voor depressie, waardoor complicaties zoals 'chronische aanhoudende rouw' kunnen optreden. Vermijdend gehechte personen zullen eerder geneigd zijn tot het willen behouden van controle, door pijnlijke gedachten, gevoelens en herinneringen te onderdrukken. Hierdoor wordt de kans op 'afwezige', 'geremde' of 'onderdrukte rouw' vergroot (Maes & Jansen 2009: 63–64).

4. LEREN LEVEN MET VERLIES

4.1 Kübler-Ross & Worden: stadia van verdriet en rouwtaken

In de zorg voor rouwenden, is rouw lange tijd aangeduid als proces. Centraal stond het clusteren van reacties van rouwenden in fasen of stadia, en de visie dat rouw zich kenmerkt door een duidelijk verloop met een begin- en eindfase. Twee modellen die deze 'oude visie' op rouw sterk hebben beïnvloed is het wereldberoemde fasenmodel dat Elisabeth Kübler-Ross in de jaren '60 en '70 introduceerde, en het takenmodel van William Worden. Het fasenmodel dat Elisabeth Kübler-Ross ontwikkelde, gaat uit van vijf stadia van verdriet. Hoewel dit model aanvankelijk was bedoeld voor de begeleiding van stervenden, werden de vijf stadia al snel op rouw toegepast. Deze vijf stadia van verdriet vormen volgens Kübler-Ross het 'proces', waarin de rouwende probeert te 'leren leven met het verlies van een dierbare' (Kübler-Ross & Kessler 2006: 25).

De eerste fase die Kübler-Ross bij rouwenden herkent is 'ontkenning'. In dit stadium wordt de wereld als 'zinloos' en 'overweldigend' ervaren. Rouwenden voelen zich vaak verdoofd, en worstelen met allerlei gedachten en vragen. Of het werkelijk gebeurd is, en of hun dierbare er werkelijk niet meer is. Volgens Kübler-

Ross is deze 'symbolische' vorm van ontkenning een noodzakelijk afweermechanisme om de eerste dagen van de verliesperiode te kunnen overleven (Kübler-Ross & Kessler 2006: 28). De tweede fase is 'woede': rouwenden ervaren boosheid, die zich tot zichzelf, de dierbare, de artsen of God keert. (Kübler-Ross & Kessler 2006: 29–31). Onder deze gevoelens van boosheid, stelt Kübler-Ross, schuilt de werkelijke pijn, die in de beginfase te pijnlijk is om onder ogen te zien. Woede is dan ook een belangrijke emotie, omdat het een 'ankerpunt' kan zijn. Door boos te zijn, kan de rouwende zich tot iets of iemand richten (Kübler-Röss & Kessler 2006: 34). Een andere belangrijke fase is 'marchanderen', 'als-dan' redenaties ('had ik maar'; 'stel dat'), waardoor de rouwende blijft 'hangen' in het verleden, en 'een weg uit de pijn' tracht te 'onderhandelen' (Kübler-Ross & Kessler 2006: 38). Na het 'marchanderen', zegt Kübler-Ross, 'verplaatst' het verdriet zich vaak naar het heden, en volgt er een fase van 'depressie', waarin gevoelens van leegte en eenzaamheid overheersen. Depressie is hier geen teken van een psychische stoornis, maar moet gezien worden als een normale reactie op het verlies (Kübler-Ross & Kessler 2006: 39). De laatste fase is volgens Kübler-Ross de 'aanvaarding'. Hiermee bedoelt zij niet dat het verlies niet meer pijn zal doen. Aanvaarding betekent inzien en accepteren dat de nieuwe realiteit permanent is (Kübler-Ross & Kessler 2006: 44).[1]

Kübler-Ross heeft sterk benadrukt dat de stadia van 'ontkenning', 'woede', 'marchanderen', 'depressie' en 'aanvaarding' geen 'lineair tijdpad' vormen, waarin verdriet afgelegd moet worden, of bedoeld zijn om 'chaotische gevoelens netjes in een hokje te plaatsen'. Vaak lopen de stadia van verdriet dwars door elkaar heen. Bovendien komen de vijf stadia niet bij elke rouwende voor (Küber-Ross & Kessler 2006: 25, 22). Toch werden de vijf stadia van verdriet in de zorg voor rouwenden maar al te vaak gezien als een blauwdruk voor het 'normale' rouwproces. De vijf stadia van verdriet werden gegeneraliseerd, en het innerlijke acceptatieproces, met 'aanvaarding' als eindfase was niet langer descriptief, maar werd als 'normatief' beschouwd. Een belangrijke reactie op deze ontwikkeling was het takenmodel dat de Amerikaanse rouwdeskundige William Worden in 1982 introduceerde. Worden sprak niet langer over 'fasen' van rouw, maar benadrukte dat rouwen hard werken is. De rouwende is in zijn of haar verdriet niet 'passief', maar wordt aangesproken om zelf een antwoord te formuleren op het verlies. Worden onderscheidde vier belangrijke rouwtaken, namelijk: 'de realiteit van het verlies accepteren', 'de pijn van het verlies doorwerken', 'aanpassen aan de wereld' en

1 Kübbler-Ross baseerde zich in deze vijf stadia van rouw, sterk op Bowlby en Parkes (1970), die in het rouwproces vier fasen onderscheidden: [1] een fase van verdoving en shock (gevoelloosheid; ontkenning van de realiteit van het verlies); [2] een fase van intens gemis en zoeken naar wegen om met de overledene verbonden te blijven; [3] fase van desorganisatie (wanhoop, depressie, chaos van emoties); [4] fase van reorganisatie (het leven terug oppakken).

'de dierbare een plaats geven in het opnieuw oppakken van het leven' (Worden 2009: 39–53).[2] Aan deze rouwtaken zou dr. Riet Fiddelaers-Jaspers (2010), later de kernwoorden 'erkennen', 'herkennen', 'verkennen' en 'verbinden' toevoegen.

Erkennen	De realiteit van het verlies accepteren: inzien dat de dierbare werkelijk en onherroepelijk dood is.
Herkennen	De pijn van het verlies doorwerken en ervaren: de emoties die het verlies oproept moeten door de rouwende doorleefd worden. Het ontkennen van de pijn zal de kans op depressie enkel vergroten.
Verkennen	Aanpassen aan de wereld die voor altijd veranderd is zonder de dierbare (aanpassen aan nieuwe sociale rollen; ontwikkelen van een nieuwe zelfdefinitie en eigenwaarde; aanpassen aan veranderde waarden en geloofssystemen).
Verbinden	De dierbare een nieuwe plaats geven in het verdergaan of het opnieuw investeren in het leven.

4.2 Het nieuwe rouwen

Op deze twee klassieke rouwmodellen is veel kritiek ontstaan. Veel onderzoek naar rouw, en de ervaringen van rouwenden en hulpverleners leren ons dat elk rouwproces uniek is. Rouw is vaak chaotisch, rommelig en verwarrend. Zodra verlieservaringen in fasen en taken worden gegoten, en daaraan ook nog eens een tijdpad wordt gekoppeld, dreigen we voorbij te schieten aan de uniciteit van elk rouwproces. Deze kritiek horen we sterk terug bij Marinus Van den Berg (2009). Het praten over rouw in termen van 'proces' en 'rouwarbeid' of 'taken' is hem te 'systematisch' en 'planmatig'. Het is te weinig 'belevingstaal', en te veel 'beheerstaal', waar het om 'controleren en aansturen gaat' (Van den Berg 2009: 20). In het centrum van de rouwzorg, moet volgens Van den Berg de mens staan, met zijn of haar unieke levensgeschiedenis, ervaringen, pijn en vragen. Van 'ontmoetingen met mensen is meer te leren dan van theorieën' (Van den Berg 2009: 21). Marinus Van den Berg spreekt daarom liever over het rouwproces als een 'zoektocht'. In deze zoektocht onderscheidt Van den Berg vier belangrijke zingebieden: het gebied van de 'intimiteit' (relaties met belangrijke anderen), het gebied van de 'arbeid' of 'inspanning', het gebied van 'spel, ontspanning en recreatie' en het gebied van 'de levensbeschouwing' (Van den Berg 2009: 19). Rouwen als zoektocht

[2] Aan deze vier rouwtaken van Worden hebben Weijers en Penning (2001) rouwtaak 0 toegevoegd: 'opvoeden in leven en dood'. Om de vier rouwtaken goed te kunnen doorlopen is het volgens Weijers en Penning van wezenlijk belang dat ouders hun kinderen leren om van jongs af aan om te gaan met verlies en verdriet.

stelt rouwenden voor de belangrijke opdracht om een 'nieuwe verhouding te vinden', niet alleen met jezelf, de 'mensen en de dingen', maar ook met de 'vragen en behoeften' uit de vier zingebieden (Van den Berg 2009: 21).

Ook Manu Keirse (2005) deelt deze kritische visie van Marinus Van den Berg. Hij spreekt over rouw als 'een vingerafdruk van verdriet'. Zoals bij vingerafdrukken zijn er gelijkenissen die rouw voor ieder mens 'herkenbaar' maken. Maar tegelijkertijd 'lopen de lijnen' bij ieder mens weer anders, en 'vormen' zij een 'uniek patroon' (Keirse 2005: 11). Elk verlies kent zijn eigen problemen en achtergronden. Dit maakt dat het ene verlies, niet zomaar met het andere verlies vergeleken kan worden (Keirse 2005: 10). Dat elke vorm van rouw zich kenmerkt door haar eigen uniciteit, benadrukt ook Erik Bosch, in *'Dood en sterven in het leven van mensen met een verstandelijke handicap'* (1996: 24):

> Rouwen is het geven van een plek aan je verlies. Je geeft uiting aan je emoties. Je kunt verdrietig zijn, boos, opstandig, depressief, woest van onmachtgevoelens. Vol schuld of schaamte, of vervuld van dankbaarheid om wat er was. Of: door de tranen en de pijn heen het mooie, verrijkende zien dat je met iets of iemand had. Dat wat je had en in zekere zin nog steeds hebt voortdurend voor de geest blijven halen. Iets wel of niet aanvaarden.

Uit deze kritische geluiden zijn twee nieuwe rouwmodellen ontstaan, waarin meer recht wordt gedaan aan het unieke en pluriforme karakter van rouw. Het 'duale rouwmodel' van Stroebe en Schut (1999; 2002) is vooral een reactie op de rouwtaken van Worden. Stroebe en Schut spreken in hun benadering niet langer over 'fasen' of 'taken', maar over twee 'werkelijkheden', die van belang zijn in het rouwproces. Hierbij gaat het steeds om de realiteit van het verlies en om de realiteit van het leven, dat zonder de dierbare, verdergaat (cf. Maes & Jansen 2009: 128). Deze twee werkelijkheden vertalen zich in twee coping strategieën, die elkaar steeds afwissen (zie figuur 3 hieronder):

Op momenten dat mensen 'verliesgericht' rouwen, staat de verlieservaring en de relatie met de overleden dierbare centraal. Op deze momenten is er behoefte om te praten of te huilen om de overledene, om herinneringen op te halen, of zich af te vragen hoe de overledene zou gereageerd hebben. Op momenten dat mensen 'herstelgericht' rouwen, staat het oppakken van het gewone leven centraal: het zoeken naar nieuwe sociale rollen, afleiding zoeken in werk, sport of hobby's en het formuleren van een nieuwe identiteit (Stroebe & Schut 1999: 212, 214). Met hun duale rouwmodel, verduidelijken Stroebe en Schut dat de eerste twee rouwtaken van Worden eerder 'verliesgericht' zijn, terwijl taak drie en vier als 'herstelgericht' getypeerd kunnen worden. Stroebe en Schut benadrukken dat er geen vaste volgorde bestaat om de rouwtaken goed te doorlopen.[3] Gezond rouwen

---

3 Veel rouwdeskundigen houden daarom de rouwtaken van Worden nog grotendeels aan, waarbij wel steeds de kanttekening wordt gemaakt dat rouwen een dynamisch proces is, waarin geen

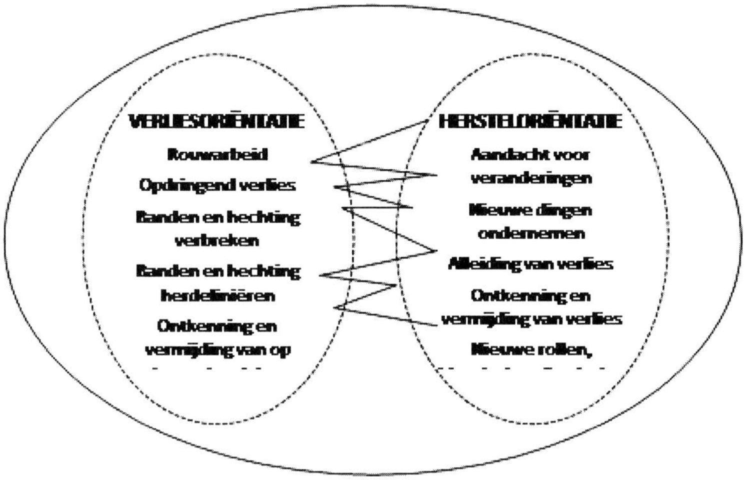

is een ‘dynamisch proces’, dat zich steeds ‘heen en weer beweegt’ tussen verliesgericht en herstelgericht bezig zijn met verlies (Stroebe & Schut 1999: 215).

Ook het ‘integratieve rouwmodel’ van Johan Maes (Maes & Jansen 2009; Maes & Dillen 2017) gaat ervan uit dat rouw dynamisch, uniek en pluriform is. Hoewel rouw ‘als ervaring’ wel universeel genoemd kan worden, is elk rouwproces ‘uniek in kleur, intensiteit, verloop, duur, betekenis en uitingsvorm’. Iedere verlieservaring is anders, omdat de omstandigheden, individuele veerkracht en de levensloop bij ieder mens weer anders zijn (Maes & Jansen 2009: 39). Daarnaast benadrukt Maes het belang van hechting. Hechting, zo stelt Maes, is ‘de kern van het rouwproces’. Rouw is pijnlijk omdat er ‘scheidingspijn’ is, i.e. het afgescheiden zijn van een dierbare, en het diepgewortelde verlangen om deze band te willen herstellen. Rouwenden laten deze band niet los, maar blijven zich verbinden aan de overleden dierbare (Maes & Jansen 2009: 40–41). Daarnaast mag rouwen niet herleid worden tot het ervaren van pijnlijke emoties. Waar het om draait is het ‘reguleren’ van blokkades of emoties die te pijnlijk zijn (Maes & Jansen 2009: 39). Andere belangrijke uitgangspunten van het integratieve rouwmodel is de visie dat het rouwproces een sociaal gebeuren is, dat steeds in interactie met anderen gebeurt, dat rouw gezien moet worden als een levenslang proces van betekenisgeving, en dat rouwenden niet passief zijn, maar de veerkracht bezitten om actief aan de slag te gaan met hun verlies, om het leven nieuwe zin en duiding te geven (Maes & Jansen 2009: 41–43).

---

vaste volgorde van rouwtaken of fasen onderscheiden kan worden. Zo spreekt ook Manu Keirse over ‘rouwarbeid’ en de vier rouwtaken: ‘het aanvaarden van de werkelijkheid van het verlies’, ‘het ervaren van de pijn van het verlies’, ‘het aanpassen aan de omgeving zonder de overledene’ en ‘het geven van een nieuwe plaats aan de overledene en het opnieuw leren houden van het leven’ (Keirse 2009: 19–36).

Dynamisch	Rouw is uniek en pluriform.
Hechting	Hechting is de kern van het rouwproces Rouwenden laten niet los, maar verbinden.
Emoties	Rouw mag niet herleid worden tot emotionele verwerking, of het noodzakelijk ervaren van emoties.
Sociaal	Rouwen doe je niet alleen, maar in interactie met anderen.
Duratief	Rouwen stopt nooit, maar is een levenslang proces.
Zingeving	Rouwen is een levenslang proces van betekenis geven. Rouw is een mogelijkheid tot groei en transformatie.

5. ROUW IN RELATIE TOT SOCIAAL-EMOTIELE ONTWIKKELING

Mensen met een verstandelijke beperking rouwen net als ieder ander mens. Toch vraagt de rouwzorg voor mensen met een verstandelijke beperking een specifieke aanpak, omdat het cognitief en sociaal-emotioneel functioneren in grote mate beïnvloedt hoe het doodsbesef en de daarmee samenhangende rouwreacties zich ontwikkelen. Een goede begeleiding bij rouw, vertrekt vanuit de belevingswereld van de persoon met een verstandelijke beperking. Daarbij gaat het om 'heel de mens': niet alleen de verstandelijke beperking telt mee, maar ook de levenservaring, de sociaalemotionele ontwikkeling, en de adaptieve ontwikkeling, d.i. de vaardigheden die iemand heeft geleerd. Met andere woorden: weet de persoon met de verstandelijke beperking wat 'dood zijn' inhoudt? Hoe beleeft iemand het afscheid? Hoe worden emoties en verdriet geuit? Wat is het verstandelijk en emotioneel functioneren, en welke zingevingskaders zijn belangrijk? Een belangrijk handvat is de DSM-IV indeling, waarbij het IQ gekoppeld wordt aan de ontwikkelingsleeftijd (Meeusen- van de Kerkhof et al. 2001: 12). Bij mensen met een verstandelijke beperking komt regelmatig een 'disharmonieuze ontwikkeling' voor, waarbij de sociaal-emotionele ontwikkeling, i.e. wat iemand emotioneel aankan, achterblijft op de cognitieve ontwikkeling. Een dergelijke discrepantie ligt vaak ten grondslag aan gedragsproblemen (Meeusen- van de Kerkhof et al. 2001: 10; van Bommel et al. 2014: 13). Voor het bepalen van de passende ondersteuning, is het dan ook van wezenlijk belang om de ontwikkeling in al haar facetten goed in kaart te brengen.

Verstandelijke beperking	IQ	Ontwikkelingsleeftijd
Zeer ernstig	tot 20–25	0 tot ± 2 jaar
Ernstig	20–25 tot 35–40	± 2 jaar tot 4–5 jaar
Matig	35–40 tot 50–55	4–5 jaar tot 7–8 jaar
Licht	50–55 tot 70	7–8 jaar tot ± 12 jaar

Mensen met een zeer ernstige verstandelijke beperking ervaren de wereld door zintuiglijke ervaringen. Het begrip dat zij hebben van hun omgeving is gebaseerd op de zintuigen en de lichamelijke ervaring, zoals het contact met het eigen lichaam, anderen of bepaalde voorwerpen. Iets bestaat voor hen door wat zij zien, ruiken, horen, proeven of voelen. Bij mensen met een ernstige verstandelijke beperking is er nog geen doodsbesef ontstaan. Zij ervaren wat 'dood' is doordat een dierbare niet meer komt. Omdat juist op dit ontwikkelingsniveau, de hechting ontstaat, kunnen zij de overledene wel intens missen. Dit uit zich meestal niet in huilen of verdriet, maar eerder in het zoeken van de dierbare, in verzet of agressief gedrag. De praktijk leert vaak dat zulke reacties later zullen optreden, soms maanden na het overlijden van de dierbare. Mensen met een ernstige verstandelijke beperking merken vaak aan de omgeving dat er iets aan de hand is. De sfeer is anders, en juist deze signalen pikken zij op (Meeusen– van de Kerkhof et al. 2001: 13; Bosch 1996: 34–36).

Mensen met een ernstige verstandelijke beperking hebben een beperkt doodsbesef. Zij zijn in staat om een onderscheid te maken tussen zichzelf en anderen, maar zien zichzelf als het middelpunt van de wereld. De ontwikkeling van het 'eigen ik' staat centraal, en het denken is nog egocentrisch. Mensen met een ernstige verstandelijke beperking kunnen vlak na het overlijden van een dierbare aanvankelijk nuchter reageren. Ook voor hen geldt, dat het werkelijke besef van 'dood' vaak later tot uiting komt in de vorm van gedragsveranderingen. Omdat mensen op dit ontwikkelingsniveau in staat zijn om verbanden te leggen tussen bijvoorbeeld 'dood gaan' en 'ziek zijn', worden er allerlei vragen opgeroepen die vaak heel praktisch van aard zijn. Ze gaan vaak over het 'hoe', het 'wat' en het 'waarom': hoe is mama dood gegaan? Waar is mama naar toe? Waarom is het juist nu gebeurd? Hoe komt de kist nu in de hemel, en kun je uit de hemel vallen? Het dagdagelijkse leven is zeker zo belangrijk, want daarin vindt deze doelgroep vaak veiligheid. Vragen over de dood, worden dan ook regelmatig afgewisseld met vragen over dagdagelijkse zaken, zoals het avondeten, uitjes en dagbesteding. Bij mensen met een ernstige verstandelijke beperking kunnen reacties als verdriet en huilen voorkomen, al zal dit vaak ook een reactie zijn op prikkels uit de omgeving. Uiting van verdriet zal doorgaans eerder non-verbaal gebeuren, bijvoorbeeld door extra druk te doen, of zich juist terug te trekken. Op dit ontwikkelingsniveau speelt het magisch denken ook een belangrijke rol. Fantasie en werkelijkheid lopen nog door elkaar heen, waardoor er vaak allerlei fantasiebeelden over de dood worden gevormd, die angstige gedachten kunnen oproepen (Meeusen- van de Kerkhof et al. 2001: 15–17; Bosch 1996: 36–37).

Ook bij mensen met een matige verstandelijke beperking is sprake van een beperkt doodsbesef. Mensen met een matige verstandelijke beperking zijn in hun denken nog steeds egocentrisch gericht, maar hebben een groter vermogen om zich in te leven in anderen. Het begripsvermogen is groter, en vaak kunnen zij via taal goed communiceren. Hierdoor zijn mensen met een matige verstandelijke beperking vaak extra kwetsbaar: zij begrijpen veel van wat er aan de hand is, maar kunnen de informatie die zij oppikken niet altijd goed verwerken. Begeleiders zien vaak dat mensen met een matige verstandelijke beperking aanvankelijk nuchter reageren op het verlies van een dierbare, en pas veel later rouwreacties tonen in hun gedrag. Op sociaal-emotioneel niveau, zijn ze in hun reacties, sterk afhankelijk van anderen. Er is een groter besef dat ook de mensen om hun heen gevoelens en emoties hebben. Vaak zullen zij het rouwgedrag van anderen inkleuren vanuit hun eigen ervaringen, bijvoorbeeld door het jammer te vinden dat hun dierbare niet meer meekan op vakantie, want daar kunnen zij zich immers iets bij voorstellen. Het magisch denken speelt ook hier nog een rol. Fantasie en werkelijkheid lopen ook bij mensen met een matige verstandelijke beperking door elkaar heen, waardoor ook bij hen gevoelens van angst kunnen voorkomen (Meeusen- van de Kerkhof et al. 2001: 19–20; Bosch 1996: 37).

Mensen met een lichte verstandelijke beperking hebben een bewust doodsbesef. Zij leren de wereld te ordenen vanuit hun eigen ervaringen, behoeften, en de kennis en vaardigheden die ze opbouwen. Ze kunnen eigen keuzes maken, en in bepaalde mate de regie over het eigen leven bepalen. Mensen met een lichte verstandelijke beperking zijn bovendien in staat om logisch denken te verbinden aan concrete voorstellingen. Zij kunnen daarom begrijpen dat dat de dood volgt op een ongeneeslijke ziekte, en dat de dood onomkeerbaar is. Het rouwproces dat mensen met een lichte verstandelijke beperking doormaken, lijkt sterk op het rouwproces van mensen zonder verstandelijke beperking. Na het overlijden van een dierbare, komen gevoelens van verdoving, ontreddering, eenzaamheid, verdriet en boosheid voor. Mensen met een lichte verstandelijke beperking interesseren zich niet alleen voor de praktische zaken rond een overlijden, maar denken ook na het mysterie van dood en leven. Met hen zijn gesprekken over de dood mogelijk. Vaak zullen zij wel impulsiever reageren, en zijn ze beter dan mensen zonder verstandelijke beperking in staat om directe, confronterende en essentiële vragen te stellen. Mensen met een lichte verstandelijke beperking kunnen zich (meestal) inleven in een ander, en zijn in staat om een vorm van medeleven te betuigen. Emotioneel en gevoelsmatig zijn ze sterk gericht op de eigen ervaringen en gevoelens, waardoor ook zij reacties van anderen eerder vanuit hun eigen belevingswereld zullen inkleuren (Meeusen- van de Kerkhof et al. 2001: 24–25; Bosch 1996: 38).

6. BEGELEIDEN BIJ ROUW EN VERLIESERVARINGEN

Mensen met een verstandelijke beperking hebben vaak extra ondersteuning nodig bij rouw en verlieservaringen. Vaak zijn zij kwetsbaar omdat zij de pijn en het verdriet dat zij ervaren niet goed kenbaar kunnen maken. Bovendien heeft onderzoek aangetoond dat mensen met een verstandelijke beperking een verhoogde kans hebben op een onveilige hechting. De afwijkingen in de sociaal-emotionele ontwikkeling, hebben vaak tot gevolg dat kinderen met een verstandelijke beperking in hun vroege jeugd complexe en soms tegenstrijdige signalen uitzenden die voor de ouders moeilijk te lezen zijn. Dit kan leiden tot te weinig of teveel stimulering, verwaarlozing of overbescherming. Doordat de ontwikkeling anders verloopt, duurt de hechtingsperiode langer, soms zelfs een leven lang. Daarnaast komen uithuisplaatsingen bij kinderen met een verstandelijke beperking relatief vaker voor. Spanningen en verlieservaringen kunnen zeker bij mensen die onveilig gehecht zijn leiden tot een terugval in het hechtingsproces (Van Bommel et al. 2014: 21–22; Wijnroks et al. 2006).

Een goede interdisciplinaire samenwerking tussen eerste of persoonlijk begeleiders, huisarts/ VG arts, verpleegkundigen, gedragsdeskundigen, geestelijk verzorger, ouders en andere deskundigen (logopedisten, diëtisten) is daarom van groot belang. De 'cirkel van hechting en verlies' (Kohlrieser 2006) verbeeldt heel mooi hoe een normaal en gezond rouwproces verloopt: na een periode van rouw als reactie op het afscheid, ontstaat er na verloop van tijd een periode van betekenisgeving, waardoor er weer ruimte ontstaat om contact met anderen te maken, en zich opnieuw te hechten (zie figuur 6). Bij verstoorde rouw stokt het proces van betekenisgeving, en treden reacties als het vermijden van emoties, isoleren, onthechten, veel of juist weinig emotie tonen, somber gestemd zijn, weinig zelfwaardering hebben, angst, gevoelens van zinloosheid of wrok, zich afhankelijk van anderen opstellen en zelfdestructie op (Van Bommel et al. 2014: 34–35). Bij verlieservaringen is het dan ook zinvol om in MDO's extra aandacht te besteden aan het analyseren en interpreteren van hechtingsgedrag, en negatieve copingstrategieën zoals piekeren; zichzelf de schuld geven; frustratie; spanning; agressie; wensdenken; mijdgedrag; verslaving. Wanneer verstoorde rouw, of een rouwstoornis geconstateerd wordt, zal er extra zorg in de vorm van rouwtherapie onder begeleiding van een gedragsdeskundige of GZ-psycholoog nodig zijn.

Bij normale rouw is het belangrijk om bij de begeleiding van mensen met een verstandelijke beperking zoveel mogelijk aan te laten sluiten bij de belevingswereld van de rouwende. Mensen met een verstandelijke beperking begrijpen al-

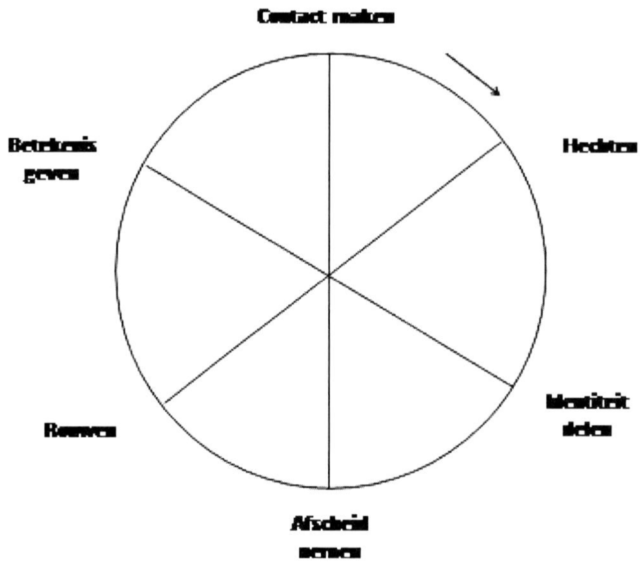

tijd meer dan gedacht wordt. Daarom is een inclusieve kijk op rouwbegeleiding van groot belang. Door hen te betrekken bij het afscheid, en mee te laten doen in de rouwdienst, voelen zij zich gewaardeerd en erkend. Vaak zijn mensen met een verstandelijke beperking geholpen bij een vroegtijdige voorbereiding op een naderend afscheid. Daarbij is het steeds van belang om het begrip 'dood' te visualiseren en te concretiseren. Ook bij het proces van betekenisgeving is vaak ondersteuning nodig, zodat zij zin en duiding kunnen geven aan hun herinneringen. Tegenwoordig zijn er veel materialen en werkvormen beschikbaar die hierbij kunnen helpen, zoals voorleesboeken, kijkboeken, levensboeken en herinneringsboeken, films en spelmateriaal. Hierbij zal steeds de 'cirkel van hechting en verlies' in ogenschouw genomen moeten worden. Zo heeft een herinneringsboek maken pas zin, als iemand klaar is om betekenis te geven aan het verlies.

Voor mensen met een zeer ernstige verstandelijke beperking is het belangrijk dat zij het afscheid kunnen ervaren. Het kan hen helpen om mee te gaan naar de opbaring, zodat zij de overledene aan kunnen raken, en kunnen voelen dat het lichaam koud is. Mensen met een ernstige verstandelijke beperking hebben bij verlies– ervaringen vooral behoefte aan veiligheid en stabiliteit. Daarom is het aanhouden van vaste verzorgingsmomenten en eettijden van belang, en het bieden van nabijheid door middel van mimiek, lichaamshouding, en liefdevolle aanraking. Door middel van een herdenkingshoek waarin kaarsjes, mooie sfeerverlichting, muziek, foto's en lievelingsvoorwerpen die doen denken aan de overledene gebruikt worden, kan een sfeer van herdenking gecreëerd worden. Daarnaast zijn snoezelvieringen rond hoogtijdagen zoals Kerstmis en Pasen ook uitgelezen momenten om extra aandacht te vragen voor overleden dierbaren. Mensen met een ernstige verstandelijke beperking zullen hun dierbaren nog het meest missen wanneer er vaste activiteiten waren, zoals wandelingen of het drinken van een kopje koffie. Vaak is het aan te raden om deze belangrijke momenten van zingeving, over te laten nemen door een betrokken familielid of vrijwilliger. Dit is geen vervanging voor het contact met de dierbare, maar voorkomt wel dat er een extra verlieservaring bijkomt.

Mensen met een ernstige verstandelijke beperking hebben vaak veel vragen over de dood: hoe zal de uitvaart gaan, en wat gebeurt er dan allemaal, en waar gaat de kist naar toe? Het concretiseren en visualiseren van het afscheid kan dan helpen, om angstige fantasiebeelden te voorkomen. Een mooi hulpmiddel hierbij is het *'Doodboek'* van Stichting weerklank, waarbij alle facetten van begraven, cremeren en afscheid nemen in pictogrammen en foto's worden weergegeven. Ook mensen met een ernstige verstandelijke beperking hebben grote behoefte aan de nabijheid van hun ouders en verzorgers. Voor hen kan het ook prettig zijn om een rouwbandje, of een troostknuffel te krijgen. Extra aandacht voor het afscheid kan geboden worden door een herinneringshoek in te richten, met voorwerpen die hoorden bij de overleden persoon. Voor mensen met een ernstige verstandelijke beperking is het belangrijk dat zij actief bij de afscheidsdienst worden betrokken, denk bijvoorbeeld aan het aansteken van een kaarsje tijdens de viering, het neerleggen van een tekening, of het beschilderen van de kist met herkenbare symbolen zoals hartjes en vlinders (bij voorkeur met vingerverf). Herdenkingsrituelen helpen vaak om de pijn en het verdriet om de overleden dierbare te kunnen uiten. Gekende rituelen zijn het maken van een tranenpotje, waarbij gekleurde kralen of steentjes symbool staan voor verschillende gevoelens (boos zijn, bang zijn, verdrietig zijn, eenzaamheid), het samen bereiden van het lievelingsgerecht van de overledene, of het maken van een herinneringsboom, waar kaartjes met de mooiste herinneringen in gehangen worden, terwijl lievelingsmuziek van de overledene zachtjes op de achtergrond klinkt.

Net als bij het ernstig verstandelijk beperkte niveau, hebben mensen met een matige verstandelijke beperking behoefte aan nabijheid, en een geduldige en liefdevolle houding bij het beantwoorden van hun vragen. Betrokken zijn bij de afscheidsdienst, door het voorlezen van een gedicht, een herinnering of een verhaal is belangrijk voor deze doelgroep. Ook rituelen zoals het regelmatig bezoeken van het graf, of het aansteken van een kaarsje in een kapel of kerk, kan mensen met een matige verstandelijke beperking helpen in het geven van betekenis aan hun verdriet. Het kaderen van het verdriet door het werken met herinneringsboeken, helpt hen in het rouwproces. Bruikbare herinneringsboeken zijn *'Dag lieve'*, of *'Ik mis je zo'*, dat speciaal voor mensen met een verstandelijke beperking is geschreven. Soms kunnen emoties, die door elkaar heen lopen verwarrend zijn. Dan zijn boekjes zoals *'In mijn kleine hart'* en *'Vrolijk'*, of de kaartjes van het *'lekker-in-je-vel'* spel, mooie handvaten om gevoelens bespreekbaar te maken. Voor het bespreekbaar maken van de dood, en het geven van uitleg over het verdriet dat afscheid met zich meebrengt zijn boekjes als *'Kikker en het vogeltje'*, en *'Een boom vol herinneringen'*, of de film *'Ik ben Thomas en ik ga dood'*, ook geschikte materialen.

Voor mensen met een lichte verstandelijke beperking geldt dat zij behoefte hebben aan nabijheid, en nauw betrokken willen worden bij de uitvaartdienst. Mogen meebeslissen over lezingen en muziek ondersteunt hun gevoel van eigenwaarde. Mensen met een lichte verstandelijke beperking hebben het daarnaast nodig om waardering te krijgen voor het medeleven dat zij tonen naar anderen. Hierbij is spelmateriaal, dat het mogelijk maakt om ervaringen, gevoelens en herinneringen in een groep met elkaar te delen, een uitkomst. Mooi spelmaterialen, die eveneens geschikt zijn voor mensen met een matige verstandelijke beperking, zijn de *'zonnekaartjes'* en *'sterrenkaartjes'* van Daisy Luiten. Ook het spel *'Vergeet-niet-meverdrietjes'*, *'Niet hier, wel dichtbij'*, en *'Alle sterren van de hemel'*, zijn geschikte hulpmiddelen om spelenderwijs de dood bespreekbaar te maken. Voor mensen met een lichte verstandelijke beperking, kan daarnaast lotgenotencontact prettig zijn, bijvoorbeeld in de vorm van een rouwcafé of het inclusieve symposium *'Ooit ga je dood'*.

De praktijk leert, dat ook medewerkers regelmatig behoefte hebben aan ondersteuning in de zorg voor cliënten met verlieservaringen. Vaak zal de geestelijk verzorger het eerste aanspreekpunt zijn, en kan de geestelijk verzorger het team van begeleiders ondersteunen bij vragen over materialen, en andere praktische tips. Naast individuele begeleiding, kunnen geestelijk verzorgers teams helpen ondersteunen door cursussen over rouwbegeleiding voor medewerkers aan te bieden. Dergelijke vorming heeft vaak een preventieve werking, en zorgt ervoor dat medewerkers beter kunnen inspelen op de behoeften en vragen van cliënten.

7. CONCLUSIE

Verlieservaringen horen bij het leven. Dat geldt ook voor mensen met een verstandelijke beperking. In de zorg voor hen, kan niet voorkomen worden dat mensen met een verstandelijke beperking geconfronteerd worden met verlieservaringen. De uitdaging waar medewerkers in de zorg voor mensen met een verstandelijke beperking voor staan, is om te midden van de hoge werkdruk mogelijkheden te vinden om aanwezig te zijn. Niet op een vluchtige manier, maar met zorg en aandacht. Mensen met een verstandelijke beperking begrijpen meer van de dood dan wij vaak denken. Een tijd geleden was ik op een woonvorm voor mensen met een ernstig meervoudige verstandelijke beperking. Eén van de bewoners, was onrustig. Hij zat heen en weer te deinen, en sloeg op het plastic plateau dat op zijn rolstoel bevestigd zat. Ik ging bij de bewoner zitten, en gaf hem een hand, terwijl ik met mijn andere hand over zijn gebogen rug aaide. Eén van de begeleiders, kwam naar me toe en vertelde dat moeder overleden was. 'Wat verdrietig', zei ik. Toen ik vroeg, waar mama nu kon zijn, keek Henk me aan, en wees gebarend naar boven. Is dat toevallig? Ik geloof van niet. Hiermee komen we bij de tweede opdracht voor iedereen die werkt met mensen met een verstandelijke beperking. Waar het om gaat is het bieden van menswaardige zorg, die werkelijk de cliënt centraal stelt, en weerbaarheid wil bevorderen door mensen met een verstandelijke beperking zoveel mogelijk te betrekken bij verlieservaringen, en de dood bespreekbaar te maken op een manier die past bij de belevingswereld en het ontwikkelingsniveau.

Goede rouwzorg heeft ook alles met 'luisteren' te maken. De rouw bij mensen met een verstandelijke beperking is vaak complex, en soms lijkt alles door elkaar heen te lopen. Vaak is het moeilijk om het gedrag van de mens met een verstandelijke beperking te begrijpen. Het gebeurt vaak genoeg dat de cliënt en zijn gedrag 'lastig' gevonden wordt. Maar komt dit eigenlijk wel door de cliënt, of ligt het 'niet begrijpen', bij ons, de begeleiders? Zijn wij wel in staat om goed genoeg te luisteren, nemen we daar wel genoeg tijd voor, en kunnen we ons wel genoeg verplaatsen in de wereld van de mens met een verstandelijke beperking? Echte luisterbereidheid, stelt de ander centraal in al zijn of haar kwetsbaarheden en eigenaardigheden. Hierover scheef Marinus van den Berg een prachtig gedicht:[4]

[4] Marinus Van den Berg schreef dit gedicht voor het leerhuis palliatieve zorg in Rotterdam. Het gedicht is overgenomen uit een lezing die Marinus Van den Berg op 12 november 2016 heeft gegeven in Sluiskil.

De ander die mij aankijkt.
De ander die zich in zichzelf keert.
De ander die van mij afkijkt.
De ander die zich verbergt.
De ander die verlangt.

Zal iemand mij zien?
Zal iemand mij kennen?
Die ander is mijn leerhuis.

De ander die mij aankijkt.
De ander die zichzelf een geheim is.

De ander die zich opent.
De ander die zich afsluit.
De ander die vraagt.
Wil jij mij respecteren?
Wil mij op waarde schatten.
Die ander is mijn leerhuis.

De ander die mij aankijkt.
De ander die veiligheid zoekt.
De ander die mij puzzelt.
De ander die broos kan zijn.
De ander die hoopt,
dat jij zijn kracht kan zien,
dat jij ruimte schept.
Die ander is mijn leerhuis.

BIBLIOGRAFIE

1. Geciteerde literatuur

Ainsworth, Mary D., Mary C. Blehar, Everett Waters en Sally N. Wall (1978). *Patterns of Attachment: Assessed in the Strange Situation and at Home.*Hillsdale (NJ): Erlbaum.

Bosch, Erik (1996). *Dood en sterven in het leven van mensen met een verstandelijke handicap*. Baarn: Nelissen.

Bowlby, John (1988). *A Secure Base: Clinical Applications of Attachment Theory.* Londen: Routledge.

______ (1980). *Attachment and Loss.* Vol. 3: Loss, Sadness and Depression. New York (NY): Basic Books.

______ (1979). *The Making and Breaking of Affectional Bonds.* London: Tavistock Publications.

______ (1973). *Attachment and Loss.* Vol 2: Separation, Anxiety and Anger. New York (NY): Basic Books.

______ (1969). *Attachment and Loss.* Vol 1: Attachment. New York (NY): Basic Books.

______ en Colin Murray Parkes (1970). 'Separation and loss within the family'. In *The Child in his family*, eds. Cyrille Koupernik en E. James Anthony. 198–199. New York (NY): Wiley.

Fiddelaers-Jaspers, Riet (2010). *Mijn troostende ik: kwetsbaarheid en kracht van rouwende jongeren.* Utrecht: Ten Have.

Keirse, Manu (2009). *Helpen bij verlies en verdriet: een gids voor het gezin en de hulpverlener.* Tielt: Lannoo.

______ (2005). *Vingerafdruk van verdriet: woorden van bemoediging*. Tiende druk. Tielt: Uitgeverij Lannoo.

______ en M.B. Kuyper (2009). *Rouw: Landelijke Richtlijn*. Versie 2.0. Integraal Kankercentrum Nederland.

Kübler-Ross, Elisabeth (1975). *Dood.* Vertaald door M. Middelhoff – Van de Sande. Amsterdam: Ambo.

______ en David Kessler (2006). *Over rouw: de zin van de vijf stadia van rouwverwerking.*Vertaald door Auke Leistra en Atty Mensinga. Amsterdam: Ambo.

Kohlrieser, George (2006). *Hostage at the Table:How Leaders can overcome Conflict, influence Others, and raise Performance.* San Francisco (CA): Jossey-Bass.

Maes, Johan en Let Dillen (2017). *Je bent wat je hebt verloren: over rouw, rouwbegeleiding en therapie.* Gent: Witsand uitgevers.

______ en Evamaria Jansen (2009). *Ze zeggen dat het overgaat: leven met rouw en verdriet.*Gent: Witsand uitgevers.

Main, Mary en Judith Solomon (1986). 'Discovery of a New Insecure-Disorganized/Disoriented Attachment Pattern'. In *Affective Development in Infancy,* eds. T. Berry Brazelton en Michael W. Yogman. 95–124. Norwood (NJ): Ablex.

Meeusen- van de Kerkhof, Rianne, Hanneke van Bommel, Werner van de Wouw en Marian Maaskant (2001). *Kun je uit de hemel vallen? Beleving van de dood en rouwverwerking door mensen met een verstandelijke handicap.* Utrecht: Landelijk Kennisnetwerk Gehandicaptenzorg.

Parkes, Colin Murray (1974). *Bereavement: Studies of Grief in Adult Life.* New York (NY): International Universities Press.

Saane, Joke (2010). *Religie is zo gek nog niet: een introductie in de godsdienstpsychologie.* Kampen: Ten Have.

Stroebe, Margaret en Henk Schut (2002). 'Meaning making and the Dual Process Model of Coping with Bereavement'. In *Meaning Reconstruction and the Experience of Loss,* ed. Robert. A Niemeyer. 55–73. Washington (DC): APA Books.

______ (1999). 'The Dual Process Model of Coping with Bereavement: Rationale and Description'. *Death Studies* 23 (3): 197–224.

Van Bommel, Hanneke, Marian Maaskant, Rianne Meeusen en Werner van de Wouw (2014). *Kwijt: Verlies bij mensen met een verstandelijke handicap.* Echt: Stichting Pergamijn.

Van den Berg, Marinus (2015). *Lijden verlichten: op weg gaan met de ander.* Utrecht: Ten Have.

______ (2009). *Rouwen in de tijd: een zoektocht in het landschap van afscheid en verlies.* Kampen: Ten Have.

Weijers, Annet en Petra Penning (2001). *Het leven duurt een leven lang: een boek om kinderen en jongeren te helpen met verlies.* Veldhoven: All Color Print & Press.

2. Voorleesboeken, werkvormen en spelmateriaal

Expertgroep Palliatieve Zorg voor mensen met een verstandelijke beperking WestBrabant (2010). *Ik ben Thomas en ik ga dood* (DVD).

Fiddelaers-Jaspers, Riet (2005). *Ik mis je zo.* Antwerpen: Garant.

Luiten, Daisy (2016). *Alle sterren van de hemel: therapeutisch bordspel.*

______ (2012). *Sterrenkaartjes: om na het overlijden van een dierbare fijne herinneringen op te halen.*

______ (2012). *Zonnekaartjes: om bij een naderend overlijden in gesprek te gaan en dierbare herinneringen op te halen.*

Scheres, Wilma en Saskia Voortman (1999). *Doodboek.* Amsterdam: Weerklank.

Teckentrup, Brita (2013). *Een boom vol herinneringen.* Haarlem: Uitgeverij Gottmer.

Van Beers, Annemariet en Marja Baseler (2012). *Lekker-in-je-vel-spel.* Duivendrecht: Dubbelzes Uitgeverij.

Van de Molen, Larissa (2012). *Vergeet-niet-me-verdrietjes.* De Troostboom.

______ (2009). *Niet hier, wel dichtbij.* De Troostboom.

Van der Pol, Peter en Peter van Harmelen (2010). *Dag lieve... herinneringsboek voor kinderen.* Rosmalen: Uitgeverij Zorgna.

Van Hout, Mies (2014). *Vrolijk.* Rotterdam: Lemniscaat.

Velthuijs, Max (2003). *Kikker en het vogeltje.* Amsterdam: Leopold.

Witek, Jo (2014). *In mijn kleine hart: een boek vol gevoelens.* Antwerpen: Oogappel.

Getuigen van vertrouwen in een veranderende wereld

Leendert Jan Parlevliet

In zijn inaugurele oratie voerde Heye Heyen een pleidooi voor het persoonlijke getuigenis in het pastoraat. Hij pleit voor de inbreng van de pastor als gelovige en zo wijst hij een uitweg in het dilemma tussen aandacht voor de ander en plaats maken voor het eigen geluid. Langs deze weg combineert hij op een hem typerende manier het eigene van de theologie met de kansen van deze tijd.[1]

In zijn pleidooi herken ik ontwikkelingen van de afgelopen jaren in de wereld van de godsdienstpedagogiek, waar de rol van getuige ook een belangrijk onderwerp is. Sinds een aantal jaren staat de ontwikkeling van kinderen centraal in het basisonderwijs en dat brengt nieuwe rollen met zich mee voor de leerkracht. Het alternatief voor het godsdienstonderwijs is Theologiseren met kinderen. Daarin heeft de leerkracht de rol van gespreksleider, specialist en getuige. Ik beschrijf in deze bijdrage de verandering van het levensbeschouwelijk onderwijs en vraagstukken van identiteit van de lerarenopleiding basisonderwijs, die bij deze verandering van het basisonderwijs horen. Het onderwijs van basisschool en Pabo weerspiegelen elkaar. De opleiding waar ik aan verbonden ben, heeft zich ontwikkeld tot een dialoog-opleiding. In het hart van de opleiding staat het getuige zijn van het persoonlijke authentieke verhaal door alle betrokkenen. In deze bijdrage wordt beschreven dat in deze opleiding vertrouwen één van de centrale begrippen is.

Achtereenvolgens zal ik eerst de parallel bespreken die er is tussen de pastorale en godsdienstpedagogische tak van de praktische theologie. Om daarna via het basisonderwijs bij de Pabo te belanden. Ten slotte wil ik een voorbeeld geven van hoe onderwijs vanuit vertrouwen eruit kan zien.

Getuigen in een postmoderne samenleving

De wereld van de pastorale theologische bezinning kent dezelfde ontwikkelingen als de wereld van de godsdienstpedagogiek. Hoe zou dat ook anders kunnen als

---

[1] Heyen, H. (2016). Aanvaarden en getuigen. De postmoderne context als uitdaging en als kans voor pastoraal handelen. In H. Heyen, & J. Taschner, *Theological Essays in a Postmodern Context* (pp. 133 – 141). Zürich: Lit Verlag.

takken van dezelfde stam, de praktische theologie? Die ontwikkeling wordt samengevat in drie stappen, die geheel parallel lopen. In beide werelden wordt de eerste stap getypeerd als kerygmatisch, die past bij de periode na de Tweede Wereldoorlog. De bijbehorende praktijken uit protestantse hoek staan daarbij meteen helder voor ogen: de verkondigende dominee die ook pastor is en de schoolmeester die het Bijbelverhaal vertelt op een verkondigende manier. De fase daarna, vanaf de zeventiger jaren, is veel minder eenduidig samen te vatten. Wellicht omdat die periode nog volop in de praktijk invloed heeft. Om de pastorale theologie te duiden kiest Heyen voor het samenvattende begrip aanvaardend pastoraat. Voor de godsdienstpedagogiek wordt de benaming van Pollefeyt gevolgd die voor deze fase het woord liberaal gebruikt.[2] In beide werelden zijn er twee impulsen die voor deze fase bepalend zijn. Aan de ene kant geldt in deze tijd na de revolutie van de zestiger jaren dat het allemaal anders moet dan tot nu toe. Het tijdperk van de autoriteiten wordt gesloten verklaard. Men neemt zich heilig voor niet meer te indoctrineren, dit is een bepalend woord voor die tijd. Er is tegelijkertijd een krachtig ideaal. Het eigene van ieder mens vraagt om ruimte en eigen keuzes. Tegelijkertijd is er dus sprake van vrije keuze en een uitgesproken voorkeur voor de richting die gekozen moet worden. Die tegengestelde impulsen leidde tot een dilemma in het pastoraat. Door Heyen samengevat in de vraag: 'Hoe kunnen we trouw blijven aan het evangelie (opgevat en ingevuld als de boodschap van de ultieme aanvaarding) zonder tegelijk de inhoud van het evangelie (de verhalen over Jezus en God) prijs te geven?' Een vergelijkbaar dilemma speelde in de godsdienstpedagogiek. Om de keuzevrijheid van kinderen en jongeren te respecteren werd gekozen voor een onderwijsmodel waarin de kennismaking met verschillende interpretaties centraal stond. Daarbij was kennis van verschillende levensbeschouwingen en godsdiensten een centraal element. Het complexe proces dat leren is, werd door het ideaal uit het oog verloren. Immers kennis moet persoonlijke kennis worden om van toe-eigening sprake te kunnen laten zijn. In het onderwijs over godsdienst en levensbeschouwing bestaat neutrale kennis niet en dat levert een spanningsveld op tussen vrijheid en inhoud. Vooral in het algemene vak dat op alle basisscholen gegeven moet worden, Geestelijke Stromingen, blijkt deze tegenstelling het meest ontregelend. Het dilemma van het liberale model is prachtig samengevat in de dissertatie van Westerman: ongewenste objectiviteit.[3]

Het alternatief ontstaat volgens Heyen in de postmoderne samenleving die getypeerd wordt door het verdwijnen van het grote verhaal van het christendom

---

[2] Pollefeyt, D. (2004). Het leven doorgeven. Religieuze traditie in de katholieke godsdienstpedagogiek. Ontwikkelingen en toekomstperspectieven. In H. van Crombrugge, *Pedagogiek en traditie, opvoeding en religie* (pp. 133 – 149). Tielt: Uitgeverij Lannoo.

[3] Westerman, W. (2001). *Ongewenste Objectiviteit, Onderwijs in geestelijke stromingen in historisch en vergelijkend perspectief.* Kampen: Uitgeverij Kok.

en het daaraan verbonden verdwijnen van het grote gelijk van de Kerk. Daardoor ontstaat in die postmoderne samenleving een ander waarheidsbegrip. De waarheid van de één sluit die van de ander niet langer uit. De postmoderne levenshouding biedt ruimte voor verschillende verhalen naast elkaar en maakt ruimte voor het persoonlijke verhaal. Zo ontstaat in het pastoraat alle gelegenheid voor het getuigenis. De getuige vertelt vanuit de eigen ervaring over wat hij waarneemt. Heyen vat samen wat hij als alternatief heeft ontwikkeld: een pastor bezit de competentie om zijn persoonlijke authentieke verhaal over het geloof in te brengen.

In de godsdienstpedagogiek is het alternatief door Pollefeyt het hermeneutisch-communicatieve model genoemd. In dit model is er voor getuigen in de betekenis van het inbrengen van het persoonlijke authentieke geloofsverhaal een belangrijke, want onmisbare plaats ingeruimd. In dit model heeft de leerkracht drie rollen: getuige, specialist en moderator. In het levensbeschouwelijk onderwijs dat dit model volgt, wordt het gesprek gezocht rondom hermeneutische knooppunten. De leerkracht brengt bronnen in om de vraag naar betekenis van die bron aan de orde te stellen. Leerlingen en leerkrachten zijn persoonlijk betrokken bij de gezamenlijke leerweg. Het hedendaagse levensbeschouwelijk onderwijs waarin het levensbeschouwelijke gesprek essentieel is, vraagt om leerkrachten die hun eigen verhaal inbrengen. Zowel voor de gezamenlijke leerweg als voor de gewenste verdieping is het nodig om inhoud te geven aan de rol van getuige.

Opleiden in een postmoderne samenleving

Vanuit deze parallel wordt onderstaand de consequentie voor het opleidingsonderwijs beschreven. Ik beschrijf hoe de rol van getuige vorm krijgt in de opleiding tot leerkracht basisonderwijs waar ik als docent aan verbonden ben. Eerst zal ik nog kort beschrijven hoe ik de veranderingen in het godsdienstonderwijs in het basisonderwijs en op deze opleiding typeer.

De veranderingen in het godsdienstonderwijs in de postmoderne samenleving zijn in een stroomversnelling terecht gekomen. Deze transitie van de samenleving heeft als gevolg voor het godsdienstonderwijs een onverwacht nieuw belang. Het gesprek over godsdienst moet worden gevoerd en kinderen moeten op school respectvol leren omgaan met de verschillen van de multiculturele samenleving. Ook op de opleiding is daar eenstemmigheid over en die past bij de onverwachte belangstelling van studenten.

Waar lange tijd gedacht is dat de secularisatie zou leiden tot het verdwijnen van godsdienst uit de publieke ruimte, is het nu duidelijk dat de godsdienstige instituten weliswaar gemarginaliseerd worden, maar dat de religie terugkeert. Borgman typeert dit proces als metamorfose.[4] De levensvragen waar ieder mens antwoord op wil, blijven. De postmoderne manier van antwoorden combineren heeft een breed spectrum van standpunten tot gevolg. Bovendien wordt de vraag naar waarheid op dit terrein bepaald door de persoonlijke ervaring. Dat leidt tot een brede verzameling van beelden en overtuigingen.

Het pleidooi van Borgman voor liminaliteit past uitstekend bij de stroomversnelling waar de samenleving zich in bevindt. Hij pleit voor opschorten van het vastleggen van de waarheid, om op die manier ruimte voor de gelaagdheid en complexiteit van het leven te maken en discussie aan te wakkeren. Zijn voorstel is: voorlopig geen nieuwe instituten inrichten – als dat al zou kunnen – maar de verbrokkeling van de samenleving laten staan. Daarbij hoort het opschorten van een negatief oordeel. Misschien moet het uiteenvallen van de samenleving worden beschouwd als vloeibaar worden van gestolde verhoudingen? Of met de beelden van de Bijbelverhalen: steeds weer opstaan en opbreken om verder te trekken. Gestolde beelden weer achterlaten om op weg te gaan.[5]

Voor het godsdienstonderwijs op de basisschool leidt deze ontwikkeling tot Theologiseren met kinderen. De vragen van het leven komen centraal te staan en het onderwijs wordt een gezamenlijke zoektocht naar antwoorden. Alle mogelijke didactieken kunnen bij die zoektocht worden ingezet. Bij deze verandering krijgen alle betrokkenen in het onderwijs een andere plaats en functie, daarom moet er van een paradigmawisseling gesproken worden.

Voor het opleiden van toekomstige leerkrachten heeft die paradigmawisseling ook enorme gevolgen. In het basisonderwijs is de persoon voor de klas bepalend voor de kwaliteit van het onderwijs. Voor het verzorgen van dialogisch levensbeschouwelijk onderwijs moet die persoon ook zijn eigen authentieke verhaal kunnen inbrengen. Die persoonlijke betrokkenheid van leerkrachten is meer dan een vaardigheid die geoefend kan worden. Het is een brede ontwikkeling van de persoon. Bovendien vraagt dit onderwijs ook nog kennis, de vaardigheid om gesprekken te leiden en de vaardigheid om verbeelding in te zetten. De ontwikkeling van de persoon van de student krijgt dus om deze redenen een centrale plaats in een opleiding. Dat brengt een heel andere opleiding met zich mee die niet langer opgedeeld is in vakken die allemaal hun inhoudelijke bijdrage leveren. In een dergelijke opleiding moeten de klassieke vakken, zoals geschiedenis, muziek, Nederlands en aardrijkskunde, samenwerken. Gezamenlijk hebben zij invloed op de ontwikkeling van de student. Gezamenlijk vormen zij een belangrijk deel van de uitdagende leeromgeving die een opleiding met dit soort doelen moet zijn.

---

4 Borgman, E. (2006). *Metamorfosen. Over religie en moderne cultuur.*Kampen: Uitgeverij Klement.

5 Dulk, M. den (2017) Voor een nieuw begin. De agenda van Genesis. Middelburg, Skandalon.

In de opleiding waar ik aan verbonden ben, heeft dat geleid tot een reeks veranderingen, die maken dat van een traditionele Pabo weinig meer herkend wordt. het hart van de opleiding bestaat uit een doorlopende lijn van activiteiten die bij dragen aan een persoonlijke professionele identiteitsontwikkeling. In leerteams wordt er gewerkt als collega's en geoefend in luisteren naar de inbreng van anderen. Er is aandacht voor het leren kennen van de eigen afkomst en het verplaatsen in de positie en de overtuiging van de ander. Mijn godsdienstlessen over Bijbelverhalen en godsdienstdidactiek waar opdrachten aan verbonden werden, hebben plaats gemaakt voor een bijdrage vanuit levensbeschouwing aan deze centrale ontwikkeling.

Vertrouwen als basis

Een belangrijke stap bij deze ontwikkeling is de ruimte die er structureel in het programma is voor de keuze van de studenten. Zij hebben grote invloed op de leerroute die zij volgen. Net als in het basisonderwijs waar zij voor worden opgeleid, staat hun ontwikkeling en de daarbij horende motivatie centraal. De opleiding wil niet langer de route bepalen die voor de verschillende studenten tot leren en groeien leidt. Zoals de vragen van kinderen in het godsdienstonderwijs centraal staan en hun ontwikkeling het doel is, geldt dat in de opleiding voor de ontwikkeling van studenten.

De paradigmawisseling leidt ertoe dat de klassieke taken van docenten die gewend zijn om de leerroute van studenten te bepalen, verschuiven naar een vorm van samen leren. De leerweg wordt een gezamenlijke onderneming, waarbij docenten als coach optreden voor groepen studenten. Net als leerkrachten voor de kinderen in hun klas, zijn docenten betrouwbare weggenoten die zelf bereid zijn om te leren. Het Joodse lernen is inspiratie voor deze manier van samen leren en opleiden.

Deze zelfstandigheid van studenten stelt hoge eisen aan hen. Eisen die aan het eind van de opleiding als zij aan het werk gaan, ook aan hen gesteld worden. Zij moeten zelfstandig en kritisch kunnen oordelen over de kwaliteit van informatie, zij moeten doelen kunnen stellen en doorzettingsvermogen hebben. Aan de basis van dit geheel van zelfstandig aan het werk zijn ligt vertrouwen. Vertrouwen om zelfstandig taken aan te kunnen, zelfvertrouwen dat leidt tot competentie en vertrouwen in de eigen mogelijkheid om te leren.[6] Stuk voor stuk onderdelen van concepten die helpen om de kwaliteit van onderwijs te verbeteren. Al deze concepten nodigen uit tot zorgvuldigheid in begeleiding en feedback. Van enige afstand gezien is deze voorwaardelijke basis voor leren en ontwikkelen samen te vatten in een grondhouding. Wat leerlingen van alle leeftijden nodig hebben is

[6] Jarvis, P. (2005) *Towards a Comprehensive Theory of human Learning*. London & New York Routledge

vertrouwen dat voortkomt uit relatie. Een leraar zegt en straalt uit: ik zie jou en heb er alle vertrouwen in dat jij de taak kunt uitvoeren, dat jij je kunt ontwikkelen en dat je jouw roeping zult vinden.

De verschillende theorieën leren mij vooral één ding. Er zijn zoveel factoren die het leren van een mens bepalen dat uiterste terughoudendheid geboden is bij het bepalen van obstructies en behoeften van studenten.[7] Iedereen in het onderwijs kent de snelle typeringen die begeleiders voor hun studenten hebben zoals onzekerheid, faalangstig, gemakzuchtig, ijverig, perfectionistisch en het gemak waarmee ze worden ingezet door alle partijen. Iedereen in het onderwijs weet ook hoe dikwijls een oordeel te snel of te eendimensionaal was.

De onderwijskundige theorie helpt om kritisch te kijken naar het onderwijs en om nog effectiever te zijn als docent of student. Diezelfde theorie kan ook bescheiden maken in de stroom beslissingen die het dagelijkse onderwijswerk bepaalt. Om nogmaals met het begrip liminaliteit van Borgman te spreken, het is belangrijk om oordelen op te schorten en een ruimte van vertrouwen te creëren. Dat vertrouwen is fundamenteel en het kan niet anders dan vertrouwen zijn zonder oordeel, zonder voorwaarde.

In de opleiding waaraan ik verbonden ben, staat de dialoog centraal, die is bepalend voor de identiteit van het team. Wij zoeken en vinden onze kracht in de verscheidenheid die gekoesterd wordt. Iedereen telt mee en doet mee als persoon. Die identiteit gaat dus ook uit van de bereidheid om kwetsbaar te durven zijn. Niet voor niets staat de persoonlijke begeleiding centraal. Daarin zijn docenten getuigen, naast expert en coach. Zij kunnen met hun overtuigingen en verhalen zelf niet buiten schot blijven. Hun persoonlijke authentieke verhalen zijn wezenlijk voor de relaties binnen de leergemeenschap. Deze weg is hoopvol omwille van de kinderen, want die zijn in zo'n opleiding nooit ver weg.

Als docent godsdienst heb ik veel vaste structuren ingeleverd. Er zijn de afgelopen tien jaar veel vanuit de christelijke traditie herkenbare onderdelen verdwenen. Een christelijke PA werd een christelijke-afdeling in een multi-denominatieve Pabo en nu is ook de C-afdeling verdwenen. Wel is er een nieuwe weg waarop wij als volledige opleiding in dialoog zijn en die gezamenlijk gegaan wordt. De vaste structuren zijn vloeibaar geworden.

Sinds de start van de dialoogopleiding valt op dat nieuwe studenten de koers meteen begrijpen. Als docenten moeten we de nieuwe koers steeds weer bewust delen en benoemen met elkaar om niet toch weer terug te vallen in vertrouwde, maar verlaten patronen.

---

7 Didau, D. (2015), *What if everything you knew about education was wrong?*Carmarthen, Crown House Publishing Limited.

Het mooie is dat het hart van de christelijke traditie – vertrouwen – in het centrum van de opleiding is komen te staan. Zonder voetnoten en niet gebaseerd op een gezamenlijke traditie, maar wel gevoed en gedeeld vanuit verschillende tradities. Door de aanwezigheid van verschillende tradities blijft het niet zonder appel of zonder kritisch tegenover.

Heye Heyen als coach en expert

Voor de begeleiding van de laatste fase van mijn promotieonderzoek kwam ik bij Heye Heyen terecht. Hij verstaat de kunst van vertrouwen geven. Wie hem persoonlijk kent, weet dat hij zonder omwegen aan het werk gaat. Hij is zeer doelgericht en efficiënt. Ik heb vooral ervaren dat het niet nodig is om altijd positief kritisch te starten om vertrouwen te winnen. Dat is niet nodig als de basis vertrouwen is. Daar was hij vanaf de start heel duidelijk in geweest. Hij zag de insteek van het onderzoek zitten en ging mij begeleiden om succesvol de promotie af te ronden. Daar sloop geen enkele toon van aarzeling of onzekerheid in toen er sprake was van tegenslag. Voor mij was hij een getuige van vertrouwen.

De eindeloosheden van Franz Kafka. Theologie in tijden van zinsverlies

Johan Temmerman

De vraag naar de relevantie van theologie in een tijd die God achter zich laat, wordt in de wetenschappelijke wereld regelmatig opgeworpen. In dezelfde toon klinkt de kreet dat er geen ene waarheid is, maar meerdere tijd- en plaatsgebonden waarheden. Vandaar dat de religieuze gemeenschappen, die in het Westen met een voortschrijdende secularisatie geconfronteerd worden, in een kramp verkeren. De antwoorden van weleer die eeuwenlang kritiekloos werden aangenomen doen het niet meer. Bijbel en Koran worden alleen nog door gelovigen geraadpleegd, maar ook dat neemt af. Het religieus analfabetisme daarentegen neemt toe. De verhelderende geloofsbelijdenissen of 'pijlers van de leer' zijn de enige norm van een waar geloof geworden. Men meent waarachtig te geloven als men aan de oude metafysische voorstellingen vasthoudt. Twijfel is uit de boze en kritische denken is gelijk aan ongeloof. Dit zwaktebod van de goegemeente dreigt ook theologie in diskrediet te brengen. De leer van God en het kritische denken gaan wel degelijk hand in hand. Inzichten over het goddelijke en de traditionele beoefening van de meest fundamentele drijfveren in het menselijk leven op aarde, hebben wel degelijk een boodschap voor een cultuur die lijdt aan zinsverlies. Daarover de hierna volgende opmerkingen.

De tot wereldorde verheven leugen

Onder impuls van de verlichting drong in de westerse cultuur tijdens de 19^{e} eeuw geleidelijk het besef door dat God was verdwenen. In navolging van Kant herleidde men theologie tot ethiek. In het spoor van Hegel ontstond de fenomenologie van de religie, die werd aangevuld met de historisch kritische benadering van Bijbel en traditie. Deze seculariserende tendensen bereidden enerzijds de weg voor de 'atheïstische filosofie'[1] van Nietzsche en anderzijds voor de openbarings-

---

[1] Met 'atheïstische filosofie' bedoel ik het narratieve denken dat Nietzsche in *Also sprach Zarathustra* hanteert, waarbij hij uitgebreid put uit de traditionele voorstellingswereld van de religieuze cultuur om een wereld zonder God (a-theos) te denken. Fr. Nietzsche (1883), *Aldus*

theologie van K. Barth. Voor beide denkers die in de 20e eeuw het debat over God mede vorm gaven, is religie een menselijk product, al te menselijk. Volgens Barth is vooral de christelijke religie een poging van de mens om eigenmachtuig de transcendentie te ontdekken, terwijl dit alleen door God 'lijnrecht van boven' kan gegeven worden.[2] Alle godsbeelden zijn volgens Barth zelfprojectie, een stelling die Nietzsche niet ontkent. Alleen God zelf kan het ware geloof bewerkstelligen en hij doet dit door zich te openbaren in Jezus Christus. Dit laatste ontkent Nietzsche in alle mogelijke toonaarden. Volgens Nietzsche is het volkomen evident dat, eens je een godsprincipe erkent, jezelf ook als God te zien. Maar omdat God niet bestaat, is dit besef tegelijk de meest afgrondelijke gedachte: we hebben alleen dit leven.[3]

Maar misschien wel de meest pregnante denker over de ervaring van het moderne zinsverlies in traditioneel religieus perspectief was Franz Kafka (1883–1924). Vooral in de onafgewerkte roman *Het Proces* waaraan Kafka in 1914 begon en die postuum in 1925 werd gepubliceerd, reflecteert de auteur over de volkomen afwezigheid van zin terwijl een knagend schuldbesef alles beheerst. Het hoofdpersonage Josef K. is beschuldigd, maar niemand weet waarom. Een schimmig rechtssysteem, waarvan de functionarissen al evenmin de toedracht kennen maar toch gedwee de hun opgedragen routine volbrengen, stelt Josef K. uiteindelijk terecht en doodt hem in een verlaten steengroeve met een dolksteek in het hart.[4] In het voorlaatste hoofdstuk belandt Josef K. in een kathedraal. De predikant vertelt hem een uitvoerig verhaal over een man die toegang tot de wet wil, maar dit door een deurwachter wordt geweigerd. De deurwachter zegt dat er na hem nog meerdere deurwachters zijn, grotere en belangrijkere dan hem. De man wacht tot hij binnen mag, maar er gebeurt niets. De deurwachter blijft onbewogen tot de man stervende is en de deur definitief op slot gaat. Josef K. luistert aandachtig en gaat nadien met de predikant in discussie over de betekenis van het verhaal. Josef K. wijst daarbij met een beschuldigende vinger naar de deurwachter, omdat hij bedrog pleegde. De toegang was louter voor de man bestemd en dat heeft de deur-

---

sprak Zarathustra. Een boek voor iedereen en niemand (vertaald door Wilfred Oranje), Amsterdam/Meppel: Uitgeverij Boom, 1996. Zie voor een analyse van Zarathustra in theologisch perspectief: Johan Temmerman (2012), *Profetie en Moderniteit*, Gent: Bola-Editions, 202–297.

2 Barth verwoordt deze stelling in de bekende 'religieparagraaf in *de Kirchliche Dogmatikl, 2*. De tekst is vertaald en gepubliceerd als K. Barth, *Religie als ongeloof* (vertaald, geannoteerd en van nawoord voorzien door Eginhard Meijering), Amsterdam: Uitgeverij Boom, 2011.

3 Franz Rosenzweig ontleent aan deze gedachten van Nietzsche dat hij de 'enige werkelijke mens onder de filosofen was, die God van aangezicht tot aangezicht zag – al was het ook alleen maar om Hem te loochenen.' Fr. Rosenzweig, (1921), *De Ster van de Verlossing* (vertaald, ingeleid en van aantekeningen voorzien door A.P.J. van Ligten), Delft/Meppel: Eburon/Skandalon, 2000, 21.

4 Franz Kafka, *Verzameld werk* (met een nawoord van Marjolijn Februari), Amsterdam/Antwerpen: Em. Querido's Uitgeverij BV, 2008, 13–162.

wachter hem niet meegedeeld. Daarop antwoordt de predikant: 'juist inzicht in de kwestie en verkeerd begrijpen van dezelfde kwestie sluiten elkaar helemaal niet uit.'[5] Als de predikant Josef K. vervolgens uitlegt dat er verschillende interpretaties mogelijk zijn en deze allemaal waarheid aanreiken, pruttelt de veroordeelde tegen. De geestelijke, die zich 'aalmoezenier van de gevangenis' noemt en dus bediende van het rechtssysteem is, motiveert zijn stelling met de melding: 'je moet niet alles als waar beschouwen, je moet het alleen als noodzakelijk beschouwen.' Daarop zegt K.: 'Treurige opvatting. De leugen wordt verheven tot wereldorde.'[6]

De toespelingen die Kafka in deze passage van *Het proces* maakt op religie in het algemeen en de Joodse Thora en traditie in het bijzonder zijn legio. De slotopmerking waarmee hij religie een 'tot wereldorde verheven leugen' noemt, zal tijdens de verdere 20e eeuw in de westerse cultuur algemeen ingang vinden.

Een complexe wereld

De Joodse religieuze traditie moge voor een buitenstaander een wereldvreemd en complex geheel zijn, voor jonge Europese Joden voorin de 20e eeuw kwam daar ook nog eens de verwarrende en tweeslachtige houding van hun omgeving met de moderniteit bij. Vanaf de tweede helft van de 19e eeuw nam de meerderheid van de stedelijke Joden de gewoonten van hun omgeving over en seculariseerden in hoge mate. Ook de familie van Franz Kafka. De religieuze verplichtingen werden tot een strikt minimum herleid en de feestdagen vierde men louter uit piëteit.[7] Deze zogeheten 'assimilatie' kende tal van graden en modellen. Sommigen in Kafka's vriendenkring gingen over tot het lutheranisme, anderen keerden dan weer terug naar een dieper doorleefd Jodendom. Een meerderheid nam de assimilatie aan en seculariseerde snel. De geschrapte opmerking dat Josef K. verwonderd is over zijn afkeuring van 'het verhaal' zonder dat hij er helemaal van op de hoogte is, zowel als de later gepubliceerde versie dat hij geen definitief oordeel wil vellen, zijn uit het leven en de wereld van de auteur gegrepen. Verwarring en tweeslachtigheid ten aanzien van religie was voorin de 20e eeuw het deel van jonge mensen. Spontane

---

5 Kafka, *Verzameld werk*, 142–158. In *Het proces* is dit gesprek opgenomen in het negende hoofdstuk, *getiteld In de kathedraal*. Het is aanbevolen om het gehele hoofdstuk te lezen omdat de tekst een moderne literaire vertolking is van de traditionele Joodse methode van exegese die men 'midrasj' heet.

6 Kafka, *Verzameld werk*, 157–158. In een eerdere versie laat Kafka na deze opmerking het gesprek eindigen met de verwondering van Josef K. over zijn opmerking, want hij had geoordeeld over een legende die hij niet helemaal kende. Hij verlaat daarop de ondertussen pikdonker geworden kathedraal al tastend, begeleid door de stem van de predikant. Kafka schrapte dit gedeelte en schrijft in de gepubliceerde tekst dat Josef K. over de kwestie niet definitief oordeelde.

7 De beleving van religie ten tijde van Kafka in de Joodse families te Praag wordt uitstekend beschreven door Saul Friedländer, *Frans Kafka. Schrijver van schuld en boete* (vertaald door Jabik Veenbaas), Utrecht: Bijleveld, 2015, 58–90.

onmiddellijk afwijzing zal pas na de Tweede Wereldoorlog schering en inslag worden. De spanning ten aanzien van hun *roots* was voor jonge intellectuelen voorin de 20^{e} eeuw pregnant. Friedländer citeert een treffende illustratie daarvan uit een brief die Kafka schreef aan zijn vriend en latere redacteur Max Brod:

> 'Weg van het Jodendom, meestal met een onduidelijke toestemming van de vader (die onduidelijkheid was nu juist het verbijsterende) wilden de meesten die Duits begonnen te schrijven, dat wilden ze, maar met hun achterpootjes zaten ze vastgekleefd aan het Jodendom van hun vader en met hun voorpootjes vonden ze nog geen nieuwe grond. De vertwijfeling daarover was hun inspiratie.'

Dit citaat duidt meteen twee cruciale problemen aan ten aanzien van de moderniteit en religie: de vaderfiguur en vervreemding. Kafka voelde zich immers sterk aangetrokken door het denken van S. Kierkegaard (1813–1855) en zijn nadrukkelijk wijzen op individuele verantwoordelijkheid en persoonlijke keuzes. Deze vroeg existentiële benadering van het denken sprak Kafka aan. Hij herkende de eenzaamheid en de angst. Kafka leerde van Kierkegaard om het onbestemde gevoel van existentiële eenzaamheid te benoemen. Het gaat daarbij om fundamentele verlatenheid die de jongeman ervaart als hij bemerkt dat zijn vader, weliswaar groot en streng, op cruciale terreinen afwezig is. Inzake levensvragen blijft dan alleen een stringent maar leeg systeem over. Deze afwezige vader spoort met de verdwijning van God uit Europa voorin de 20^{e} eeuw. Naast existentiële eenzaamheid herkende Kafka in het werk van Kierkegaard ook vertwijfeling. De Deense filosoof die helemaal naar Jena reisde om colleges van Hegel bij te wonen, maakte van de antithetische vervreemding een kernbegrip van zijn filosofie. Deze erkenning stelt de mens in staat tot de essentie van de dingen door te dringen en wel door het zelf te verheffen. Kafka verwoordt het in een brief als de vertwijfeling die de mens te beurt valt die bereid is de wereld te weerstaan om trouw te blijven aan de eigen aard.[8] *Het proces* is een meesterlijke uitdrukking van de tot systeem verheven leegte die de moderniteit kenmerkt. In dit verhaal lijkt Kafka te zeggen dat we voortaan in een complexe wereld leven, zonder duidelijke bestemming. Het is een leven tot de dood, meer niet.

Demografische gegevens

Kafka reikt ons een verhelderende bril om er de hedendaagse westerse cultuur mee te bekijken. Spontaan verwerpt men de religie als vaten vol leugens, bedoeld

---

[8] Andermaal in een brief aan Max Brod schrijft Kafka over zijn bewondering van Kierkegaard en merkt daarbij op dat 'de religieuze verhouding zich wil openbaren, maar kan dat in deze wereld niet, daarom moet de stervende mens er zich tegen verzetten om het goddelijke in zichzelf te redden of, wat hetzelfde is, het goddelijke maakt dat hij zich verzet tegen de wereld om zich te redden.' Saul Friedländer, *Kafka*, 181.

om mensen de eindigheid te helpen dragen. Maar als men enkele stappen achteruit zet en de lange religieuze tradities en hun bevrijdende elementen bekijkt, met kritische beschouwing van de gewelddadige en onderdrukkende facetten, is men verplicht dit spontane oordeel te herzien. In het beste geval oordeelt men dan over religie niet, zoals Josef K. in de laatste versie van *Het proces*. Het West-Europese cultureel klimaat vertoont vele tinten grijs, verschuivend van radicaal atheïsme tot consequent agnosticisme. Een kleine minderheid noemt zich gelovig in traditionele zin. De religieuze gemeenschappen zijn tot een strikt minimale bezetting herleid. Maar er zit verandering in de lucht. Een recente studie van het Amerikaanse onderzoekscentrum *Pew Research Center* verwacht dat het aantal mensen die een religie aanhangen de komende decennia zal toenemen. De oorzaak is de groei van de wereldbevolking, voornamelijk in de gebieden op aarde waar de godsdiensten het sterkste aanwezig zijn. De islam zal daarvan het meest profiteren. *Pew* berekent dat de islam tegen 2060 de grootste godsdienst ter wereld zal zijn. Maar ook het aantal christenen zal toenemen. Dit laatste is te wijten aan de Afrikaanse en Latijns-Amerikaanse bevolkingsgroei.[9] In West-Europa zullen de traditionele christelijke kerken door toedoen van de vergrijzing krimpen en aan maatschappelijk belang inboeten. Maar ook het aantal atheïstische en agnostische West-Europeanen zal afnemen, voornamelijk door het gebrek aan geboortes in de beter opgeleide kosmopolitische milieus.[10] Deze demografische tendensen moeten ons aan het denken zetten. We kunnen onomwonden stellen dat na de traditionele joodse en christelijke beleving van religie in West-Europa ook het seculiere atheïsme onder druk zal komen te staan, voornamelijk door de groei van de islam en het charismatische christendom dankzij migratie uit het Midden Oosten en Afrika.[11] De traditionele theologie in West-Europa, die weet heeft van verlichting en zich constructief verhoudt met de wetenschappelijke kennis over de wereld, staat bijgevolg voor de grote uitdaging wegen te wijzen in de woestijn van het woekerende zinsverlies.

Déja vu?

Terwijl Franz Kafka in Praag zijn teksten schreef, werkt in Wenen een collega schrijver aan een breed kosmopolitisch oeuvre. Stefan Zweig (1881–1942) was

---

[9] http://www.pewforum.org/2017/04/05/the-changing-global-religious-landscape/

[10] Het *Pew Research Center* is een betrouwbaar onafhankelijk onderzoekscentrum dat ook wereldwijd op waardering kan rekenen. Ze hebben zeven onderzoeksgebieden, waarvan *Religion & Public Life* er één van is. Het rapport van de demografische studie waaruit ik de gegevens citeer en waarnaar in vorige voetnoot wordt verwezen, dateert van 5 april 2017 en is getiteld *The Changing Global Relious Landscape*.

[11] Deze confrontatie is reeds te merken in de krampachtige houding van atheïstische filosofen ten aanzien van het jihadisme, dat sommigen 'erger dan het nazisme' noemen. Zie opiniestukken in de Standaard, juli 2017.

net als Kafka van Joodse afkomst en groeide op in een welgesteld burgerlijk milieu. Maar terwijl Kafka vol vertwijfeling en met bitse verwijten aan het adres van zijn vader de teloorgang van zin in een leeg burgerlijk bestaan hekelt, geniet Zweig van wat hij 'de kunst van de assimilatie' noemt. Wat Zweig en zijn omgeving voorin de 20e eeuw kenmerkte was optimisme. Europa was op weg om één te worden en alles zou dan voor iedereen beter zijn. Zowel in de kunst, de filosofie en de politiek brak een nieuwe tijd aan, werd 'de oude behaaglijke orde verstoord' en was het gedaan met de 'classicistische overladenheid' die zowat op alle terreinen bol stond van moralisme en schijnheiligheid. 'We hadden het gevoel,' schrijft Zweig, 'dat er een tijd voor ons begon, onze tijd, waarin de jeugd eindelijk kreeg wat haar toekwam.'[12] Alles was nieuw, hartstochtelijker en experimenteler dan wat ooit de voorouders had bevredigd. Dat de burgerlijke maatschappij deze nieuwe ontwikkelingen 'decadent' heette of 'anarchistisch' was voor de culturele jeugdige elite rond Zweig geen probleem, integendeel, ze gebruikten de verwijtende etiketten als geuzennaam. Met de burgerlijke gereserveerdheid van zijn ouders en familie sneuvelde ook de joodse religie. Het was een oud en leeg complex van ondoorgrondelijke wetten. Zweig en zijn vrienden hadden zich als taak gesteld 'zich te bevrijden van wat het Jodendom benauwd heeft gemaakt, het pure, kille geld verdienen, en misschien komt daarin zelfs het geheime verlangen tot uitdrukking om door de vlucht in het geestelijke uit het puur joodse op te gaan in het algemeen menselijke.'[13] Stefan Zweig meende dat het kon. Voor hem daagde de brede humanistische horizon van gelijkheid en vrede. Maar we weten ondertussen dat dit rooskleurig perspectief in een vingerknip omsloeg in een dertigjarige oorlog (1914–1944), waarin de gruwel de grootst mogelijke idealen veruit overtrof.[14] Het volkomen zinsverlies voorin de 20e eeuw, dat in joodse kringen gepaard ging met een verregaande assimilatie en verwerping van de religie van de vaderen, bracht Kafka in een diepe vertwijfelingscrisis en tilde Zweig naar een verheven idealis-

[12] Stefan Zweig, *De wereld van gisteren. Herinneringen van een Europeaan* (vertaald door Willem van Toorn), Amsterdam: Uitgeverij De Arbeiderspers, 1990, 56. Dit boek is de autobiografie van Zweig, geschreven vlak voor zijn zelfmoord in 1942, toen hij in ballingschap in Brazilië verbleef. De tekst biedt een erg vlot geschreven beeld van de eerste helft van de 20e eeuw, zoals in kringen van kunstenaars en academici werd beleefd.

[13] Zweig, *De wereld van gisteren*, 25.

[14] Het is opmerkelijk en alleen daarom de moeite waard om te lezen, hoezeer Stefan Zweig zijn verheven humanitaire waarden vasthoudt en in de Europese droom blijft geloven, hoewel de opkomende politicus Hitler letterlijk tegenover hem woonde in Salzburg Oostenrijk en hij talloze signalen kreeg dat het de verkeerde kant uitging. Zijn geloof in de mens en de Europese cultuur is aandoenlijk en in het licht van de geschiedenis ook naïef. In de beschrijving van de contacten die Zweig onderhield met enerzijds seculiere Joden zoals Ernst Cassirer en Sigmund Freud en anderzijds de vader van het zionisme Theodor Herzl en godsdienstfilosoof Martin Buber biedt deze autobiografie tevens een helder zicht op de verschillende strekkingen binnen het Europese Jodendom.

tisch geloof in de mensheid. Soms zijn deze tendensen voorin de 21^{e} eeuw nog steeds merkbaar.

Klacht en geweld

Na het wegvallen van God in de 19^{e} eeuw kampt de voortschrijdende moderniteit voorin de 20^{e} eeuw met dezelfde dichotomie als de religies van weleer. God is vervangen door de mens(heid), maar de fundamentele tweestrijd tussen twijfel en geloof is gebleven. Kafka is de man van de radicale twijfel, Zweig van geloof tegen beter weten in. Om in Bijbelse termen te spreken is Kafka de zanger van Psalm 22, Zweig van Psalm 137, existentiële eenzaamheid versus nostalgisch verlangen. Maar allebei zien weinig toekomst. Psalm 22 zingt: 'Waarom heb je mij verlaten ... ik ben een worm en geen mens ... mijn hart is als gesmolten was in mijn binnenste ... ', terwijl de zanger van Psalm 137 niet langer kan zingen op vreemde bodem en koppig vasthoudt aan de glorieuze tijden van weleer in de gouden stad.

Deze van menselijkheid doordrongen ervaringen van zinsverlies zijn vandaag voorin de 21 eeuw nog steeds herkenbaar. De globalisering en steeds hoger reikende digitale mogelijkheden doen de mensen in een vreemde wereld leven, onherkenbaar en fundamenteel eenzaam. Wat was, is zo goed als verdwenen en het nieuwe confronteert de *digital immigrants*[15] met onmacht en onbegrip. De Psalmist klaagt de toestand waarin hij zich bevindt aan. Hij ervaart geen recht, integendeel, terwijl hij zich toch onschuldig weet. Het facet van de klacht is een essentieel onderdeel van de joodse spiritualiteit, waarvan we dus een voorbeelden te over aantreffen in de werken van Franz Kafka en Stefan Zweig. De klacht is legitiem, te meer als het op literair-esthetische manier wordt geuit, maar bij klagen alleen moet het niet blijven. Om nu ons onderzoek naar de eigenheden van zinsverlies in onze cultuur verder te zetten en ook naar mogelijke oplossingen te peilen, zijn we verplicht van voorstelling naar kennistheorie over te gaan. Daartoe gaan we andermaal te rade bij twee joodse tijdgenoten van Kafka en Zweig die eveneens in een geassimileerd burgerlijk milieu leefden, namelijk Albert Einstein en Sigmund Freud.

---

[15] De term *digital immigrant* staat voor alle mensen die geen *digital native* zijn of werden geboren na de opkomst van de personal computer en de talloze toepassingen. De theorie is bedacht door Mark Prensky. Hij stelt dat *digital natives* de technologie als iets dagelijks zien, net zoals water. Hij situeert de digitale kloof in 1985. Prensky verwoordt zijn theorie in het wetenschappelijk tijdschrift *On the Horizon Vol. 9 n°5* van oktober 2001 (MCB University Press) en te raadplegen op internet: https://www.marcprensky.com/writing/Prensky%20-%20Digital%20Natives,%20Digital%20Immigrants%20-%20Part1.pdf

Waarom oorlog?

Het is hier niet de bedoeling om uit te maken of de psychoanalytische methode van Freud al dan niet 'pseudowetenschap'[16] is, maar als markante stem in de eerste helft van de 20e eeuw en als gesprekspartner van Albert Einstein is de Weense wonderdokter wel degelijk van belang. Sigmund Freud (1856–1939) en Albert Einstein (1879–1955) waren opgegroeid als geassimileerde Joden die beide aan den lijve ondervonden dat hun Duits-zijn niet voldoende was om de felle antisemitische haat te weerstaan. Voorin de jaren 1930 schreef Einstein een brief aan Freud met de vraag om van gedachten te wisselen over het meest nijpende probleem van hun tijd: bestaat er een mogelijkheid om de mensheid te verlossen van oorlogsdreiging?[17] Einstein begreep dat zijn kennis van de fysische wereld niet toereikend was om deze vraag afdoende te beantwoorden. Daarom vroeg hij hulp aan iemand die 'de duistere diepten van het menselijk willen en voelen' bestudeerde. Einstein kwam niet verder dan de oprichting van 'een wetgevend en juridisch lichaam' die alle conflicten tussen staten moet oplossen. Dit lichaam vereist onderwerping aan haar wetten en onvoorwaardelijke gehoorzaamheid inzake de uitgevaardigde maatregelen. Dit supranationaal orgaan vormt dan de noodzakelijke verbinding tussen recht en macht, waardoor de staten afzonderlijk uit eigen bestwil kunnen afzien van hun vrijheid van handelen, dit wil zeggen van hun soevereiniteit. Nog steeds volgens Einstein is er geen andere weg naar veiligheid.[18] Zo ver is alles haalbaar aldus Einstein, hoewel we nog lang zo ver niet zijn. Maar het cruciale probleem is dat de grote massa blijkbaar vatbaar is om als willoos werktuig ingezet te worden en zich met allerlei middelen laat brengen tot razernij en zelfopoffering. Het voorlopige antwoord van Einstein is zingeving of beter zinsverlies. Hij merkt dat scholen, pers en religieuze instituten de eerste maatschappelijke organen zijn waarop een hitsige minderheid greep krijgt. Einstein vraagt dan aan Freud of het mogelijk is om de altijd latent aanwezige behoefte bij de mens om te haten en te vernietigen psychisch zodanig te leiden dat weerbaarheid ontstaat tegen vernietigingspsychosen. Het is opmerkelijk hoezeer Einstein het naderende onheil voorvoelt, want de eerste brief dateert van 30 juli 1932.

---

16 Daarvoor verwijs ik naar recente studies zoals de verhandeling van de Gentse filosoof Maarten Boudry, *de naakte Keizers van de Psychoanalyse. De immunisatiestrategieën van een Pseudowetenschap*, te raadplegen op: http://lib.ugent.be/fulltxt/RUG01/001/396/449/RUG01-001396449_2010_0001_AC.pdf

17 Einstein schreef in opdracht van de Volkenbond en zijn Internationale Instituut voor Intellectuele Samenwerking in Parijs. De brieven zijn reeds in de jaren 1930 gepubliceerd en recent vertaald: Albert Einstein & Sigmund Freud, *Waarom oorlog?* Meppel: Uitgeverij Hoogland & Van Klaveren, 2005.

18 Einstein & Freud, *Waarom oorlog?*, 27.

Freud antwoordt anderhalve maand later en deelt de zorg van Einstein. Hij begint met het woord 'macht' te vervangen door 'geweld', waarbij hij bijgevolg het conflicten oplossende supranationale orgaan toelaat geweld te gebruiken indien nodig, want 'belangenconflicten tussen mensen worden in principe door het gebruik van geweld beslist', waarbij Freud een evolutionair argument gebruikt, gaande van het dierenrijk over spierkracht tot wapentuig.[19] Freud alludeert hier op de macht van de sterkste, die kan worden bijgestuurd als de overwinnaar zich tevreden stelt de tegenstander met geweld te onderwerpen in plaats van te doden. Dit is het begin van het mededogen, maar ook van het ressentiment of de wraakzucht die voortaan op de loer ligt. De sterkste kan dan alleen door een alliantie van zijn troon worden gestoten. Hier begint volgens Freud het recht: in de gemeenschap. De kern van de zaak is, aldus Freud, 'het overwinnen van geweld door overdracht van de macht aan een grotere eenheid die door emotionele banden tussen zijn leden bijeengehouden wordt.'[20] Daaraan voldoet de Volkerenbond. De andere kwestie die Einstein aanraakt, namelijk deze van de begeestering van de massa op basis van manipulatie van zingeving, draagt ook Freuds goedkeuring. Hij nuanceert ook deze analyse met zijn gekende tweeslag *eros/thanatos*, 'uit wiens samengaan en tegen elkaar ingaan van beide driften alle levensverschijnselen voortvloeien.' Het gaat om verenigen (*eros*) en vernietigen (*thanatos*) of levensdrang en doodsdrift. In strijd behoudt het wezen zijn leven door de ander te doden, maar in vredesomstandigheden interioriseren we deze doodsdrift. Dit is wat Einstein 'latent aanwezig' noemde en dat door een gefrustreerde minderheid naar de oppervlakte wordt gebracht en in de bereidheid tot oorlog ontlaadt. Het enige antwoord vanuit het psychoanalytisch kabinet in Wenen om de oorlog te voorkomen, is de levensdrift versterken door mensen te verbinden (*eros* verstevigen) en dan hopen dat het voortschrijdend civilisatieproces door kan gaan zodat de mens door middel van zijn verstand gaandeweg het driftleven onder controle krijgt. Maar *for the time being* is Freud niet optimistisch.

Modern ressentiment en anti-genealogisch denken

De boeiende briefwisseling tussen beide heren wijst net als Franz Kafka in zijn literatuur de achilleshiel van de moderniteit aan: zinsverlies. Einstein schrijft in zijn brief over 'scholen, pers en religieuze instituten' die het eerste vatbaar zijn voor manipulatie van een gewelddadige minderheid. Uitgerekend deze

[19] Einstein & Freud, *Waarom oorlog?*, 32–33. In dit verband is het interessant op te merken dat de aanvankelijk zeer pacifistische fysicus Einstein later in 1939, als hij zich al in Amerika in ballingschap bevond, in een brief aan president Roosevelt op de mogelijkheid wees om met behulp van kernsplitsing een uitzonderlijk krachtig wapen te fabriceren. Deze brief gaf Roosevelt de gelegenheid de atoombom te laten maken die in Hiroshima en Nagasaki werd gebruikt.

[20] Einstein & Freud, *Waarom oorlog?*, 35.

maatschappelijke organen staan ook het eerst onder druk als autoriteit wegvalt. We merken dat opvoeding en overdracht geen evidentie zijn als autoriteit en respect verdwijnen. Voorin de 21^{e} eeuw kennen we het fenomeen van *fake news* en de onderliggende vraag wie zonder vooroordeel is. De traditionele pers verkeert net als de leerkracht in de middelbare school in een crisis die voor een groot gedeelte is aangezet door de exponentiële toename van sociale media. De eruptieve haat op allerlei internetfora is niet in te dijken, zodat het erop lijkt dat eens te meer de latent aanwezige agressie naar de oppervlakte verschijnt, deze keer door manipulatie van de digitale werkelijkheid. In de jaren 1930 kon Einstein nog schrijven over de vatbaarheid van religieuze instituten voor dergelijke mechanismen, waardoor dit op de gehele samenleving afschaduwde. Dit lijkt vooral in onze tijd voor de islam zo te zijn. We maken tevens een gelijkaardige kramp mee binnen de kleine rest christenen voorin de 21^{e} eeuw, die een moraliserende en fundamentalistische toon aanslaan. Hieruit lichten twee elementen op die sinds de moderniteit aan een prangend zinsverlies kleven: wrok en bekering.

Nietzsche ontmaskert in *De genealogie van de moraal* (1887), een boek dat hij '*Eine Streitschrift*' noemt, de joods-christelijke moraal als een ressentimentsmoraal, als wrok tegen het leven, een 'nee' tegen welslagen, macht, schoonheid en zelfbevestiging. Daartoe moest 'het tot genie geworden instinct van het ressentiment hier een andere wereld uitvinden.'[21] Zoals bekend hekelt Nietzsche de metafysische constructies van de religie en de geestelijke oorzakelijkheid. Dit komt neer op een bovennatuurlijke hemel en een paradijslijk hiernamaals van waaruit nooit ofte nimmer enig teken van leven komt, zodat de goedgelovige mens gefrustreerd raakt en door de tergende dreiging van wet en priesterklasse onder de duim wordt gehouden, onder het voorwendsel dat wat duizenden jaren geleden is gebeurd voor altijd het leven van alle mensen bepaalt, behalve als men gelooft (en dan nog is het afhankelijk van genadige willekeur). Deze frustratie en geestelijke onderdrukking heeft een grenzeloze haat tegen het leven en de wereld voor gevolg. De Joods-christelijke moraal is volgens Nietzsche de bron van latente agressie en vernietigingsdrift. Daarom kan zijn 'strijdschrift' worden gebruikt als oproep tot een anti-genealogisch project. En het is deze cocktail van verwerping van het verleden en het telkens opnieuw beginnen, alsof ieder mens als tabula rasa op de wereld komt, die de moderniteit kenmerkt.

De Duitse filosoof Peter Sloterdijk wijdde in 2014 een omvangrijke studie aan deze problematiek. Hij heeft het daarin over de 'verschrikkelijke kinderen van de nieuwe tijd', waarbij het verschrikkelijke precies ontstaat uit de radicale eis aan el-

---

[21] Friedrich Nietzsche, *De antichrist. Vloek over het christendom* (vertaald door Pé Hawinkels), Amsterdam/Antwerpen: Uitgeverij De Arbeiderspers, 1997, 34. Zie ook Friedrich Nietzsche, *De genealogie van de moraal. Een strijdschrift* (vertaald door Thomas Graftdijk), Amsterdam/Antwerpen: Uitgeverij De Arbeiderspers, 1980.

ke generatie om met het verleden te breken. Niet zozeer de God-is-dood-uitspraak oriënteert de moderniteit, dan wel de vraag die de dolle mens onmiddellijk na deze verkondiging in *Die fröhliche Wissenschaft* (1882) stelt, namelijk: 'Zijn wij niet voortdurend aan het vallen?'[22] In een wereld die volkomen uit haar voegen is gelicht en waarin alle lijnen met wat ooit richting gaf zijn doorgesneden, ervaart de mens zijn bestaan als een constante val in het luchtledige. Nietzsche schrijft, nadat de dolle mens op klaarlichte dag zijn lantaarn aanstak en over het marktplein liep, schreeuwende: 'Ik zoek God! Ik zoek God!' Hij vervolgt wat verderop met de melding dat we hem hebben gedood. En dan:

> *Wat hebben we gedaan toen wij deze aarde van haar zon loskoppelden? In welke richting beweegt zij zich nu? In welke richting bewegen wij ons? Weg van alle zonnen? Vallen wij niet aan één stuk door? En wel achterwaarts, zijwaarts, voorwaarts, alle kanten op? Is er nog wel een boven en beneden? Dolen wij niet als door een oneindig niets?* [23]

Zinsverlies of volkomen richtingsloosheid is het gevolg van het radicaal doorhalen van morele en culturele genealogie. De mens gaat alle richtingen tegelijk uit, zonder enige zin valt hem een volkomen vervreemding of vertwijfeling te beurt. Franz Kafka was meester in het uitdrukking geven aan dit moderne levensgevoel. Het is alsof men in de ochtend ontwaakt als een insect of in het eerste daglicht gearresteerd wordt zonder dat ook maar iemand weet waarom, ook jij niet.[24]

Met Kafka en Zweig, Einstein en Freud, Nietzsche en Sloterdijk verzamelden we elementen om de moderne tijd te kenmerken als doordrongen van een levensbeschouwelijk zinsverlies. In dit gradueel toenemende klimaat van een zwaartekracht uitdagende richtingsloosheid komt de laatste decennia ook de theologie steeds meer in het verdachte hoekje van 'pseudowetenschap' te staan. Als een soort verdedigingsreflex of streving naar zelfbehoud opteren theologen ervoor de grondslagen van de Joods-christelijke traditie opnieuw en beter te articuleren. Met talloze werken trekt de Britse theoloog Alister McGrath (°1953) deze beweging. Men spreekt van 'apologetiek' of 'evangelicanisme in een Anglicaans jasje'. De noodzaak van 'bekering' wordt opnieuw onderstreept.[25] Dit past in het door Sloter-

---

[22] Peter Sloterdijk, *De verschrikkelijke kinderen van de nieuwe tijd. Over het antigenealogische experiment van de moderniteit* (vertaling Hans Driessen), Amsterdam: Boom, 2015, 43ev.

[23] Friedrich Nietzsche, *De vrolijke wetenschap ('la gaya scienza')* (vertaald door Pé Hawinkels), Amsterdam/Antwerpen: Uitgeverij De Arbeiderspers, 1999, 130.

[24] In het korte en gekende verhaal *De gedaanteverwisseling* ontwaakt het hoofdpersonage Gregor Samsa als insect, Franz Kafka, *De gedaanteverwisseling* in *Verzamelde Werken*, 715–755. De ervaring waarmee het meesterlijke Her proces opent, illustreet het vervreemdende gevoel dat in het taalgebruik de term 'kafkaiaans' teweegbracht, Franz Kafka, *Het proces* in *Verzamelde Werken*, 13–32.

[25] McGrath was zelf ook overtuigd ongelovig, studeerde scheikunde en promoveerde in de moleculaire biologie. Pas op latere leeftijd en na onderzoek van het atheïsme, bekeerde hij zich tot

dijk aangeduide kenmerk van moderniteit, namelijk het anti-genealogisch denken. Bekering is ook een veilige eis, gezien de gehele westerse cultuur doordrongen is van de idee dat we ons leven moeten veranderen. Opvoeding is conversie. Zelfs het bestuderen van de geschiedenis veronderstelt de bereidheid om van het verleden te leren. Daarom schrijft Sloterdijk: 'Wie leert verzamelt niet alleen informatie. Hij begrijpt dat echt leren iets heeft van een bekering.'[26] Maar deze 'herprogrammering' zal het zinsverlies niet wegnemen. Sloterdijk vergelijkt bekering met een trainerswissel, waarbij alle gegevens reeds aanwezig zijn en enkel de methode verandert. Paradigmatisch geldt de bekering – Sloterdijk spreekt van 'de catastrofe' – van Paulus onderweg naar Damascus. Het gaat daarbij om een 'paniekfenomeen' tijdens een crisis, waarbij het nakende einde haar schaduw werpt.[27] Dan treedt de mogelijkheid op om het bewustzijn te reorganiseren en de voorhanden zijnde kwaliteiten – in Paulus' geval een zelotisch en creatief enthousiasme voor de 'goede zaak' – opnieuw te oriënteren.[28] Het is dan ook mijn overtuiging dat de theologie een fundamenteler antwoord kan bieden dan terug te grijpen naar de eis van bekering. We kunnen ons een voordeel doen met de teksten van de uiterst gevoelige Franz Kafka.

Met Kafka de woestijn van het spiritueel verzet in

De Praagse auteur had geen gemakkelijk leven. Hij groeide op in de schaduw van een reusachtige en dominante vader. Zelf was de jonge Franz Kafka erg gevoelig en frêle. Voeg daarbij een ontzettend saaie baan bij een verkeringsmaatschappij en je hebt de ingrediënten voor de biografie van een getormenteerd en onbegrepen kunstenaar die op de koop toe op jonge leeftijd aan tuberculose stierf. Hij liet een onovertroffen verzameling verhalen na. Zijn faam is sinds zijn vroege dood en vooral door toedoen van zijn vriend Max Brod steeds verder gegroeid. De uitdrukking van iemand die zich het slachtoffer voelt van een ondoordringbaar en volkomen nutteloos systeem draagt zelfs zijn naam. Met dit 'kafkaiaanse' idee treft de auteur meteen de mythe van de moderniteit in het hart. In de kortere en bekende verhalen *De gedaanteverwisseling* en *De hongerkunstenaar* stelt de

het christendom en werd priester in de Anglicaanse Kerk.

26 Sloterdijk, *De verschrikkelijke kinderen van de nieuwe tijd*, 23. De inzichten werden door de Duitse filosoof al eerder verwoord in een lijvige boek waarin hij aantoont dat zowel religie als de afwijzing ervan in feit 'verkeerd begrepen oefensystemen' zijn. Peter Sloterdijk, *Je moet je leven veranderen. Over antropotechniek* (vertaing Hans Driessen), Amsterdam: Boom, 2011.

27 Sloterdijk, *Je moet je leven veranderen*, 315.

28 Sloterdijk schrijft: 'Paulus had, tijdens de vervolging van de Joodse dissidenten die zich hadden aangesloten bij de sekte van Jezus, ruimschoots gelegenheid gehad te begrijpen dat ze in feite al beschikten over een coherente interpretatie van de traditie en dat zij het waren die het messianistische element van de joodse leer de opwindenste van alle mogelijker interpretaties hadden gegeven.' Sloterdijk, *Je moet je leven veranderen*, 316.

schrijver onomwonden dat de zo geroemde menselijke autonomie zo goed als onbestaande is. Het was voor de jonge Franz een zaak geweest om zijn eigen weg te kunnen gaan, los van zijn vader en later ook van de dwingende sociale omgeving. Hij constateert evenwel dat de mens evenzeer is gebonden aan zichzelf, de genetische factoren die ervoor zorgen dat we zijn wie we worden. Als Georg Samsa 's ochtends als gigantisch insect ontwaakt, voelt de lezer vooral de onmacht van het hoofdpersonage. Hij kan niets meer doen, alle zelfbeschikking is weg. In *De hongerkunstenaar* is de verlichtingsmythe van autonomie zo mogelijk nog duidelijker ontmaskerd. De asceet is een beeld van de mens die door middel van voeding en vooral de onthouding ervan greep wil krijgen op zijn eigen bestaan. Kafka voert hem op als atleet – ook al zo'n modernistische figuur – of 'kunstenaar' die in het circus zijn nummertje opvoert. Alleen is aan de wegkwijnende superonthouder niet veel te zien, waardoor zijn kooi steeds verder op de achtergrond en tussen de andere dierenkooien verdwijnt. Uiteindelijk verdwijnt de zieltogende hongerkunstenaar tussen het stro zonder dat iemand er erg in heeft.[29]

Kafka nam ten gevolge van het besef dat er geen sprake is van autonomie zowat op alle terreinen een afwachtende houding aan. Dit is ook voor Kafka-kenner Marjolijn Februari de essentie van zijn schrijverswerk: 'algemeen menselijk verzet tegen het handelen, tegen macht uitoefenen en macht ondergaan.'[30] Hij bleef relationeel besluiteloos, woonde tot zijn laatste jaren bij zijn ouders, veranderde niet van werk ondanks enorme tegenzin en ziekte en slaagde er niet in zijn grote verhalen af te werken.[31] Deze besluitloosheid had niets met onzekerheid van doen, integendeel, want de schrijver vertoonde een scherpe kijk op zijn eigenzinnig wereldbeeld, maar alles met de idee dat lijdzaam ondergaan van de situatie het dichtste bij bevrijding komt. Een overmacht heeft des te meer effect als het betrokken slachtoffer zich verzet. Wat je wel ter beschikking hebt is de klacht, zoals de Bijbelse Job of Jezus op de Olijfberg op het moment dat hij dreigt verraden en gevangen genomen te worden. Kafka spreekt dan wel het 'Uw wil geschiedde' niet uit, maar zijn schrijverswerk is een (aan)klacht tegen de immuniserende systemen van macht en burgerlijkheid die de alles overheersende leegte moeten afwenden. Op verschillende plaatsen in zijn rijke verzameling korte tot zeer korte verhalen lijkt Franz Kafka erg op een Job die tot zijn burgerlijke omgeving zegt dat ze de waarheid meer recht doen door te zwijgen als ze het ook niet weten. Zoals in het zeer korte verhaal *Het Examen*, waarin het hoofdpersonage, 'een angstvallige dienaar zonder werk die zich nooit opdringt en daardoor werkeloos

29 Franz Kafka, *De hongerkunstenaar* in *Verzamelde Werken*, 817–824.

30 Franz Kafka, *Nawoord van Marjolijn Februari* in *Verzamelde Werken*, 1078.

31 Het is alleen te danken aan de 'ongehoorzaamheid' van Max Brod, aan wie de auteur als laatste wens vroeg om alle manuscripten te verbranden na zijn dood, dat we de grote verhalen *Het proces, Het slot en Amerika* kunnen lezen. Zelf kwam Kafka hij niet tot publicatie.

blijft', zijn vertrouwde kroeg binnen gaat en merkt dat een vreemdeling op zijn plaats zit. Deze trakteert de dienaar en wil een gesprek voeren, maar de laatste zwijgt. Hij begrijpt immers de vragen niet. Als de dienaar dan toch wil opstappen, zegt de vreemdeling: 'Blijf, dit was een examen. Wie de vragen niet beantwoordt, is voor het examen geslaagd.'[32]

In deze beeldende wijsheden wijst Kafka een weg om in een nijpende context van radicaal zinsverlies toch geloofwaardig te leven en te spreken. In de eerste plaats ontkracht Kafka in zijn verhalen met brio de alles overheersende mythe van de autonomie. De neurologische en evolutionair psychologische onderzoekingen van de laatste decennia stellen dit verlichtingsdogma onder kritiek. We zijn allicht minder vrij dan we menen. Maar van de weersomstuit in deze wetenschappelijke bevindingen en artistieke reflecties van Kafka dan weer een pleidooi horen van het grote gelijk van de aloude Bijbelse verkondiging en dus theologisch voor een hernieuwd biblicisme pleiten, is evenzeer belachelijk. Eerder is opschorting van het oordeel of het kafkaiaanse zwijgen hier op zijn plaats. Een wetenschappelijke theologie kan zwijgen, om dan inzichtelijk te spreken. Tijdens het zwijgen kunnen aloude traditionele begrippen als lijdzaamheid en rechtvaardigheid opnieuw worden geijkt om dan na de stilte in beelden te spreken, in gelijkenissen. In het spoor van Kafka leren we solidair met het zinsverlies en dus in de leegte van de woestijn de kracht van een geloofwaardige weerbaarheid, uitgedrukt in een narratieve theologie. Ter illustratie een kort verhaal van de meester zelf.

Over gelijkenissen

Velen klagen erover, dat de woorden der wijzen altijd slechts weer gelijkenissen zijn, niet te gebruiken in het dagelijks leven, en alleen dat hebben wij. Wanneer de wijze zegt: 'Ga naar de overzijde,' dan bedoelt hij niet dat je naar de overkant moet gaan, wat je in ieder geval nog zou kunnen doen, als het resultaat de moeite waarde zou zijn, maar hij bedoelt ergens een legendarische overzijde, iets dat wij niet kennen, dat ook door hem niet nader aangeduid kan worden en dat ons dus hier in het geheel niet helpen kan. Al deze gelijkenissen willen eigenlijk maar zeggen, dat het ongrijpbare ongrijpbaar is, en dat wisten we al. Maar de dingen waarover wij ons de hele dag uitsloven, dat is iets anders.

Toen zei iemand: 'Waarom verzetten jullie je? Als je de gelijkenissen zou volgen dan zouden jullie zelf gelijkenissen zijn geworden en daardoor al bevrijd zijn van de dagelijkse zorg.'

Een ander zei: 'Ik wed dat ook dit een gelijkenis is.'

De eerste zei: 'Je hebt gewonnen.'

De tweede zei: 'Maar helaas alleen in de gelijkenis.'

De eerste zei: 'Nee, in werkelijkheid; in de gelijkenis heb je verloren.' [33]

[32] Franz Kafka, *Het examen* in *Verzamelde Werken*, 981.

[33] Franz Kafka, *Over de gelijkenissen* in *Verzamelde Werken*, 1025.

Zwischen Charisma und Exousia. Soziologische Aspekte zur Erforschung des historischen Jesus

Doris Lambers-Petry

Eine der ganz großen Fragen der neutestamentlichen Forschung des letzten Jahrhunderts war die nach der historischen Figur Jesus von Nazareth, seinem Selbstverständnis und seiner öffentlichen Wahrnehmung.

Seine Zeitgenossen und Anhänger bedachten ihn mit zahlreichen Hoheitstiteln, die seine herausragende Stellung innerhalb der von ihnen anerkannten Heilsgeschichte kennzeichnen sollten.

Schon früh fragten sich Menschen, die Jesus begegneten, wie er seine Reden und zeichenhaften Handlungen begründete. Wie er wohl dazu kam, zu reden wie er redete und zu tun, was er tat. Eine der ersten Fragen lautet dann auch: Mit welchem Recht? welcher Vollmacht ... ?

Damit kommen wir zur **Exousia.**

Exousia ist ein neutestamentlicher Begriff, der die Autorität einer Person (Johannes der Täufer, Jesus) durch einen besonderen Auftrag durch eine übergeordnete Instanz (Gott) erklärt und begründet.

Dieser göttliche Auftrag bildet nach dem NT die Basis für ihr lehrhaftes Auftreten, für ihre Zeichenhandlungen und ggf. Wundertaten.

Außerhalb des religiösen Bezugs bedienen wir uns, um die Wirkung Jesu bzw. des Täufers auf ihre Mitmenschen zu beschreiben, eines anderen Begriffs: **Charisma.**

Hierbei handelt es sich um einen sozio-psychologischen Begriff, der unabhängig vom religiösen Bekenntnis die kraftvolle Ausstrahlung einer Person auf andere Personen zu erklären versucht. In manchen Fällen bildet diese Ausstrahlung die Basis für eine Führungsposition bzw. gar eine Herrschaftsform, die neben die traditionellen Machtkonzepte tritt und diese herausfordert.

Max Weber beschreibt Charisma in seinem Werk *Wirtschaft u Gesellschaft*, 140f. in etwa folgendermaßen:

Charisma vollzieht sich auf irrationalen Wegen, in der **Wirkung** auf die jeweilige Zielgruppe.

Diese Wirkung ist damit abhängig von den Erwartungen und Hoffnungen, aber auch von der Offenheit und Empfänglichkeit dieser Zielgruppe.

Charisma entsteht nur durch Begegnung, nur während einer menschlichen Interaktion. Der Charismatiker[1] wirkt auf andere als außer-alltäglich, er erstaunt und fasziniert, gleichzeitig aber irritiert und provoziert er. Er gewinnt zunächst Aufmerksamkeit, erfährt dann Bewunderung oder Ablehnung.

Menschen, denen er Problemlösungen und neue Perspektiven bietet, werden zu Anhängern. Um den Charismatiker herum entsteht so eine Gefolgschaft auf emotionaler Grundlage. Ein Führer ist geboren und es liegt an den jeweiligen konkreten Erwartungen der Anhängerschaft, ihn als Lichtgestalt, als übernatürlich, gottgewollt oder gar gottgesandt zu erfahren.

Das Vertrauen der Anhänger wird vertieft durch Bewährung, z.B. durch unerwartete, aber ersehnte und begrüßenswerte Erfolge, auch „Wunder" genannt.

Der Verwaltungsstab des Führers besteht nicht aus Angestellten und Beamten, sondern aus *Berufenen:* Der Prophet und seine Jünger, der Kriegsfürst und seine Gefolgsleute,der Führer und sein Stab aus Vertrauensmännern.

Die Berufung geschieht nach Eingebung des Führers insbesondere aufgrund des charismatischen Potentials der Zielperson. Kenntnisse und Erfahrung spielen nur eine geringe Rolle. Die Berufung endet, sobald die Bindung an den Charismatiker aufhört.

In der charismatischen Herrschaftsform besteht kein festes Reglement, es finden sich keine abstrakten Rechtssätze, keine rational orientierte Rechtsfindung. Weisungen und Rechtssprüche der Vergangenheit verlieren ihre Geltung. Maßgebend sind statt ihrer Rechtsschöpfungen von Fall zu Fall. Der neue Führer gibt neue Gesetze.

Der Lohn des Mitarbeiters liegt weniger in einem Gehalt als vielmehr in der Teilhabe an der Liebes- bzw. Kameradschaftsbeziehung und ihren mäzenatisch beschafften Mitteln.

Charisma, haben wir gesagt, entsteht in der menschlichen Interaktion.

Wenn wir nun das Charisma untersuchen wollen, das Jesus umgab, dann müssen wir den Blick auf die Menschen seiner Umgebung werfen und uns fragen: wie hat Jesus auf sie gewirkt?

Da uns praktisch nur die Evangelien über die Persönlichkeit Jesu Auskunft geben und diese in erster Linie Erinnerungen und Deutungen einer späteren Zeit darbieten, sind hieraus nur die historisch zuverlässigsten Elemente zu berücksichtigen. Wir dürften diese finden in den sogenannten Apophthegmata: den Aussprü-

---

1 Gleiches gilt natürlich für die charismatische Frau.

chen Jesu, die in der direkten Auseinandersetzung mit anderen Personen, Jüngern oder Gegnern, gefallen sind. Sie stammen häufig aus der Logienquelle und werden in den Evangelien in einem sekundären Rahmen präsentiert, zumeist in der Form der Jüngerunterweisung oder des Streitgesprächs.

Die Beziehungen, die Jesus unterhielt, lassen sich verschiedenen Kategorien zuordnen: Die Beziehung Jesu zu seinen Verwandten, zu seinem Lehrer Johannes dem Täufer, zu seinen Anhängern und Nachfolgern, zu den Frauen sowie zu seinen Gegnern und Verfolgern.

Aus zeitlichen Gründen beschränke ich mich hier auf die Familie Jesu sowie auf seine Jünger bzw. Apostel.

Jesus und seine Familie

Es ist allgemein bekannt, dass die Beziehung zwischen Jesus und seiner Familie nicht einfach war. Sie fürchtete zeitweise sogar um seinen Verstand (Mk 3,21). Das ist nicht weiter verwunderlich, da hier Ungewöhnliches auf Gewöhnliches trifft, was im Alltag notgedrungen zu Spannungen führt.[2]

Da Jesus bereits in der frühen Zeit seines öffentlichen Auftretens von Anhängern begeistert als Davidssohn bezeichnet wird, stellt sich die Frage, ob seine Familie tatsächlich meinte, zu Recht oder zu Unrecht, zu den Nachfahren Davids zu zählen, oder ob es sich bei diesem Ehrentitel um ein rein messianisches Postulat handelt.

Im ersten Fall hätte Jesus dann nicht nur vom Familien- bzw. Sippencharisma des bewunderten Königs profitiert, sondern auch von der Nathan-Verheißung (2Sam 7,16), die dem Haus Davids die Herrschaft in Israel zusichert. Schon in hasmonäischer Zeit wurde diese Verheißung weniger dynastisch als vielmehr messianisch verstanden (PsSal 17, 4Q Midrasch zur Eschatologie).

Das wichtigste Argument **für die davidische Herkunft** findet sich in Röm 1,3f. (verfasst ca 55 n.Chr.). Dort benutzt Paulus eine Formel, die älter ist als sein Brief, und nach der Jesus als „geboren aus dem Samen Davids nach dem Fleisch" bezeichnet wird. Diese Angabe dürfte korrekt sein, da Paulus persönlich Angehörige Jesu kannte und wohl kaum eine Falschaussage gemacht hätte.

Darüber hinaus war diese Herkunft recht heikel, denn angesichts der herodianischen Herrschaftsansprüche und der im unterdrückten Volk auflebenden messianischen Erwartungen barg sie gewisse politische Gefahren.

Aber sie könnte auch erklären, warum die Familie Jesu spätestens nach den Osterereignissen ihre Einstellung zu Jesu Auftreten geändert hat, Zugang zur früh-

2 Jesus dürfte unter der Ablehnung sehr gelitten haben, das bezeugen die ungewöhnlich harten Aussprüche über die Notwendigkeit, um des ewigen Lebens willen die Familie zu verlassen sowie über die unvermeidlichen Familienzwiste in der Endzeit.

christlichen Gemeinde fand und dort hohes Ansehen genoss. Offensichtlich war es für sie irgendwann plausibel, dass der Messias aus ihren Reihen kam.

Für die Glaubwürdigkeit einer davidischen Herkunft der Familie spricht auch, dass Jesus selbst und knapp 30 Jahre danach sein Bruder Jakobus in Jerusalem nach fadenscheiniger Anklage und im Zuge widerrechtlicher Prozeduren durch die sadduzäischen Hohepriester Hannas I. bzw. seinen Sohn Hannas (auch Ananus) II. hingerichtet wurden. Die Dornenkrone Jesu sowie die Kreuzesinschrift INRI könnten durchaus Hinweise darauf sein, dass Jesus aus dem Volk königliche Hoffnungen entgegengebracht worden waren, die hiermit niedergeschmettert werden sollten. Jesus wird am Kreuz als Königsprätendent verspottet, nicht als der verworfene Sohn Gottes oder als ein selbsternannter Messias.

Auch die spätere Überlieferung, nach der zwei Enkel des Herrenbruders Judas, aktive Gemeindemitglieder in Galiläa, wegen dieser Abstammung von römischen Beamten verhört wurden, passt zu dieser Deutung. Ihnen wurden von Kaiser Domitian politische Ambitionen unterstellt. Da sie aber ihren einfachen Lebensstil als Kleinbauern nachweisen und glaubhaft versichern konnten, dass das Reich Christi, das sie verkündigten, von himmlischer, nicht irdischer Natur sei, wurden sie wieder frei gelassen. In der Kirche genossen sie als Verwandte Jesu und als Bekenner großes Ansehen und nahmen führende Stellungen ein (Hegesipp bei Euseb, HE 3,20,1–6).

Die Genealogien in Mt 1,1ff und Lk 3,23ff erwähnen beide David, Sohn des Isai, allerdings führt Mt die Herkunft Jesu von David über dessen Sohn Salomon, Lk hingegen über einen weniger bekannten Sohn namens Nathan (2Sam 5,14).

Anzumerken ist auch, dass das vermutlich älteste Evangelium, das MkEv, in 10,47f. sehr wohl die davidische Herkunft Jesu nennt, sich aber nicht zum Glaubenssatz der Jungfrauengeburt bekennt, der sich wenig später als das wichtigere Argument für die göttliche Bestimmung Jesu durchsetzte, zu einer Zeit, in der die christliche Verkündigung bereits weniger vom Judentum her geprägt war als zu Beginn.

Aber es bestehen auch Überlegungen gegen eine davidische Herkunft Jesu: Zunächst muss gesagt werden, das sie vom Messias nicht unbedingt erwartet wurde. Dies suggeriert bereits Psalm 110,1. Auch Prätendenten wie der Galiläer Menachem, der in Apg 5,36 genannte Theudas oder gar Bar Kochba, der im dritten jüdischen Krieg (132–135 n.Chr.) auftrat und den viele Juden für den Messias hielten, beriefen sich u.W. nicht auf eine davidische Abstammung.

Natürlich ist es möglich, die davidische Herkunft Jesu als rein messianisches Postulat zu verstehen. Aber zu welchem Zweck? Außerdem wird es dann recht schwierig, den Umschwung in der Haltung der Herrenbrüder und anderer Verwandter sowie ihr enormes Engagement in der frühen Kirche nachzuvollziehen.

Die Quellentexte suggerieren m. E. also eher, dass die Familie Jesu sich eine davidische Herkunft zuschrieb, dies aber nicht hervorhob.

Jesus und seine Jünger

Wie wir wissen, scharte Jesus zahlreiche Anhänger und Schüler um sich, in erster Linie Männer, von denen einige einen recht festen Kreis bildeten, der mit ihm über Land zog. Dafür hatten sie ihre Familien und Arbeitsstellen verlassen. Dieser Kreis, der sich im Lauf der Zeit auf zwölf namentlich berufene Männer ausdehnt, bezeugte damit eine besonders enge Bindung an Jesus.

Wie kam es dazu?

Nach den Evangelien gehört Jesus zunächst zum Kreis um Johannes den Täufer, einen prophetisch auftretender Lehrer, der sich auf einen göttlichen Auftrag berief (Lk 3,2).

Dieser lebte asketisch, bewegte sich in der Wüstengegend am Jordan und predigte den Juden, die zu ihm hinaus kamen, das baldige Gericht. Die Sünder rief er mit drohenden Bildern zur Umkehr und einem gottgefälligen Leben auf.[3] Diese Umkehr drückt sich aus in der einmaligen Taufe, durch die er den Bußfertigen göttliche Vergebung zusicherte.[4] Desweiteren verkündete er den Stärkeren, der nach ihm kommen und mit heiligem Geist und Feuer taufen werde.

Auch Johannes scharte Jünger um sich: Sie hielten besonders strenge Fastenbräuche ein (Mk 2,18) und identifizierten sich als Gruppe über ein eigenes Gebet, das Johannes sie gelehrt hatte (Lk 11,1). Eine besonders ausgezeichnete Gruppe, vergleichbar mit den Zwölf, ist bei ihm nicht erkennbar.[5]

Ob Jesus selbst nun eine Zeit lang Teil der Jüngerschaft ausmachte oder nicht, die Taufe machte aus ihm einen, der Johannes als Heilsvermittler anerkennt und seine Lehre annimmt.

Doch kurz nach seiner Taufe kommt zum Bruch. Warum?

Offensichtlich hat die Taufe in Jesus die Erkenntnis geweckt oder gestärkt, dass er, Jesus, der von Johannes verkündete Stärkere sein musste und dass ihm damit

---

[3] Der Erfolg des Täufers muss groß gewesen sein, nicht nur in Palästina: Noch geraume Zeitnach seinem Tod wird im entlegenen Ephesus in seinem Namen getauft und gepredigt (Apg 18,24–28, Apg 19,1–5).

[4] Frauen hat der Täufer wohl nicht angesprochen und auch nicht getauft.

[5] Aus der Umwelt Jesu und des Täufers kennen wir noch eine andere Analogie, die rabbinische Lehrer-Schüler-Beziehung. Sie weist aber große Unterschiede auf: Das Lehrverhältnis war zeitlich begrenzt. Die Schüler wohnen im Haus des Lehrers oder in dessen Nähe. Den Schülern stand es frei, nach der vereinbarten Lehrzeit den Lehrer zu wechseln. Traditionsbildung erfolgte durch bewusstes Memorieren und die Berufung auf die Autorität des Lehrers. Die Schüler waren ausschließlich männlich.

eine eschatologische und messianische Verantwortung und Aufgabe zufiel. Falls er sich eine davidische Herkunft zurechnete, wird dies nur plausibler.

Jesus verlässt den Kreis um Johannes und nimmt unter eigener Regie ein Wanderleben auf.

Er bleibt zwar bei den Themen, die den Täufer bewegten, verbreitet aber nicht dessen Lehre, sondern distanziert sich, indem er eine eigene, auf sich selbst bezogene und durch ihn verantwortete Verkündigung entwirft: *Die Zeit ist erfüllt!*

Anders als der Täufer stellt er, Jesus, nicht die Gerichtsankündigung ins Zentrum seiner Predigt, sondern die Gnadenlehre, mit all ihren Konsequenzen. Trotzdem bleibt er dem Täufer sein Leben lang verbunden, stellt ihn gar über die Propheten (Mt 11,9, Lk 7,24–35).

Die Synoptiker Mk, Mt u Lk berichten, Jesus sei nach einem 40-tägigen Aufenthalt in der Wüste, wo er Versuchungen des Satans widerstanden habe, alleine nach Galiläa gezogen und habe dort seine ersten Jünger berufen.

Das Johannesevangelium weiß nichts von Wüstenaufenthalt und Versuchungen, sondern erzählt, dass Jesus gleich nach der Taufe seine ersten Jünger, Andreas und Simon Petrus, gewonnen habe, und zwar aus der Anhängerschaft des Täufers. Dies sei geschehen auf dessen deutlichen Hinweis hin, er, Jesus, sei der verheißene Messias, das Lamm Gottes, dem er den Weg bereite (Joh 1,15–18, 29, 34, 36).

Diese Sicht dürfte von christlichem Interesse übermalt sein. Festhalten dürfen wir aber, dass unter den ersten Jüngern Jesu wohl abtrünnige Täuferjünger zu zählen sind und dass nach der Gefangennahme und dem Tod des Täufers weitere dazukamen (Mt 11,1–6, Lk 7,18–23).

Das große Ansehen, das der Täufer im Volk genoss, wurde damit auf Jesus und seine Anhänger übertragen.

Wenn Menschen ihre Gewohnheiten und sozialen Bindungen aufgeben, um einem Führer zu folgen, dann steht dahinter oft ein besonderes Bedürfnis oder eine Notlage, die aus Verzweiflung Hoffnung oder gar Begeisterung werden lässt.[6]

Zwischen Notlage und Nachfolge steht in vielen Fällen eine **Berufung**, welche die Hinwendung zu einer alternativen Lebensweise zumindest in den Augen des Betroffenen legitimiert.

Die Evangelien kennen verschiedene Arten der Berufung, die in allen Fällen persönlich ausgerichtet ist:

- Die direkte Berufung durch Jesus praktisch aus der Arbeit heraus (Mk)
- die Berufung aufgrund einer Bitte des künftigen Jüngers (Q)
- die Berufung nach der Vermittlung durch Dritte (Joh)

---

[6] Ebertz, *Charisma*, 25.

Allen Berufungen geht voraus, dass der Berufene in Jesus den von großen Teilen der jüdischen Bevölkerung herbei gesehnte Messias erkannt hat. Damit dürfte klar sein, dass das wohl wichtigste Motiv für die Nachfolge religiöser Art war.[7]

Doch Berufung besagt auch, dass diese von Jesus ausging und er eine Auswahl traf. Er beruft selbst bzw. überprüft die Eignung dessen, der sich anbietet. Einige, die ihm folgen wollen, schickt er nach Hause (z.B. den Besessenen von Gerasa in Mk 5,18f par).

Das führt uns zu der Frage nach seinen Kriterien: Alle Berufungen finden in Galiläa statt. Alle uns namentlich bekannten Jünger stammen aus Galiläa (auch Maria aus Magdala/ Migdal). Das Umherziehen scheint ihnen keine Beschwerden zu machen; wahrscheinlich waren sie eher jung als alt, eher gesund als krank. Beruflich allerdings waren sie eher gebunden als frei (Fischer, Zöllner ...). Ihren Wohn- u. Arbeitsplatz aufzugeben, hatte ernste und unübersichtliche Konsequenzen für ihre Familien und schadete ihrem gesellschaftlichen Ansehen.

Wir können vorsichtig daraus schließen, dass Jesus zumindest zunächst in Galiläa wirken wollte und seine Jünger aufgrund ihrer Bereitschaft und Eignung auswählte.

Worin aber lag nun ihr charismatisches Potential?

Zunächst lassen sich die Jünger auf eine stigmatisierende **Außenseiterrolle** ein, die die jüdische Gesellschaft irritiert. Jesus zieht umher, die Jünger ziehen mit. Sie verzichten wie er auf Heimat, Familie, Arbeit und Besitz, ja, auf jede Form von Sicherheit.

Sie leben zwar nicht streng asketisch wie der Täufer und seine Anhänger, aber doch sozial entwurzelt und ohne für den nächsten Tag vorzusorgen.[8]

Jesus sagt ihnen: „Sorget euch nicht um euer Leben, was ihr essen oder trinken sollt, noch um euren Leib, was ihr anziehen sollt ... ... suchet vielmehr zuerst sein Reich und seine Gerechtigkeit! Dann werden euch all diese Dinge hinzugefügt werden ... (Mt 6,25–34; Lk 12,22–32).

Damit machen sie sich einerseits abhängig von Spenden und Liebesgaben der Menschen, die ihre Worte annehmen. Andererseits aber leben sie in genau der

[7] Weitere Gründe mögen soziologischer Art gewesen sein. Mit aller Vorsicht können wir sagen, dass die meisten wohl den niedrigen Schichten entstammten (Simon Petrus, Andreas, Johannes u Jakobus waren Fischer). Andere übten Berufe aus, die nur geringe gesellschaftliche Anerkennung genossen (Matthäus war Zöllner). Auch wenn keiner unter großer materieller Not gelitten zu haben scheint, ist es wahrscheinlich, dass die allgemeine Armut für die Menschen eine Belastung darstellte. Gravierender dürfte aber die politisch unbefriedigende Situation Israels und die damit verbundenen religiösen Wirren und Hoffnungen gewesen sein. Von zwei Jüngern wird überliefert, dass sie politisch aktiv waren (Simon der Zelot und Judas Ischariot).

[8] Theissen, *Studien*, 106–141

Anomie, mit genau der Gesetzesverachtung, die mit dem Beginn der Endzeit verbunden wurde (Mt 24,12).

Darüber hinaus öffnet sich den Sympathisanten die Möglichkeit, ohne Aufgabe ihrer Lebenswelt mit materiellen Gaben und Diensten an der Mission Jesu teil zu haben. Der rasch wachsende Kreis der **Familia Dei,** wie sie auch genannt wird**,** tritt an die Stelle der traditionellen Familie, die den Wandernden zumindest gelegentlich Schutz und Geborgenheit bietet. Die Schwestern Martha und Maria (Lk 10,38–42 u. Joh 11,1; 12,1–3) und überhaupt viele Frauen gehören zu diesem Kreis.

Und auch ihnen, den vielen Gebern und Unterstützern seiner Mission, verheißt Jesus großen himmlischen Lohn.

Aber neben den gelegentlichen Diensten der Anhänger im Volk, scheint es im Lauf der Zeit auch einigen Frauen gelungen zu sein, sich der Gruppe um Jesus anzuschließen. Lukas weist darauf hin, dass sie ihnen mit ihrer Habe dienten (Lk 8,1–3).

Von seinen Jüngern fordert Jesus aber mehr. Er provoziert nicht nur die öffentliche Meinung, sondern auch die Belastbarkeit der Jünger: Die Bindung an ihn ist wichtiger als die Bindung an die Familie. Ja, selbst die Bestattung des verstorbenen Vaters darf die Nachfolge nicht aufhalten (Mt 8,21). Dass dies klar gegen das 4. Gebot verstößt, ist evident.

Jesus ist sich der Konsequenzen seines Auftretens bewusst und warnt seine Jünger: „*Ich sende euch wie Schafe unter die Wölfe*“ (Mt 10,16) und „*Ihr werdet gehasst werden von jedermann um meines Namens Willen*“ (Mt 10,22). Jesus fordert von sich selbst und denen, die ihm nachfolgen, Leidensbereitschaft bis hin zum Martyrium.

Um diese Bereitschaft zu erhalten, braucht es stabilisierende Erfahrungen:

Die Jünger ziehen Gewinn aus der **Unterweisung**, die Jesus ihnen über die allgemeine, ans Volk gerichtete Verkündigung hinaus zukommen lässt. Sie sind **Eingeweihte**, denen ein tieferer Einblick in das kommende Gottesreich gewährt wird als den anderen.

Dazu kommt, dass Jesus – und nur ihnen gegenüber – die mosaische Lehre und das damit verbundene jüdische Rechtssystem in Frage stellt. Mit seinen Worten „*Ich aber sage euch …* “ überbietet er Mose als Gesetzgeber und formuliert das Wort Gottes nunmehr neu. Was früher galt, gilt von nun an nur noch bedingt. Welch unerhörter, welch faszinierender Anspruch!

Als stabilisierend erfahren die Jünger immer wieder auch die **Wundertätigkeit** Jesu. Ob es um Exorzismen oder Heilungen geht, um Brotvermehrung oder Rettung vor den Kräften der Natur, der Glaube an die Kraft Jesu spielt stets die ausschlaggebende Rolle.

Dazu kommt, dass einige dieser Wunder die Vorschriften der Tora entschärfen. So heilt Jesus auch dann am Sabbat, wenn die erforderliche Notlage nicht vorliegt. Er macht damit deutlich, dass eine **neue Zeit** begonnen ist und baut so Spannung auf, die nicht nur die Jünger erfasst.

Faszination liegt aber sicher auch in der Gewissheit der **Partizipation am messianischen Auftrag**, den Jesus erfüllen wird, und an seinem Charisma. Dafür werden sie von Jesus mit den besonderen Fähigkeiten ausgestattet, die auch ihn auszeichnen: Sie können nun Menschen von Krankheiten heilen und böse Geister austreiben.

Damit übernehmen sie eine unvergleichbare Rolle bei der Vorbereitung des endzeitlichen Heils und des Gerichtes. Sie werden ausgesandt in die einzelnen Häuser. Finden sie freundliche Aufnahme, werden das Haus und seine Bewohner gesegnet (Lk 10,5 par). Orte, die sie ablehnen, ereilt ihr Fluch: Im Gericht wird es ihnen schlechter ergehen als Sodom und Gomorrha (Mt 10,15; Lk 10,12).

Als Jesus seine Jünger paarweise aussendet, gibt er ihnen für ihre Ausrüstung genaue Anweisungen: Nichts als einen Stab sollen sie mitnehmen, kein Brot, kein Geld, keine Schuhe (Mk erlaubt Sandalen), kein Beutel, nur ein einziges Gewand. Asketisch und schutzlos sollen sie reisen. Absolutes Vertrauen auf die Fürsorge Gottes ist Teil der Botschaft.

Noch ein weiterer Aspekt muss unbedingt berücksichtigt werden: Die Jünger hoffen auf **Teilhabe an der Verheißung**, sozusagen auf himmlischen Lohn. Insbesondere den Zwölfen, die das wiederhergestellte Zwölfstämmevolk repräsentieren und damit eine Art messianisches Kollektiv darstellen, verspricht Jesus eine hoheitliche Stellung in der Endzeit: „Ihr, die ihr mir nachgefolgt seid, werdet, wenn der Sohn des Menschen auf dem Thron seiner Herrlichkeit sitzt, auch auf 12 Thronen sitzen, um die 12 Stämme Israels zu richten." (Mt 19,28; Lk 22,30).[9]

Mit diesem Versprechen kompensiert Jesus nicht nur jeden, der des Himmelreichs wegen Eltern, Geschwister, Frau und Kinder verlassen hat. Nein, er geht so weit, dass er die gängige **Messiaserwartung verändert**, indem er die 12 Männer aus dem Volk, die sich in der Nachfolge bewährt haben, in die Richter-Funktion des Menschensohns mit einbezieht.

Schlussgedanken

Wie wir gesehen haben, lösen das ungewöhnliche, kraftvolle Auftreten Jesu und die frischen, teilweise unerwarteten Inhalte seiner Verkündigung in der Bevölkerung eine gewisse Aufregung aus.

Viele fühlen sich angesprochen. Fasziniert lauschen sie seinen Ausführungen, folgen oder unterstützen ihn.

---

[9] Theissen/ Merz, 200f.

Viele fühlen sich irritiert, darunter die Vertreter der jüdischen Institutionen. Sie verwerfen seine Lehre, stigmatisieren seine Art zu leben, ebenso die Jünger, die das gleiche tun. Sie wenden sich ab oder verfolgen ihn bis hin zu Gefangennahme und Tod am Kreuz.

Auch die römischen Autoritäten beobachten Jesus mit Argwohn. Sie fürchten vor allem die politischen Dimensionen seiner Botschaft und seines Erfolgs.

Um ein umfassenderes Bild von Jesu Persönlichkeit zu bekommen, müssten auch diese negativen Beziehungen berücksichtigt werden. Seinem Charisma war es sicher zuträglich, dass er forsch und furchtlos mit ihnen umging.

Aber für diese spannenden Aspekte ist nun keine Zeit mehr. Trotzdem können wir erste **Rückschlüsse** ziehen:

Wir haben gesehen, dass das Charisma einer Person durch die Wahrnehmung ihrer Umgebung entsteht und dass diese Wahrnehmung davon abhängig ist, wie jemand sich gibt und ob das überzeugend und erneuernd wirkt.

Bei Jesus sehen wir eine hohe Übereinstimmung zwischen Selbstbewusstsein und Selbstdarstellung. Seine Art zu leben, seine Predigten und Handlungen sind oft überraschend und selbst schockierend, aber sie sind immer konsequent. Er bleibt sich und Gott, von dem er sich beauftragt fühlt, treu. Sein Leben und seine Lehre sind authentisch. Keiner, weder Freund noch Feind, kann sich seiner Ausstrahlung entziehen.

Natürlich müssen wir beachten, dass die Berichte über Jesus unter dem Eindruck der Auferstehung verfasst wurden. Aber es scheint mir deutlich, dass Charisma und Auferstehung miteinander zu tun haben.

Auf diesem Gebiet darf munter weitergeforscht werden.

‘Breekt elk juk!’ Religiekritiek in Jesaja 58[1]

Johannes Taschner

De boeien van het onrecht en de banden van het juk moeten ontbonden worden, dan zal God gebeden verhoren en herstel zal snel intreden. Voorwaardelijk heil dus? Bij het eerste lezen lijkt het daarop: de aangesprokenen moeten eerst een soort prestatie verrichten om Gods nabijheid te bewerkstelligen. Zo kan de indruk ontstaan dat de mens het heil zelf zou moeten scheppen en God deze beweging slechts zou volgen. Zoals bij nauwelijks een andere tekst uit het boek Jesaja is het onontbeerlijk de structuur van de tekst, zijn inpassing in de grotere context en in de Bijbelse horizon, en uiteindelijk in zijn historische context nader te betrachten. Dan pas komt de verhouding van de daad Gods tot de daad der mens in het juiste licht te staan.

De argumentatiepatronen van Jes 58

Het hoofdstuk wordt ingeleid als een oordeelsverkondiging van God. God verstrekt de opdracht aan de profeet: ‘Verhef uw stem als een bazuin! Verkondig Mijn volk hun overtreding, en het huis van Jakob hun zonden.’ (v.1) Waarvan beticht God zijn volk? Het volk eist van God nabijheid die zich ondanks het vasten niet voltrekt. Het antwoord van God: jullie vasten en dwingen daarbij anderen tot slavenarbeid. De vereiste gerechtigheid (dit thema loopt als een rode draad door het gehele boek Jesaja) komen jullie niet na. Daarom duidt Jes 58 het vasten om. De profeet spreekt zich niet algemeen tegen het vasten uit, maar hij eist wel degelijk de herstructurering van het leven tot nu toe. Hij leidt echter de blik van de aangesprokenen van zichzelf weg tot de medemensen die onder de huidige economische praktijken te lijden hebben. Aan deze nieuwe vastenpraktijk worden dan grote beloftes verbonden (v.7–12): Al het verlangen van het volk naar de nabijheid van God en zijn wegwijzing dat de profeet in v.2 weergeeft, zal dan gestild worden en meer nog: ‘Dan zal uw licht doorbreken in de duisternis, en uw herstel snel intreden.’ – ‘De heerlijkheid van de Heer vormt uw achterhoede’. Het

[1] Vertaald door Esther Hombergen.

zijn beelden die anders alleen bij de weergave van eschatologische beelden van hoop gebruikt worden. Dit alles kan nu al werkelijkheid worden, als die gedeelten van het volk die er de mogelijkheid toe hebben elk juk breken. Wij vinden in Jes 58 passages die duidelijk een als-dan-structuur aantonen:

v.7b: *Als* je iemand ziet die naakt is en hem kleedt...

v.8a: *dan* zal je licht doorbreken als de dageraad [...]

v.9a: *dan* zal je roepen en Jhwh zal je antwoorden

v.9b: *Als* je het juk uit je midden verbant [...]

v.10b: *dan* zal je licht in de duisternis opgaan [...]

v.11–12 sluiten de passage dan af met de grote heilsbeloftes die echter allemaal van de voorwaarden in v.9b afhankelijk zijn.

Hoofdstuk 58 eindigt hiermee echter niet. Het mondt uit in de oproep de sabbat te houden, op deze dag van alle eigen zaken af te zien. Daarmee wordt de vraag naar de nabijheid tot God afsluitend beantwoord. In de sabbat ligt de vervulling van de beloftes die aan Abraham, Isaäk en Jakob afgelegd zijn: 'Ik zal je voeden met het erfelijk bezit' (v.14). Uit begin en einde van dit hoofdstuk vloeit hiermee een kader voort. Aan het begin staat de vraag naar de nabijheid van God en aan het einde vindt deze een verrassend voor de hand liggend antwoord: gerechtigheid laten gelden en sabbat houden. Het heil van God ligt niet in verre toekomst, het kan nu al aanbreken. Het heil en de nabijheid van God worden mogelijk door het verbannen van elk koeionerend juk en het onderbreken van de eigen zaken op de sabbat.

Op de achtergrond: de voorschriften van de Thora over het jubeljaar

De thema's en individuele termen van deze kadering verwijzen naar de Thora. De profeet krijgt van God de opdracht zijn stem als een bazuin, als een sjofar te verheffen. De sjofar wordt bij verschillende gelegenheden geblazen: om de heerscharen voor de strijd te verzamelen (Ri 3:27; 6:34; vgl. 2 Sam 20:1), of de wachters waarschuwden daarmee de bevolking voor de vijanden (Jes. 18:3; Hos 8:1; Am 3:6; Neh. 4:12.14). Bij de theofanie op de Sinaï werd de sjofar geblazen (Ex 19:16.19ff; 20:18). Juist de laatste getuigenissen uit de Thora maken duidelijk dat met de sjofar een bijzondere, boven andere tijden verhevene tijd wordt aangekondigd. Op deze lijn liggen ook de getuigenissen die in verband met het jubeljaar staan (Lev 25:9). Van hieruit ontstaan interessante verbindingen met ons hoofdstuk: het boek Leviticus heeft om te beginnen op het oog dat om de zeven jaar een sabbatjaar wordt gevierd. Daarin mag het land niet bebouwd worden. Alles wat het land vanzelf opbrengt, moet als spijs dienen, waarbij uitdrukkelijk de dagloners mee inbegrepen worden (Lev 25:6). Hier is de referte naar

Jes 5:1 volkomen voor de hand liggend: met de opbrengst van het land zal God je voeden! In het jubeljaar, dat na 7x7 jaar moet worden gehouden (waarin in de 7de maand de sjofar weerklinkt) moet iedere bewoner vrijgelaten worden en weer tot zijn eigendom komen. Dat komt precies overeen met de eisen van de profeet in Jes 58.

Dat op de achtergrond van de verkondiging van de profeet het opgeroepen jubeljaar staat, wordt in Jes 61:1–4 nadrukkelijk gezegd: op de profeet rust de geest van God. Deze machtigt hem een 'genadejaar' uit te roepen waarin de eisen van het jubeljaar in de daad omgezet worden. Het jubeljaar is de achtergrond waartegen de profeet een veranderde vastenpraktijk eist: deze zou zich aan de geboden van de door de sjofar aangekondigde heilstijd moeten oriënteren. Onze tekst beantwoordt de ontevredenheid van het volk, dat zich over de ontbrekende nabijheid van God beklaagt met de richtlijnen van de Thora en zegt: de heilstijd is allang aangebroken – gedraag je er nu naar!

Het onrecht bij de wederopbouw van de Jeruzalemmer stadsmuur als historische achtergrond

Historische achtergrond van ons hoofdstuk is vermoedelijk de tijd na de terugkeer van de Israëlieten uit de verbanning. Tegenwoordig wordt in het recentere onderzoek niet meer van de klassieke driedeling van het boek Jesaja in Proto-, Deutero- en Trito-Jesaja uitgegaan. In de plaats van deze hypothese zijn momenteel zeer complexe modellen van verschillende redacties over een lang tijdperk getreden. Waar ons hoofdstuk historisch ondergebracht wordt, is hierbij niet erg veranderd. Het heeft het waarschijnlijk over een tijdperk waarin het in puin liggende Jeruzalem en de tempel heropgebouwd worden. Daarop duiden de beloftes in v.12 al: 'En wie uit u voortkomen, zullen de verwoeste plaatsen van weleer herbouwen en de fundamenten, van generatie op generatie verwoest, zult u herstellen'. Maar in plaats van het door de profeten aangekondigde heil bij de terugkeer en tijdens de wederopbouw, heersten blijkbaar allesbehalve paradijselijke toestanden. 'Waar blijft het heil dan dat de terugkerenden was beloofd?' Dat was de benauwende vraag in deze tijd vlak na het einde van de ballingschap.

In Neh. 5 vinden we een weerklank van de sociale conflicten die tijdens de wederopbouw van de Jeruzalemmer stadsmuur ontbrandden. Vele van hen die dit werk moesten verrichten, waren in schuldslavernij terechtgekomen: akkers moesten verpand en kinderen in de slavernij en zelfs prostitutie verkocht worden om het dagelijks rondkomen te kunnen realiseren (Neh. 5:2–4). De klassentegenstellingen in de maatschappij van na de ballingschap moet net zo ernstigzijn geweest als in de vroege tijd der koningen. Zelfs toespitsing is nog mogelijk.[2]

---

2 *Rainer Kessler / Heike Omerzu*, Art. Soziale Schichtung, in: *Frank Crüseman, Kristian Hunger u.a.* (Hg.), Sozialgeschichtliches Wörterbuch zur Bibel, Gütersloh 2009, 534.

Betrekt men onze tekst er als bron nog bij, dan moeten er naakten, daklozen en schuldslaven (gevangenen) geweest zijn (Jes 58:6).

Nu is het natuurlijk de vraag tot wie onze tekst zich dan richt. Klaarblijkelijk aan hen, die de macht en de mogelijkheid hadden dit onrecht te beëindigen. Ze worden eerst in meervoud aangesproken (v.6), dan appelleert de tekst aan de eigen verantwoordelijkheid van het individu (2de pers. sg. in v.7). Wat in deze tekst geëist wordt, gaat het geven van aalmoezen ver te boven. Het devies is *motah* ('juk' in v.6 [2x].9). Dat moeten de aangesprokenen breken. Kennelijk wordt daarmee de slavernij bedoeld. In Lev. 26:13 staat het voor de Egyptische slavenheerschappij over Israël. Daarmee wordt in ieder geval aangeduid dat de aangesprokenen van deze tekst met de slavendrijvers in Egypte op een lijn gezet worden. Ze worden ertoe opgeroepen de oorzaak van de ellende, de schuldslavernij, uit de weg te ruimen en zichzelf met de uitwerkingen van dit onrecht te confronteren, met de hongerigen het eigen brood te delen en degenen die hun huis moesten verpanden onderdak te geven. Er wordt aangemaand: het is je vlees en bloed! (v.7) Een zo nauwe menselijke verbinding vinden we verder alleen in Gen 2:24.

We kunnen dus vastleggen: de eisen van onze tekst baseren op iets reeds bestaands: de tijd van de wederopbouw is een genadetijd. Met de in ellende zonder dak boven het hoofd levenden bestaat een diepe verbinding waarvoor niemand zich kan 'verbergen', waaraan niemand zich mag onttrekken (v.7b). Daarom gelden de regels van het jubeljaar waarin de hele economische beklemming moet worden beëindigd.

Waar slaat dat vasten op?

Er bestaat een opmerkelijke analogie met onze tekst: blijkbaar wordt er na de ballingschap regelmatig, d.w.z. in de 5de en 7de maand, gevast om de val van Jeruzalem te herdenken. In de zogenoemde 'vastenpreek' in Zach. 7:4–14 klaagt de profeet deze praktijk eveneens aan. Ook Zacharia bekritiseert de sociale wantoestanden. Hij verbindt zichzelf tevens met de profetische traditie van voor de ballingschap. Hij maant ertoe zich aan de oorzaak van de val van Jeruzalem te herinneren: de sociale ongerechtigheid die voor de ballingschap heerste. Dat was volgens profetische duiding de oorzaak van de ramp van de ondergang van Jeruzalem en de ballingschap. Zichzelf alleen al vastend aan de vernietiging van Jeruzalem te herinneren schiet gedecideerd te kort. – aldus Zacharia in zijn vastenpreek. 'Vandaar hebben de vastenfeesten in zijn tijd – de tijd van de wederopbouw van de tempel – geen zin als er in het heden geen sociale gerechtigheid heerst.'[3] We vinden bij Zacharia een soortgelijke denkbeweging als in de laatste hoofdstukken van het boek Jesaja: ook Zacharia kondigt een heilstijd aan (Zach. 6:9–15), op

[3] *Kyung Chul Park*, Die Gerechtigkeit Israels und das Heil der Völker, BEAT 52, Frankfurt a.M. 2003, 244. (Citaat vertaald door E.H.).

weg waarheen heden de gerechtigheid in de praktijk gebracht moet worden die door de profeten altijd al was geëist.

Het bijzondere van Jes 58 zijn de heilsbeloftes. De aangesprokenen hebben de mogelijkheid doordat ze voor rechtvaardige toestanden zorgen, nu al aan het toekomstige heil deel te hebben. Dat drukken de beelden die allemaal aan de profetische eschatologie ontleend zijn uit:

De licht-metaforiek (v.8+10) kan in Jes 60:1 prominent gevonden worden: 'Sta op, word verlicht, want uw licht komt!' Het daar aangemaande vertrek heeft wel degelijk met de eis van sociale rechtvaardigheid te maken. In Jes 60 wordt deze gedachte dan ook nog gekoppeld aan de komst van de volken. Ze worden door de gerechtigheid aangetrokken. Ook het beeld van de bewaterde tuin (v.11) heeft zijn parallellen in het boek Jesaja: Jes 35:6–7 en 41:18. Helemaal aan het einde duikt dit beeld weer in Jes 66,14 op. En ook hier gaat het erom dat volledige buitenstaanders iets van het gerechte handelen horen en daardoor aangetrokken worden. Waar gerechtigheid in de praktijk gebracht wordt, verbindt deze zich met de naam van degenen die zo handelen. Dat wordt gezegd met het motief van het noemen van de naam (v.12b) dat ook in Jes 61:3.6; 62:2.4.12; 65:15 (+35,8) gevonden kan worden. Ook het motief van de wederopbouw van de puinhopen heeft zijn parallel in Jes 61. Echter, in ons hoofdstuk wordt degenen die vanaf nu een zulk gerecht vasten aan de dag leggen, beloofd dat ze 'hij die de bressen dichtmaakt' zullen heten. In Jes 61 wordt 'de gebrokenen van hart' deze hernoeming beloofd. Ze hoeven hun gedrag niet te veranderen. Ze zullen 'eiken van de gerechtigheid' en 'planting door Jhwh' heten (Jes 61:3).

Genadetijd – door Jezus aangekondigd

Nu zou er tegengeworpen kunnen worden dat de tijd van wederopbouw van Jeruzalem en de tempel, die de profeten tot genadetijd uitgeroepen hebben, allang voorbij is. Daar komt bij dat onze tekst zich als eerste richt tot leden van het volk Israël. Maar in Luc. 4:14–30 is een interessante hervatting van onze tekstverbanden te vinden. Lucas' beschrijving van Jezus' eerste openbare optreden stelt eveneens de verkondiging van een genadetijd in het centrum: Jezus leest uit de Jesaja-boekrol uitgerekend de passage Jes 61:1–2. Met zijn komen is deze tijd aangebroken (Luc 4:21). Vanaf nu moet – juist voor Lucas belangrijk – gerechtigheid heersen en de mensen uit de volken treden tot de geschiedenis van God met zijn volk toe. Vanaf dan kunnen wij, mensen uit de volken – voor zover wij er de mogelijkheid toe bezitten voor rechtvaardige omstandigheden te zorgen – ons aangesproken voelen.

De verborgen armoede heden

Met zijn hartstochtelijke en veelbelovende oproep elk onderdrukkend juk te breken past onze tekst natuurlijk heel goed bij het oogstfeest. Het biedt een goede gelegenheid de dank voor de gewassen van de aarde met nadenken, niet alleen over de verdeling ervan maar ook over rechtvaardige werkomstandigheden, te verbinden. Een bijzonder kenmerk van de armoede van onze tijd is, dat deze door onze mediale mogelijkheden zo makkelijk te verdringen of goed te praten valt. Édouard Luis, Franse auteur van het boek 'En finir avec Eddy Bellegueule', in het Nederlands verschenen onder de titel 'Weg Met Eddy Belleguele', beschrijft in zijn boek de troosteloosheid en het geweld in zijn dorp van herkomst waarop de armoede haar stempel heeft gedrukt. Hij zet zich in een interview in de Süddeutsche Zeitung van 20–4-2017 hevig te weer tegen wat voor manier van romantiseren dan ook, die volgens hem door films van Pier Paolo Passolini en Ken Loach gecultiveerd worden: 'Daarin heb je altijd de authentieke armen tegen de schijnheilige bourgeoisie. Zulke werken stabiliseren de verhoudingen omdat de toeschouwer denkt dat het toch goed met hem gaat, zo eerlijk als hij leeft heeft hij toch waardigheid, waarom zou hij iets moeten veranderen? Daarbij was het een hel van geweld, en daartegen schrijf ik aan.' Dan voegt hij eraan toe welke moeilijkheden hij ermee had zijn manuscript bij een uitgeverij onder de pannen te brengen: de uitgevers geloofden er geheel serieus niet in dat dit soort armoede tegenwoordig nog zou bestaan.

Dat past bij het debat om de publicatie van het armoederapport van 2017 in Duitsland. Niet alleen de schandalige cijfers die duidelijk maken dat 10 % van de rijksten 50 % van het gehele kapitaal in Duitsland bezitten, heeft de oren doen spitsen, maar de strijd in de coalitie over de vraag of het feit dat de armen in Duitsland überhaupt niet bij de politieke discussie vertegenwoordigd zijn, in het armoederapport thuishoort of niet. Jes 58 geeft er vandaar goed aanleiding toe de verborgen kant van de armoede in het vizier te nemen en de krachtige beloftes na te zeggen, die voor diegenen bestemd zijn die zich door de armen werkelijk laten vinden (v.10a): 'U zult zijn als een bevloeide tuin, als een waterbron waarvan het water nooit ontbreekt.'

Zu den Anfängen der Reformation in Flandern

Doris Lambers-Petry

Wer über die Anfangszeit der Reformation spricht, denkt nicht an Brüssel oder Antwerpen. Und der Umstand, dass es sich bei den ersten Märtyrern der Reformation um zwei flämische Mönche aus Antwerpen handelte, die auf dem Marktplatz in Brüssel hingerichtet wurden, stößt auf ungläubiges Staunen und bedarf der Erklärung.

Zunächst die Frage: Wie kam Luthers Lehre nach Flandern?

Zur sächsisch-thüringischen Observanzkongregation des Augustinerordens, der die Augustiner in Erfurt und Wittenberg angehörten, gehörten auch die Schwesterklöster in Haarlem, Dordrecht, Enkhuizen, **Gent** und **Antwerpen**. Sie unterstanden ihrem Generalvikar Johannes von Staupitz, der als Dekan auch die junge theologische Fakultät Wittenberg leitete.

Das Kloster **Antwerpen** war erst 1508 auf Initiative des Priors des westfriesischen Klosters Enkhuizen, **Jan Van Mechelen**, gegründet worden. Ihn, der in Wittenberg studiert und 1511 dort auch promoviert hatte, ernannte von Staupitz dann auch zum ersten Prior.

Von nun an zog es immer mehr junge niederländische und flämische Augustiner nach Wittenberg, wo sie dann Luther und seine Lehren kennenlernten. Schon 1516 sandte Van Mechelen zwei Antwerpener Brüder zum Studium nach Wittenberg. Sie wurden von Luther persönlich auf ihre Examen vorbereitet. Ein Jahr später folgten drei weitere Brüder, im Herbst 1520 noch einer. Auch der Prior des Klosters in **Gent**, **Melchior Miritsch**, zuvor Prior im Kloster in Dresden und gut mit Luther bekannt, sandte im Sommer und im Herbst 1521 und noch einmal im Jahr 1522 jeweils vier junge Brüder nach Wittenberg zum Studium. Die jungen Augustiner nahmen Luthers Lehren begeistert auf und verbreiteten sie in ihren späteren Wirkungsstätten.

Besonders eng wurde die Verbindung zwischen Wittenberg und Antwerpen durch die Augustiner Jakob Probst und Heinrich von Zütphen. Ihre Nähe zu Luther und ihr reformatorisches Potential ist bereits früh dem päpstlichen Nuntius Aleander aufgefallen.[1]

Jakob Probst bzw. **Praepositus** (1495–1562) stammte aus dem westflämischen Ypern, war zunächst ins Kloster Haarlem eingetreten und fungierte 1518–22 als Prior in Antwerpen. Zum Studium hatte er sich von 1505–09 in Wittenberg aufgehalten, und 1515 dann als Prior des Klosters dorthin zurückgekehrt, bevor er 1518 nach Antwerpen ging. Antwerpen war im 15. und 16. Jht nicht nur eine der größten und wichtigsten Handelsmetropolen der Welt, sondern galt als aufstrebende kulturelle Hochburg. Unter Probsts Leitung entwickelte sich das Antwerpener Kloster zu einem wahren **Zentrum Lutherischer Theologie**. Insbesondere die Verurteilung der Ablasspraxis erregte die Aufmerksamkeit der Bevölkerung. In einem Brief an Luther lobt Erasmus von Rotterdam, der sich zu dieser Zeit in Löwen und Brüssel aufhielt, Probsts Predigten. Anderen waren sie ein Dorn im Auge.

Heinrich von Zütphen[2] war von 1508–1511 in Wittenberg immatrikuliert, danach wirkte er dort als Lektor. Im Wittenberger Kloster befreundete er sich u.a. mit Johannes Lange, der Luther später zur Disputation nach Heidelberg begleitete. Nach einem kurzen Aufenthalt in Köln wurde er zum Prior des Klosters Dordrecht ernannt, wo er bis 1520 blieb. Dann kehrte er nach Wittenberg zurück und setzte sein Studium fort bis 1522. Mit Luther scheint ihn eine enge Freundschaft verbunden zu haben.

Im **Herbst 1521** wurde **Jakob Probst** wegen seiner reformatorischen Predigten inhaftiert und der Ketzerei angeklagt. Um sein Leben zu retten, widerrief er im Februar 1522 in der Brüssler Kathedrale Michel et Gudule seine Verbundenheit mit der Lehre Luthers und zog sich ins Kloster Ypern zurück. Doch von Gewissensbissen geplagt, verbreitete er nun dort umso engagierter die Lehre Luthers.[3]

Bevor es zu einer erneuten Verhaftung kam, floh er. Im August 1522 erreichte er Wittenberg, wo er von Luther trotz der enttäuschenden Widerrufungsgeschichte aufgenommen wurde. Dass Probst auch Luthers Freundschaft wiedererringen konnte, zeigt sich wohl darin, dass Luther ihn 1534 bat, die Patenschaft für seine jüngste Tochter Margarethe zu übernehmen.

Zu Probsts Nachfolger als Prior des Klosters Antwerpen wurde **Heinrich von Zütphen** (als Hendrik Gelrie 1488 in Zutphen/Niederlande geboren) ernannt. Wie sein Vorgänger und bereits sein Genter Kollege Miritsch zog auch er die Aufmerksamkeit der **Inquisition** auf sich. Diese war in den Spanischen Niederlanden inzwischen von Karl V. als staatliche – nicht nur mehr kirchliche – Maßnahme

---

1 Kalkoff P., *Die Anfänge der Gegenreformation in den Niederlanden*, 2 Bde., Halle 1903/4.

2 Iken J.F., *Heinrich von Zütphen*, SVRG 12, 1886 (Nachdruck Hansebooks 2017).

3 Rudloff O., *Bonae Literae et Lutherus. Texte und Untersuchungen zu den Anfängen der Theologie des Bremer Reformators Jakob Probst*, HosEc 14,1985,27–37.

ins Leben gerufen worden. Nachdem der Kaiser 1521 in Worms erlebt hatte, dass zahlreiche deutsche Fürsten und große Teile der Bevölkerung von Luthers Predigt begeistert und gewillt waren die Reformation zu unterstützen, war er wild entschlossen, wenigstens in den heimatlichen Provinzen jedwelches reformatorische Gedankengut im Keim zu ersticken und seine Verbreitung zu unterbinden. Als er im Mai 1522 nach Spanien zog, übernahm seine Tante **Margarethe von Österreich** als Statthalterin der Niederlande diese Aufgabe mit der gleichen Entschlossenheit.

Mit der Inquisition wurde der Löwener Jurist Frans van der Hulst beauftragt, ein Laie, der auf prominente kirchliche Unterstützung zählen konnte: auf den päpstlichen Nuntius Hieronymus Aleander, die Löwener Theologieprofessoren Nicolas von Egmond und Jacob Latomus sowie den gefürchteten Kölner Dominikaner Jacob van Hoogstraaten, der Luther seit dem Wormser Reichstag immer wieder in Streitschriften angriff.[4]

Miritsch wurde im Frühjahr 1522 verhaftet, konnte sich bei den Verhören aber als zerknirscht und ungefährlich darstellen. Er wurde freigelassen. In einem Brief an Luthers Vertrauten Georg Spalatin schildert er seine Erlebnisse. Luther, dem der Brief nicht vorenthalten wurde, reagierte höchst ungehalten und nannte das Verhalten *impiissimo indignor* [5]undMiritsch einen Satansanbeter.[6]

Als auch Heinrich von **Zütphen** verhaftet werden sollte, stellten sich aufgebrachte Anhänger vor ihn und ermöglichten ihm die Flucht. Daraufhin ließ Margarethe die verbleibenden Mönche festnehmen und auf Karren ins Gefängnis nach Vilvoorde bringen, wo sie verhört und zum öffentlichen Widerruf überredet wurden. Nur drei der Antwerpener Brüder blieben standhaft. Ihre Namen lauten **Hendrik Vos, Johan van den Esschen, Lambert Thorn.**

Johan van den Esschen gehörte zu den ersten sieben Brüdern des neu gegründeten Klosters.[7] Nach Luther war er zum Zeitpunkt seines Todes noch keine 30 Jahre alt.[8] Vos dürfte noch jünger gewesen sein.

Margarethe von Österreich ließ das Antwerpener Kloster zerstören. Die Klosterkirche, die zunächst auch zerstört werden sollte, wurde in eine Gemeindekirche umgewandelt.[9]

---

[4] Zwischen 1520 und 1555 kam es durch die Inquisition zu 2–3000 Hinrichtungen. Gemeinden konnten sich kaum bilden, reformatorisches Gedankengut überlebte nur im Untergrund bzw. im Exil.

[5] Luther an Georg Spalatin, 12. April 1522. *WAB 2*; 493, 15–17.

[6] Luther an Johannes Lang, 12. April 1522. *WAB 2*; 495, 21–23.

[7] Clemen O., „Die ersten Märtyrer des ev. Glaubens“, in*: Beiträge zurReformationsgeschichte aus Büchern und Handschriften der Zwickauer Ratsschulbibliothek 1,* 1900, 308.

[8] Luther an Spalatin, 22. oder 23. Juli 1523. *WAB 3*, 115.

[9] Die Zerstörung des Klosters wurde von Papst Hadrian VI. (Hadrian von Utrecht), der vor seiner Wahl als Theologe an der Universität von Löwen gewirkt hatte, bestätigt. Damit verhärtet sich

Wer sich der Statthalterin entgegenstellte oder ihren Interessen zuwider handelte, wurde hart bestraft. Trotzdem erschienen mehrere anonyme Beschreibungen durch Augenzeugen, welche die unlauteren Vorgehensweisen der Inquisition in Form von Pamphleten beschreiben.[10]

Die öffentliche Degradierung der drei Augustiner **Lambert Thorn, Hendrik Vos und Johan van den Esschen** fand am 1. Juli 1523 auf dem Grote Markt in Brüssel statt, wo sich bereits am frühen Morgen eine große Menschenmenge versammelt hatte. Am späten Vormittag, nachdem auch die Vertreter der Anklage und die hinter ihnen stehenden kirchlichen und monastischen Autoritäten in einer pompösen Prozession mit Kreuz, Bannern und anderen Würdezeichen ihre reservierten Plätze bezogen hatten, begann die Zeremonie.

Die Anklageschrift der Inquisition wurde diesmal nicht, wie sonst üblich, öffentlich vorgelesen. Stattdessen richtete ein Franziskanermönch eine Predigt an die Zuschauer.

Die Degradierung der drei fand in zwei Durchgängen statt und dauerte jeweils über eine Stunde. Zunächst wurde der Jüngste, Vos, aus dem Priesteramt entlassen, danach die beiden anderen. Anschließend wurden alle drei ins Rathaus zurückgebracht.

Bereits wenig später werden Vos und Van den Esschen zurückgebracht. Nachdem sie sich nochmals geweigert hatten, ihre Überzeugung zu widerrufen, wurde das Feuer angezündet und wurden sie den Flammen übergeben.

Entgegen der Behauptung der Inquisitoren, die beiden „Abtrünnigen“ hätten auf Flehen und Weinen des anwesenden Beichtvaters in den letzen Sekunden bereut und widerrufen, beharren die Pamphlete darauf, dass beide bis zuletzt ihre Bereitschaft zu sterben betont hätten. Sie hätten nicht nur die Autorität des kirchlichen Gerichts bestritten, sondern ihre Situation an den Prozess Jesu angeglichen, indem sie die Worte wiederholten, die Jesus auf dem Weg zum Kreuz geäußert hatte und indem sie Gott für die ihnen erwiesene Gnade lobpreisten. Sie seien freudig in die Flammen gegangen.[11]

Der Mut der Opfer fand bei der anwesenden Menge große Bewunderung. Nicht wenige, so Erasmus in einem Brief, wandten sich an diesem Tag von der katholischen Kirche ab und wurden Anhänger Luthers.[12]

Luthers Verdacht, dass Papst Hadrian an den Vorgängen gegen die Antwerpener Augustiner eng beteiligt war. Siehe H.M. Akerboom, „A new song we raise. On the First Martyrs of the Reformation and the Origin of Martin Luther's First Hymn“, *Perichoresis* 4/1, 2006, 56.

[10] Christman R.J., „For he is coming“. *Revisiting Martin Luther's Reaction tot he Reformataion's First Executions*, Lutherjahrbuch 2015, 11–43, Anm. 44.

[11] Christman, aaO., Anm. 52, 54, 55–59.

[12] Fredericq P. Ed., *Corpus Documentorum Inquisitionis Haereticae Privatitis Neerlandicae*, t. IV, 289.

Über das weitere Schicksal des dritten Gefangenen, Lambert Thorn, wissen wir wenig. Er war wohl viel älter als seine beiden Mitbrüder und genoss wegen seines spirituellen Einflusses großes Ansehen. Möglicherweise war er Nachfolger des geflohenen Priors oder als solcher im Gespräch.[13]

Dass er nach der Degradierung in der Zelle blieb, aber nicht hingerichtet wurde, lässt darauf schließen, dass er entweder zu geschwächt war oder um Bedenkzeit gebeten hatte. Luther schreibt ihm 1524 einen Trostbrief ins Gefängnis,[14] wo Thorn später unter ungeklärten Umständen starb.[15]

Luther erfuhr wohl erst Ende Juli 1523 von den Ereignissen in Brüssel. In mehreren Briefen an Vertraute äußert er sich tief erschüttert.[16]

Seine Reaktion auf das Martyrium der jüngeren Augustiner liegt in einem Pamphlet vor, das er veröffentlichte: *Die artickel warumb die zwen Christliche Augustiner münch zu Brussel verprandt sind, sampt eynem sendbrieff an die Christen ym Holland und Braband.* Ihm folgten ein *OffenerBrief an die Christen in den Niederlanden* und eine berühmt gewordene Ballade, die er zu Ehren der beiden Märtyrer verfasst hatte: Sie trägt die Überschrift „*Eyn new lied von den zween Merterern Christi, zu Brussel von den Sophisten zu Louen verbrant.*"[17]

Die erste Strophe lautet:

Ein neues Lied wir heben an, das walt Gott, unser herre,

zu syngen, was got hat gethan

zu seinem lob und ehre | *zu bryssel yn dem nidderland;*

wol durch zwen yunge knaben | *Hatt er seyn wunder macht bekant,*

die er mit seynen gaben | *so reichlich hat getzyret.*[18]

Es handelt sich hierbei um das erste Lied, das Luther verfasste. Möglicherweise hat er sich vom *Gesang der Jünglinge im Feuerofen* aus Dan 3 inspirieren lassen.[19] Es ist nicht für liturgische Zwecke gedacht, sondern will wie ein Zeitungs-

---

[13] Luther an Georg Spalatin, 22. oder 23. Juli 1523, *WAB 3*, 115.

[14] Luther an Thorn, 19. Jan 1524, WAB 3, 237–239.

[15] Akerboom, aaO., Anm. 16.

[16] WAB 3, 114–116, WAB 3 116f., WA 12, 68–72.

[17] Für den Text siehe M. Jenny, *Luthers geistliche Lieder und Kirchengesänge*, AWA Bd. 4, 215–222 oder M. Geck, *Luthers Lieder. Leuchttürme der Reformation*, Hildesheim 2017, 8f.

[18] Die Ballade zählt in der ursprünglichen Version 12 Verse, der letzte Vers wurde später durch zwei neue Verse ersetzt.

[19] So Geck, aaO., 12.

lied ein historisches Ereignis dokumentieren. Mit seiner theologischen Deutung allerdings erhält es Gemeinschaft und Identität stiftenden Bekenntnischarakter.

Zurück zu Heinrich von Zütphen, dem Anhänger zur Flucht verholfen hatten. Der Weg nach Wittenberg führte ihn über **Bremen**, wo er zum Predigen und Bleiben eingeladen wurde. Er wurde Pfarrer an der St. Ansgarii Kirche. In Briefen unterrichtete er Luther und Probst in Wittenberg über die Ereignisse in Antwerpen und seine Flucht. Von Zütphen blieb drei Jahre in Bremen. 1524 kam auf seine Empfehlung hin auch Jakob Probst, der kurz zuvor geheiratet hatte, nach Bremen, als Pfarrer der Liebfrauenkirche. Von Zütphen selbst trat nun aus dem Kloster aus und zog als Reformator nach **Dithmarschen** (Holstein). Sein dortiger Erfolg weckte den Zorn des **Dominikanerpriors Toborch aus**, der, weil er ihm wegen des Widerstandes der Bevölkerung sonst nicht habhaft werden konnte, beschloss, ihn zu beseitigen. Anfang Dezember 1524 wurde Zütphen nachts überfallen, schwer misshandelt und ins Feuer geworfen. Jakob Probst berichtete Luther darüber und dieser verfasste den Trostbrief „Historie von Bruder Heinrich von Zütphens Märtyrertod". Die Schrift fand eine weite Verbreitung und wurde selbst ins Plattdeutsche übersetzt.

Trotz einer grausamen Inquisition entstanden in Flandern neben der lutherischen auch weitere reformatorische Volksbewegungen. Die stärksten waren die Anabaptisten, die die Wiedertaufe von Erwachsenen forderten, sowie die Bilderstürmer. Im Jahr 1529 wurden alle Anhänger dieser Bewegungen ohne Unterschied zum Tod verurteilt und ihr Besitz beschlagnahmt. Das brachte vielen Tausenden den Tod. Wer konnte, floh ins benachbarte Ausland.

Ab 1540 erstarkte der Einfluss von Johannes Calvin, der aus Genf nicht nur die religiöse Freiheit, sondern auch die **politische** Freiheit propagierte, was in den **spanischen Niederlanden** auf das ganz besonders große Interesse der einheimischen Bevölkerung stieß.

In weniger als 20 Jahren wurde in den 17 Provinzen dann auch die Lehre Calvins die erfolgreichste Bewegung innerhalb der protestantischen Familie.

Trotz des offiziellen Verbots entwickelten sich aus heimlichen Versammlungen rasch strukturierte Kirchengemeinden, die von einem Presbyterium (1 Pfarrer und mehrere Laien) geleitet wurden. Während die lutherischen Gemeinden weitgehend unabhängig blieben, schlossen sich die reformierten im Jahr 1562 zu einer Synode zusammen.

Die Begeisterung für die neuen Perspektiven durchzog Mitte des 16. Jhts alle Schichten der Bevölkerung. Es entwickelte sich die politisch-protestantische Bewegung der **Geuzen**.

In manchen flämischen Städten bestimmten sie die Regierungsgeschäfte und wurden dabei von der Mehrheit der Stadtbevölkerung unterstützt. Für das Jahr

1566 wird die Zahl der Protestanten auf 300 000 geschätzt, das sind ca. 20 % der damaligen Bevölkerung.

Die spanische Obrigkeit reagiert mit großer Gewalt. Neue Todesurteile, Verwüstungen und Beschlagnahmen führten dazu, dass Flandern intellektuell und kulturell enthauptet wurde. Unter den Opfern ist 1567 auch **Guido de Brès**, der Verfasser der *Confessio Belgica,* die zusammen mit dem *Heidelberger Katechismus* und den *Lehrregeln von Dordrecht* die Glaubensformeln der reformierten Kirchen bilden.

1568 brach zwischen Spanien und den sich zum Protestantismus bekennenden Landesteilen der achtzigjährige Krieg aus. 1577 wurde in Brüssel die **calvinistischen Republik** ausgerufen, der sich zügig die Städte Gent, Antwerpen, Brügge, Kortrijk, Iepern, Doornik und Dendermonde anschlossen. Diese Republik bestand bis 1585. In dieser Zeit wurden die Gottesdienste in Brüssel im reformierten Ritus gehalten, auch in der Kathedrale, und zwar auf Niederländisch.

Doch diese Situation konnte sich nicht halten. Die Spanier eroberten zunächst Antwerpen zurück (1581), danach nacheinander die anderen großen Städte, zuletzt Ostende (1601). Obwohl die Spanier zur Versöhnung aufriefen, kam es wieder zu Flucht und Auswanderung. Die Flüchtlinge aus Flandern und Wallonien, die sich nicht dem Katholizismus unterwerfen wollten, wurden in England, in den Niederlanden, aber auch in den reformierten deutschen Territorien aufgenommen: in Hessen (Frankfurt), Franken und in der Kurpfalz. Dort bezogen sie in der Regel enteignete Klöster und förderten die Bierbraukunst, den Obstanbau, die Pralinenherstellung.

Der Protestantismus galt in Flandern und Wallonien damit lange Zeit als ausgemerzt, lebte im Untergrund aber weiter (Sint Maria Horebeke, seit 1565 durchgehend). Erst das Toleranzedikt Josefs II im Jahr 1781 erlaubte es den wenigen überlebenden Protestanten ihre Religion wieder öffentlich auszuüben. Als 1830 das moderne Königreich Belgien ausgerufen wurde, geschah dies auf Basis eines liberalen Grundgesetzes, das jedem Bürger die freie Ausübung seiner Religion garantierte.

"What keeps Anglicans and Reformed apart?"[1] Personal experience of the Reuilly Common Declaration and its implications for Anglican-Reformed dialogue.

Jack McDonald

The scope of this article

This article examines the current state of Anglican-Reformed dialogue through a brief study of the history of Anglican-Reformed relations, through three modern Anglican-Reformed ecumenical statements, and through our personal experiences as an English Anglican priest who (following the provisions of the Reuilly Common Declaration) worked as the minister of a French Protestant parish. Our aim is to use these three phenomena to sketch a contemporary answer to the question *what keeps Anglicans and Reformed apart?*

The three ecumenical statements are:

1. *God's Reign and Our Unity* (the report of the Anglican-Reformed International Commission, 1984)
2. *Called to Witness and Service: the Reuilly Common Statement with Essays on Church, Eucharist and Ministry* (the report of the formal Conversations between the British and Irish Anglican churches and the French Lutheran and Reformed churches, 1999)
3. *Growth in Communion, Partnership in Mission* (the report of the Church of England–Church of Scotland Joint Study Group, 2016)

We were on secondment from the Church of England to the Union des Eglises protestantes d'Alsace et de Lorraine[2], working as pasteur of the Temple Neuf, Metz[3], from January 2009 until August 2011.

---

1 This title is the title of §6 of the 1984 report of the Anglican-Reformed International Commission, *God's Reign and our Unity*. The full text is here: http://www.anglicancommunion.org/media/104250/1984_aco_warc_gods_reign_our_unity.pdf (All websites were last checked on 23 February 2016.)

2 See http://www.uepal.fr/

3 See http://temple-neuf-metz.over-blog.com/The Temple Neuf is a temple consistorial, what Anglicans would call a cathedral.

We will see that a shared and sympathetic Anglican-Reformed history, especially in the sixteenth and seventeenth centuries, together with a common theological inheritance which implies comprehensive agreement across wide swathes of doctrine (creeds, sacraments, ministry), lived through an extremely similar empirical experience of pastoral ministry (as evidenced through our Reuilly experiences), points towards overwhelming commonality between Anglicans and Reformed.

We will also aim to show that the mention of terms like "confessions", "liturgy", "episcopacy" and "unity", which Anglicans and Reformed receive differently, indicates that there are nonetheless substantive differences in Christian theology and ecclesiology between the Anglican and Reformed traditions, and that the principal obstacles to ecumenical union across Anglicanism and Calvinism are situated in the area of profound historic cultural and linguistic differences, and that such cultural differences are every bit as intractable as doctrinal disputes. We will see in passing that these differences of Anglican and Reformed temperaments and styles reflect historic differences between the Reformed and Lutheran traditions.

The Anglican Churches in relation to other Christian Churches

Anglican Christianity is currently engaged in ecumenical discussion with several other Christian denominations[4].. There are currently separate, formal ecumenical dialogues between Anglicans and Baptists, Lutherans, Methodists, Old Catholics, Oriental Orthodox, Orthodox, Reformed and Roman Catholics[5].. Some of these ecumenical endeavours, notably with the Lutheran churches, have been immensely productive in terms of the level of doctrinal agreement and of practical union achieved[6].

---

4 Whilst there are 39 member churches in the Anglican Communion (see http://www.anglicancommunion.org/tour/index.cfm), formal ecumenical initiatives are largely led by two Anglican provinces, the Church of England and the Episcopal Church.

5 See http://www.anglicancommunion.org/ministry/ecumenical/dialogues/index.cfm

6 For example, since 2001 the Episcopal Church has been in formal full communion with the Evangelical Lutheran Church of America, and the Anglican Church of Canada has been in formal full communion with the Evangelical Lutheran Church of Canada (see for example http://www.anglican.ca/primate/communications/joint-easter-message/). There are many joint Anglican-Lutheran parishes and ministries in the USA and Canada. Similarly, the Anglican churches of the British Isles (the Church of England, the Church in Wales, the Scottish Episcopal Church and the Church of Ireland) enjoy a high degree of doctrinal agreement, full sacramental interchangeability and ministerial interchangeability – including mutual recognition of holy orders – with the Lutheran churches in Denmark, Estonia, Finland, Iceland, Lithuania, Norway and Sweden, following the Porvoo Agreements of 1996–2010 (see http://www.porvoochurches.org/index.php).

Contemporary Anglican-Reformed ecumenical relations

There are currently two significant Anglican ecumenical dialogues with the Reformed churches.

1. The Church of England (to remind ourselves, an Anglican church and the legally established church in the Kingdom of England) held formal talks with the Church of Scotland (to remind ourselves, a Presbyterian church and the legally established church in the Kingdom of Scotland[7]) from 2001 to 2009, and such talks seem entirely natural for the two separate established national churches in the United Kingdom. The initial fruit of these talks was the joint report *Our Fellowship in the Gospel*, published in 2010[8]. This report is strong on mutual good-will and understanding, although it does not propose significant doctrinal agreement or any interchangeability of ordained ministry. This report was considerably augmented in scope in 2016 with the joint report *Growth in Communion, Partnership in Mission* (commonly called the *Columba Declaration*), which proposed a relationship between the Church of England and the Church of Scotland exactly analogous to that enjoyed between the four British and Irish Anglican provinces and the two Lutheran-Reformed denominations in France following the Reuilly Common Declaration. The General Synod of the Church of England voted at its sessions in February 2016 to pursue this ecumenical relationship and the General Assembly of the Church of Scotland voted unanimously to approve it in May 2016. Strenuous disquiet with the report expressed from the leadership of the Scottish Episcopal Church[9] will underline our point that historic *cultural* differences remain at the heart of what keeps Anglicans and Reformed apart.
2. The Reuilly Common Declaration (popularly called the Reuilly Accords)[10] was a multi-lateral agreement signed in Canterbury and Paris in 2001 after

7 The Anglican church in Scotland is called the Scottish Episcopal Church and has not been legally established since 1689. The main Presbyterian church in England is called the United Reformed Church, which has never been legally established.

8 See http://www.churchofengland.org/media/1238083/gs%201792.pdf

9 It is too soon after the publishing of *Growth in Communion, Partnership in Mission* to read academic comment on the report, but the blogosphere had already been very active, chiefly against the proposed ecumenical arrangements and chiefly from a Scottish Episcopalian perspective. See for example the blog of the highly respected provost of St Mary's Episcopal Cathedral, Glasgow, Kelvin Holdsworth: http://thurible.net/2016/02/17/the-primuss-radio-interview-about-the-columba-declaration/ Other entries on this blog confirm that average Scottish Episcopalians cannot quite bring themselves to believe that Scottish Presbyterians hold a eucharistic doctrine acceptable to Anglicans: http://thurible.net/2016/02/11/the-columba-declaration/

10 See http://www.churchofengland.org/about-us/work-other-churches/europe/reuilly-declaration.aspx

a decade of debate from 1989 to 1999 between the same Anglican churches in the British Isles who are signatories to Porvoo, and the Communion protestante luthéro-réformée de France (CPLR), which comprises two separate churches: the Eglise protestante unie de France (EPUF)[11] and the Union des Eglises protestantes d'Alsace et de Lorraine (UEPAL)[12].. The Reuilly Accords exist in the same family line as similar agreements signed between British and Irish Anglicans with German (mainly Lutheran) Protestants, the Meissen Agreement of 1988[13] and with Scandinavian Lutherans at Porvoo in and after 1996[14].. The focus of these ecumenical agreements is overwhelmingly Anglican-Lutheran relations. Reuilly differs from Meissen and Porvoo insofar as a clear majority of French Protestants are not Lutheran but Reformed[15].. We note that Reuilly is an ecumenical agreement with Reformed and Lutherans together.

Historic Lutheran-Reformed differences reflected within Anglicanism

There are differences in faith and especially order between Lutherans and Reformed, reflecting the differences between Martin Luther and the first generation of Protestant reformers and John Calvin and the second generation – Luther was already 26 when Calvin was born. A recent article by the Reformed scholar André Gounelle highlights these differences and merits quotation at length:

11 EPUF is a formal and organic union of the Eglise réformée de France and the Eglise évangélique luthérienne de France (EELF) effected in 2013: seehttp://www.protestants.org/index.php?id=31383

12 UEPAL is a formal and organic union, effected in 2006, of Lutheran and Reformed churches: the Eglise protestante de la confession d'Augsbourg d'Alsace et de Lorraine (EPCAAL) and the Eglise protestante réformée d'Alsace et de Lorraine (EPRAL). The historical particularity of the three départements of the Haut-Rhin, the Bas-Rhin and Moselle stems from their being part of the German Empire in the year 1905, when the French Republic formally abrogated the Napoleonic administrative attachment of the Roman Catholic, Reformed and Lutheran churches and the Synagogue to the State. On the return of Alsace-Lorraine to France in 1919, an unamended form of the Napoleonic system has remained in force in this part of France ever since.

13 See http://www.churchofengland.org/about-us/work-other-churches/europe/the-meissen-agreement.aspx

14 http://www.churchofengland.org/about-us/work-other-churches/europe/the-porvoo-agreement.aspx

15 It is almost impossible to give accurate figures, beyond the oft-quoted statistic that Protestants make up about 2% of France's population. An indication of the respective sizes of the churches is perhaps given by the number of full-time clergy they had in 2012: the ERF (a Reformed church) had 932, the EELF (a Lutheran church) had 45. Because of the strong Germanic influence in Alsace-Lorraine, the figures are reversed in that part of France: the EPRAL (a Reformed church) had 51 clergy, the EPCAAL (a Lutheran church) had 246. So the figures for the whole of France show how a marked Reformed majority.

As a first response, the Gospel's principal and almost sole concern is the relation between God and each human individual. The problem of personal salvation tormented Luther and shaped his action and thought. He resolved it by a radical and near-exclusive insistence on grace and faith. Grace signifies that God saves me in spite of my unworthiness, because of who he is and not because of any of my qualities or actions. He gives me salvation without asking anything in return from me. Faith means that I receive this salvation as an undeserved gift. I have total and sole confidence in God. I give up any hope of being worthy in his sight because of my deeds. This special link between God and the believer is, from this first, Lutheran, point of view, the heart and substance of Christianity. It is not concerned with the purpose and ordering of society. It can be summed up in two words: God and the soul. In the second response, at the heart of the Gospel message, the proclamation of the Kingdom of God takes priority over any announcement of individual salvation. The Gospel proclaims that the question of salvation is settled, solved and that we now need to go beyond it. If Lutherans have made the question of salvation the centre, the fundamentum of the faith, the Reformed (in company with the Methodist John Wesley) have tended to see it as the port of entry, the antechamber of Christian life. Salvation is the starting-point, from which we advance, it is the foundation-stone on which we build. God has acted through Jesus Christ. There is no further need to fret or be bothered by salvation, because Jesus has saved us. It is done, finished. What counts now is that Jesus becomes the Lord, the one who leads our life and who reigns in the world. The Gospel is not limited to "God and the soul". It also concerns the world in which the reign of God and of Christ must be manifested in practice[16]..

We see in this brief example a snapshot of the differences between the Lutheran and Reformed traditions. The risk here is (as always when handling complex religious phenomena) that we oversimplify: contemporary Lutherans would undoubtedly be unhappy, and rightly so, with any characterisation of their faith as unconcerned with the realities of the world in which we live. Nevertheless, there are subtle distinctions across these traditions, and a serviceable way of explaining these to an Anglican audience is to use the example of the First and Second Prayer Books of Edward VI, the first English liturgies of the Church of England. Thomas Cranmer, archbishop of Canterbury, published the First Prayer Book in 1549, backed by the English Parliament's first Act of Uniformity to enforce its use throughout the country. The First Prayer Book was an essentially Erasmian work, a series of translations of medieval Latin texts into incomparably beautiful English. But it triggered immediate, hostile commentaries from Peter Martyr and Martin Bucer (respectively regius professors of divinity at Oxford and Cambridge) amongst others. Whilst Martyr and Bucer were both Lutherans, their criticisms were essentially Calvinist: they were unhappy that Cranmer had retained so much medieval "superstition" in his liturgy. Cranmer heeded his colleagues' criticisms

[16] *Evangile et Liberté*, Paris, March 2012, N°257, pp 10–11: article "Eglise et politique" by André Gounelle, translation by Jack McDonald.

and introduced a Second Prayer Book to Parliament in 1552, with texts marked by a firmer Calvinist spirit. Although this prayer book was never issued for general use[17], it was (with tiny revisions) this Second Prayer Book which was reissued under Edward and Mary's half-sister Elizabeth I in 1559. This Elizabethan prayer book, lightly revised again in 1662, remains the fundamental Anglican statement of liturgy and doctrine, permanently authorized by the British Parliament and used in one form or another by all of the provinces of the Anglican Communion except Scotland and those provinces which originate in Scottish rather than English Anglicanism, chiefly the Episcopal Church.

An excellent and revealing example of the evolution of Anglican doctrine between the First, Second and Elizabeth's prayer books are the words used by the priest at the distribution of the Holy Communion. In 1549, we see a broadly Lutheran conception of the eucharist: "The body of our Lord Jesus Christ, which was given for thee, preserve thy body and soul unto everlasting life." In 1552, this has become Calvinist: "Take and eat this in remembrance that Christ died for thee and feed on him in thy heart with faith and thanksgiving." From 1559, there is a mixed theology: "The body of our Lord Jesus Christ which was given for thee preserve thy body and soul unto everlasting life. Take and eat this in remembrance that Christ died for thee and feed on him in thy heart with faith and thanksgiving." The particular genius for practical compromise of Elizabeth I and of her new archbishop of Canterbury, Matthew Parker, is evident in the 1559 compound-formula, given the mutually contradictory eucharistic theologies expressed in the two sentences.

The above paragraph indicates that the official Anglican liturgy veers in historical fact towards Calvinism; but the irony is that in terms of its practice and temperament, Anglicanism has always been closer and more comfortable with Lutheranism: the full communion Anglican accords with North American and Scandinavian Lutherans bear witness to this[18]..

Being precise about why the Anglican Church is closer to Lutherans than to Reformed is again fraught with the possibility of wild generalisation. Moreover, European Lutherans and Reformed are themselves engaged in ecumenical dialogue: they are the two principal traditions which participate in the CPCE, the Community of Protestant Churches in Europe, which has become essentially a

17 Edward VI died in 1553 and his Catholic half-sister Mary I came to the throne, immediately having all Protestant legislation repealed and replacing the English Church under the jurisdiction of the papacy.

18 To take a banal example, I do not know of any contemporary Anglican tradition which dresses the minister in a black gown for worship (as in the classical Reformed tradition), whereas Lutheran liturgical garb of alb, stole, chasuble, mitre for bishops and so on, conforms very precisely to current majority Anglican preference.

federative concord between the European Lutheran and Reformed traditions, following the signing of the Leuenberg Accords in 1973[19].. Nevertheless, differences of emphasis and accent remain. I would (always acknowledging the risk of generalisation) hold that the Reformed tradition places more stress on the following doctrines than does the Lutheran tradition:

1. That the traditional religious and spiritual "deal" between God and humanity, a deal involving human merit, prayer and faith on the one side, and divine holiness and the threat of retribution and punishment on the other, is wholly false.
2. That superstition in all its forms is to be resisted, that modernity is to be embraced, especially in relation to the interpretation of the Scriptures, where demythologisation is an essential part of the rejection of superstition.
3. *Ecclesia reformata semper reformanda.*
4. That the Church is invisible, a witness of God's universal grace, and neither a magisterium of truth nor a gathering of the elect.
5. That worship is a divine activity in which humanity participates in God's grace, not in which humanity makes any sort of offering to God[20]..

Historic Anglican-French Reformed links

Early Anglican history, an Anglicanism which had produced the Second Prayer Book and which had the (German Reformed) Heidelberg Catechism of 1563 on its university curricula in Oxford and Cambridge until after the English Civil War, saw Anglicans close to French Calvinists, Huguenots[21].. Two illustrations of this are relevant[22]..

The first example is the continued existence of the Huguenot chapel in the crypt of Canterbury Cathedral since 1547. Edward VI incorporated this Calvinist chapel by royal charter in 1550 and it has existed without interruption ever since[23].. William Laud, archbishop of Canterbury under Charles I and one of the high church Caroline divines, attempted to compel the Huguenot chapel to use a French translation of the Book of Common Prayer instead of its accustomed French Calvinist liturgy, but without success: the chapel remained and remains

---

19 See www.leuenberg.eu

20 An example of a basic exposition of Reformed Christianity along these lines would be, Laurent Gagnebin and Raphaël Picon, *Le protestantisme, la foi insoumise,* Paris, Flammarion, 2005. Raphaël Picon's premature death in January 2016 has been a source of great ecumenical sorrow.

21 I shall follow the traditional English usage of referring to members of the French Reformed tradition as "Huguenots". There are many theories about the meaning of this term, but essentially its meaning is obscure.

22 For an excellent summary of the Anglican-Huguenot history which follows, see: *Called to Witness and Service*, London, Church House Publishing, 1999, pp. 51–57.

23 See http://www.frenchchurchcanterbury.org.uk/index.html

an independent French Calvinist parish within the precincts, indeed within the building, of the mother cathedral of the Anglican Communion. Edward VI also signed letters patent in the same year for the foundation of the Dutch Strangers' (that is, Foreigners') Church, the former St Augustine's Chapel in the City of London. Jean à Lasco was its first superintendent. There were four pastors, two Dutch and two French or Walloon. It is worth noting (this Anglican opposition to other Protestants becomes significant at a later stage in history) that the Bishop of London, Nicholas Ridley (who was later burnt at the stake by Mary I for his Protestantism) opposed the creation of the Calvinist Strangers' Church within the territory of his Anglican diocese.

Mary I (reigned 1553–1558) returned England to the Roman Catholic fold and her accession provoked the mass exile of many Protestant theologians, especially to the then independent German city of Strasbourg[24]: Edmund Grindal, later archbishop of Canterbury, John Jewel, later bishop of Salisbury and Edwin Sandys, later archbishop of York, all sheltered there, thereby further linking English and Continental Protestant thought.

The accession of Elizabeth I to the English throne in 1558 ensured the Protestant character of the English church. The approach of the Elizabethan Church of England towards its Continental Protestant neighbours was indulgent: the architect of Anglicanism as a practical system of church polity was Richard Hooker, who wrote specifically against Puritan influence within Anglicanism (this Puritanism was sometimes called "the Geneva church" at the time, such was the perceived link between English Puritans and Calvin). But even the anti-Puritan Hooker allowed for some local exceptions to his insistence on the God-given nature of episcopacy in the church, not least the legitimate case of the French Reformed Church.

This partial indulgence is also seen in the Anglican approach to the Synod of Dort (Dordrecht), the showcase Reformed gathering in 1618–1619 at which orthodox Dutch Calvinism triumphed over liberal Arminianism[25].. At one point or other during this synod, six Anglican bishops were present. They accepted the doctrinal decrees ratified at Dort, whilst insisting that the New Testament allowed for a pluriformity of ministries in the church, including a specific episcopal ministry. Such significant and orthodox Anglican seventeenth century churchmen as Lancelot

---

24 Strasbourg was a Lutheran city state from 1532 until it was captured by Louis XIV of France in 1681, but most Lutheran states did not welcome the Anglican exiles, seeing them as too Calvinist. They found a warmer welcome in Calvinist Switzerland.

25 There are distinguished dissenting voices to this theory of Calvinist triumph over Arminianism at Dort. See Andreas Beck, *Gisbertus Voetius (1589–1676). Sein Theologieverständnis und seine Gotteslehre*.. Göttingen, Vandenhoeck & Ruprecht 2007. Beck argues that Gijsbert Voet was a moderate.

Andrewes (bishop of Winchester and the theologian who oversaw the translation of the Authorized (King James) Version of the Bible) and John Cosin (prince bishop of Durham) were prepared to see the non-episcopalian French Huguenots as part of the church catholic and prepared to admit Huguenots to Anglican Holy Communion. The Huguenot pastor Pierre du Moulin was granted a canonry at Canterbury Cathedral in 1615 through the influence of James I, whilst remaining a French Reformed minister.

The second example of historic warm relations between Anglicans and Huguenots is the genuinely warm welcome afforded to Huguenot refugees from France after Louis XIV's Edict of Fontainebleau of 1685, which annulled Henri IV's Edict of Nantes of 1597[26].. Fontainebleau outlawed Protestantism in France and, as far we can tell, about 300,000 French Huguenots sought refuge in Protestant countries abroad, notably in Holland, Prussia and England. Some 50,000 came to England, where they received red-carpet treatment and were allowed to retain their Calvinist faith and practice, not least because of their economically useful skills: many were weavers, lace-workers and goldsmiths.

After these sixteenth and seventeenth century high points, the mutual story of Anglican-Huguenot friendship begins to wane. The two giant Anglican movements of the early nineteenth-century, the evangelical revival on the Puritan wing and the Tractarian revival on the high church wing, were either indifferent to church unity (evangelicals stressed mission and philanthropy and were not overly concerned with church reunion) or envisaged unity principally with Rome and Constantinople (the high churchmen). Both revivals interested themselves with global Anglican mission and developed extensive overseas contacts in this context rather than in any ecumenical endeavour with Continental Protestants. The background to the Reuilly Accords is therefore either very early in Anglican history, or very late: the recent background was the series of six informal conferences of Anglican and Huguenot theologians from 1956 to 1970, and more recently the success of the Meissen and Porvoo agreements, which provided a momentum and impetus to expand this ecumenical work to France.

Reuilly

The text of the Anglican-French Protestant Reuilly declaration[27] both acknowledges and commits: it begins with six acknowledgements about the past and present, and continues and ends with nine commitments to the future.

---

[26] The Edict of Nantes had given certain civic rights and rights of worship to Protestants. It was remarkable in the Europe of the day for conceding toleration of a religious minority – a position simply unthinkable in 16th century English Anglicanism.

[27] See *Called to Witness and Service,* London, Church House Publishing, 1999, pp 36–38.

There is some overlap and repetition in these points: a précis of the *acknowledgements* looks like this:

- Anglicans and French Protestants acknowledge:

1. Mutual belonging in the one, holy, catholic and apostolic church and faith.
2. Mutual recognition of Word and sacrament.
3. Mutual recognition of ordination which stops short of full interchangeability.
4. Mutual recognition of the exercise of *episkopè* which stops short of full interchangeability of episcopal structures.

A précis of the *commitments* looks like this:

- Anglicans and French Protestants agree on:

1. Commitment to mutual prayer, mission and service.
2. Commitment to shared worship, including shared eucharistic worship in which (given the acknowledgement of the absence of interchangeability of ministers) the distinctiveness of the two traditions is recognised.
3. Commitment to ministerial exchanges.
4. Commitment to ongoing theological dialogue, based around a regular coordinating contact group.

The chief point of contention between the Anglican and Huguenot traditions is the form of episcopacy which best suits the church. After the Savoy Conference of 1661, notwithstanding what had occurred previously in the Church of England, especially during the Cromwellian Commonwealth from 1649 to 1660, all Anglican clergy were obliged to be episcopally ordained. This requirement was designed to establish a clear Anglican episcopalian signal to the Puritan presbyterian and independent traditions which had prevailed during the English Commonwealth before the Restoration of Charles II in 1660, but it had the effect of establishing a clear separation between Anglicans (henceforth episcopalian) and Huguenots (never episcopalian and wedded to a synodical-presbyterian church polity). Both traditions rejected and reject a congregationalist polity.

These concrete ecclesiological differences notwithstanding, the main practical difficulty in organising the ministerial exchanges encouraged by Reuilly (the 1999 declaration was ratified by all the churches involved in 2001) leans principally on the necessity of ministering in fluent French in a French context and in fluent English in an English context – here we encounter a significant cultural-linguistic barrier. As far as we have been able to ascertain, only two priests of the Church of England have taken advantage of the possibility of ministerial work in a Huguenot context since 2001. Andrew Buckler was pasteur de Maintes-les-Mureaux near Paris and is a noted expert on Calvin. Jack McDonald was pasteur de Metz from 2009 to 2011. McDonald writes thus about his experiences:

My dealings with the Huguenots reach back to my final year as a theological student before ordination. I was enrolled at Queen's College Birmingham[28] as an ordinand from 1990 to 1992. The Church of England had recently signed the Meissen accords with German Protestants and, faced with the choice of a parish for the long pre-ordination placement, I asked the college principal, James Walker, if I might be given permission to experience that long placement in Alsace – this choice being influenced by the fact that I have no German but I speak fluent French. Permission was given and I spent from June to July 1992 attached to the Reformed parish of St Paul, Strasbourg, under the direction of Pasteur Jean-Marc Saint, and from July to September attached to the Lutheran parish of Martin Bucer, Hautepierre, Strasbourg, under the direction of Pasteur Philippe François. It is hard to over-estimate the effect which these French Protestant placements had on a young Anglican ordinand, who had already experienced another long and highly enjoyable parish placement, in the Anglican parish of St Aidan, Bristol, under the careful guidance of Ross Thompson. Bristol comfortably represented what I already knew, whereas Strasbourg was, in terms of its location and culture, new, exciting and challenging. Whilst I became quickly aware that Jean-Marc Saint and Philippe François were learned men and experienced theologians, the bulk of my time in Strasbourg was spent performing pastoral and worship duties*identical* to what I had done in Bristol – preaching, reading the lessons, praying the intercessions, visiting parishioners, preparing folk for baptism, and attending very dull church meetings. Working as an Anglican priest or Huguenot pastor are, in terms of the practical, professional skills required and involved, very similar jobs. My pre-ordination placement in Strasbourg went well – I am still close friends with Philippe François and godfather to one of his children[29].. I decided to enroll in the Université de Strasbourg to study for a doctorate[30].. I wrote a thesis on the influence of Leibnizian ideas on religious change during the French Revolution, under the expert supervision of the great Lutheran church historian Professor Matthieu Arnold. My years as a doctoral student enabled me to acquaint myself fully with French Protestant ways

[28] This institution is now called the Queen's Foundation, Birmingham. Queen's College was itself a union of Queen's College, Birmingham, an Anglican theological college founded in 1828, and Handsworth College, a Methodist college. They had united in 1970 in preparation for an expected national union of the Church of England and the Methodist Church in England, sponsored by Michael Ramsey, archbishop of Canterbury. The college's first principal was John Habgood, later archbishop of York. However, the Anglican vote for church reunion, which the Methodist Conference had passed with a majority of 77% in 1969, failed to pass the agreed threshold of 75% in the General Synod of the Church of England, which voted only 66% in favour in 1972, and the project of union was therefore abandoned. The Queen's Foundation remains and flourishes as a united college in spite of the failure of the churches it represents to unite.

[29] Jean-Marc Saint died in 2015.

[30] Strasbourg University has two theology faculties, Catholic and Protestant; these are the only theology faculties in France still linked to the State and which give State diplomas, an exception explained by the fact that Alsace was incorporated into the German Empire from 1871 to 1919, during which period the French Republic severed all links between church and state (in 1905). On the reincorporation of Alsace-Lorraine into France following the Treaty of Versailles, certain German practices, including the attachment of confessional university theology faculties to the State, were retained.

of approaching theology. I decided to take advantage of the possibilities for ministerial exchange laid down in the Reuilly text by working in the Reformed parish in Metz from 2009 to 2011. Here I was struck by the practical similarity of the professional tasks of Anglican priest and Huguenot pastor: the three New Testament marks of the church: worship, witness and service, are common to both; in both traditions, the heart and scope of being a minister involves leading worship, serving the community, witnessing to the truths of God in Jesus Christ, training others to worship, witness and serve, and living together in a Christian community. My diary was full of church services, pastoral visits, baptisms, weddings and funerals, confirmation classes, youth club evenings, seniors' club teas, meetings of the church council and with colleagues. Much of the work of the Reuilly Accords Contact Group surrounds the issue of *episkopè* in the church, with the historic differences between the Anglican and Huguenot confessions highlighted above occupying a key role in keeping the churches separate. But on the ground the practical experience of an Anglican priest confronted by episcopal authority in the form of his or her bishop, and that of the Huguenot minister faced with his or her *conseil synodal*, is identical, save for the fact that the conseil synodal as it exercises *episkopè* consists of more than one person. And an Anglican diocese may well have more than one bishop exercising *episkopè*, not to mention the parallel synodical structures at deanery, diocesan and national levels which have governed the Church of England since 1970. But there is one clear difference which sets the Anglican and Huguenot tradition apart in terms of how I experienced them working as a priest and pastor in both traditions. That difference is the approach to theology.[31]

Anglican and Huguenot theology: Reuilly looking back to *God's Reign and Our Unity* ***and forward to*** *Growth in Communion, Partnership in Mission*

These personal experiences of Reuilly are readily seen as consonant with the general thrust and conclusions of the 1984 report operational at a global level, *God's Reign and Our Unity*, and they equally readily look ahead to the nearly-identical conclusions and recommendations of the 2016 English-Scottish document *Growth in Communion, Partnership in Mission*..

The title of this article is drawn from the 1984 report, and the broad lines of an answer to the question *What keeps Anglicans and Reformed apart?* sketched by the report are as follows:

1. A Reformed tradition of setting down credal affirmations in confessions which is not shared by Anglicans (§7).
2. An Anglican concentration on liturgy as the locus for asserting credal affirmations which is not shared by the Reformed (§7).
3. Different conceptions of the aim of Christian unity across the two traditions, with Anglicans more concerned about organic ecclesial unity than Reformed (§§4, 13, 16, 105, 110).

[31] Unpublished text written in 2013.

4. Different views about the charism of*episcopè* across the two traditions, with Reformed unconvinced of the need to have *episcopè* exercised monarchically by individual bishops in dioceses. (§§9, 112).
5. Even given deep Anglican-Reformed commonalities of, say, baptismal and eucharistic theology (§§47, 62, 66) and ministerial theology (§§73, 91, 99), there are historic cultural, linguistic and stylistic differences which remain preponderant in Anglican and Reformed denominational consciousness. (§§21, 62, 122)[32]..

Point (5) is in effect the take-home message of the report, that Anglicans and Reformed have had much in common, especially in the first century after the Protestant Reformation, but that differences in style, outlook, culture and language have imposed firm practical boundaries between the two traditions. Frustrating as this may appear to ecumenical theologians, this verdict still seems true on the ground. It was our experience in Metz despite all the Anglican-Reformed doctrinal commonalities.

There is again a clear risk of slipping into overgeneralised stereotypes, because the Huguenot tradition is as varied and colourful as thc Anglican. In the most recent generation, the ranks of French Huguenots have been boosted by Protestants from the francophone nations in Africa, chiefly Côte d'Ivoire, Cameroon and Madagascar, who have (again to generalise) have added a more spontaneous and evangelical flavour to the Huguenot experience. But notwithstanding these reservations, I believe that there is a real lived distinction between Anglicans and Huguenots: Huguenots take theology as an intellectual exercise more seriously than Anglicans, and in particular Huguenots are interested in systematics more than Anglicans are[33]..In an Anglican context, theology can boil down to biblical studies, church history, philosophy and pastoral theology. Saying this is not a criticism: studying the Bible, the history of Christianity, the intel-

[32] All paragraph numbers are taken from the 1984 report of the Anglican-Reformed International Commission, *God's Reign and our Unity*. The full text is here: http://www.anglicancommunion.org/media/104250/1984_aco_warc_gods_reign_our_unity.pdf

[33] Take a list, admittedly my own, admittedly male, white and Oxbridge, of truly world-famous Anglican theologians of the twentieth century and their expertises: George Bell (ecumenical theology), Henry Chadwick (church history), Owen Chadwick (church history), Austin Farrer (philosophy of religion), David Ford (interfaith theology), Daniel Hardy (systematics), Geoffrey Lampe (New Testament), Donald MacKinnon (philosophy of religion), John Macquarrie (philosophy of religion), Charlie Moule (New Testament), Michael Ramsey (church history), Ian Ramsey (philosophy of religion), Keith Ward (philosophy of religion), Tom Wright (New Testament). Compare this with a similarly personally-motivated list of world class French Protestant theologians of the twentieth century and their expertises: Marc Boegner (systematics), André Birmelé (systematics), Oscar Cullmann (New Testament/systematics), Laurent Gagnebin (systematics), André Gounelle (systematics), Jacques-Noël Pérès (New Testament/church history), Albert Schweitzer (New Testament/ethics), Charles Wagner (systematics).

lectual framework in which ideas about God are to be placed, and how to work effectively in ministry are not vain enterprises; they are at the heart of the office and work of a Christian minister, apart from being intellectually satisfying in their own right. But in a Huguenot context, there is more of an accent on systematics, on the primary role of pure theology itself at the centre of theological enquiry.

This distinction could be said to emanate from the Reformation itself: the reformer of the Church of England was Thomas Cranmer, a liturgist of genius, whose primary written legacy was the incomparable Book of Common Prayer. The reformer of the Eglises réformées de France was Jean Calvin, a jurist turned systematician, whose primary written legacy was the *Institution de la religion chrétienne*, whose final edition in 1560 ran to 80 chapters in four volumes – a lengthy systematics treatise. Calvin's absorption with system in theology translates into a contemporary Huguenot tradition which remains comfortable with debates which operate around a nucleus of four Protestant theologians born in the 1880s: the Lutheran Rudolf Bultmann (born in 1884) and the three Reformed theologians Karl Barth (1886), Paul Tillich (1886) and Emil Brunner (1889), together with the Lutheran Dietrich Bonhoeffer (1906)[34]..

The likely response of the average Anglican student on reading the last paragraph or its footnote would be to tune out: this Continental systematising can seem a vast intellectual indulgence in a needy world. But at every level of Huguenot experience, in parish salons and confirmation classes right the way to the syllabuses of theology faculties, this systematic debate is central to the self-understanding of French Protestants[35]..

---

34 The quintessential debate in the early twenty-first century French Protestant tradition is still between the version of systematics espoused by Barth and Brunner, in which theology is seen as empirical, a form of science, a radical objectivity, a radical encounter with the divine (or, to switch French philosophical metaphors to Jean-Paul Sartre, as "l'être"), and the version of systematics espoused by Bultmann and Tillich, in which theology is seen as existential, as a radical subjectivity, as an optimistic idealism, as primarily a form of individual faith, as questioning (or, in Sartrean terms, as "le néant", where religious authority can only operate on the side of life which is existential, which is empirically void). A currently popular solution to this ongoing debate – which is in reality a profound conflict in systematics – is Bonhoeffer's, in which être and néant are combined to make theology a radical worldliness where God who is wholly Other is nonetheless wholly present in the world in Jesus Christ.

35 My experience is that this sense of self-identity stretches widely to include pride that the Huguenot diaspora in the Netherlands following Louis XIV's expulsion of Protestants from France in 1685 embraced what Jonathan Israel has called the "radical Enlightenment" (See J. Israel's monumental trilogy, *Radical Enlightenment: Philosophy and the Making of Modernity 1650–1750,* Oxford, OUP, 2001, *Enlightenment Contested: Philosophy, Modernity and the Emancipation of Man 1670–1752,* Oxford, OUP, 2006 and *Democratic Enlightenment: Philosophy, Revolution and Human Rights 1750–1790,* Oxford, OUP, 2011.) Professor Israel's thesis is that there were two culturally distinct European Enlightenments, moderate and radical, and that the radical was inspired by Benedict Spinoza. Spinoza's ideas were certainly

There are two themes which are integral to the Huguenot experience but which are unstressed, indeed foreign, to the Anglican experience: *systematics* and *radicalism*.. French Protestantism is overwhelmingly socialist politically; it is the opposite of reactionary; it is impregnated from top to bottom with a freedom of imagination and a high cultural sense; in French terms, it is republican (that is, anti-monarchist and tending to the Left) and wholly supportive of *la laïcité*[36].. All these factors differ from the English Anglican experience, with a majority church linked to the State and with a long tradition of political and theological moderation. The Huguenots espouse par excellence *la foi critique*, a critical faith open to modernity[37].. Anglicans equally embrace modernity, but they do it with a different accent and in a different style[38]..

Differences of temperament among Christian churches

Christians all recognise and bow before Jesus Christ's instruction in John's Gospel: "I do not pray for these only, but also for those who believe in me through their word, that they may be one; even as thou, Father, art in me, and I in thee, that they also may be in us, so that the world may believe that thou hast sent me[39].." The question is one of interpretation: do we hear Christ urging us to seek to construct a common organic institutional church structure? Or, noting that John does not refer at any point to a "church/*ekklesia*", do we hear Christ instructing

taken up and propagated by the Huguenot diaspora after 1685. After 1685, perhaps 60,000 Huguenots found themselves in exile in the Netherlands, where – aware of the doctrinal disputes of their Reformed hosts, liberal Remonstrants combating conservative Voetians and others – they joined and contributed towards a radicalising of Reformed theology, sometimes at the limits of Spinozism, a theological outlook to make any Anglican archbishop uncomfortable. The list of Huguenot participants in this radical theological process is long, illustrious and radical: Denis Vairesse, Simon Tyssot de Patot, Pierre Bayle, Prosper Marchand, Bernard Picart, Aubert de Versé, Jean Aymon, Yves de Vallone, Nicolas Guerdeville and Isaac de La Peyrère. It is, from an intellectual-historical point of view, impossible not to see a direct lineage between the ideas of Pierre Bayle and Simon Tyssot de Patot and the radical generation of French sceptics which followed them (Bernard Le Bouyer de Fontenelle, Julien Offray de La Mettrie, Denis Diderot) and then to the generation of Protestant French revolutionaries which followed them (Jacques Necker, Antoine Barnave, François-Antoine Boissy d'Anglas, Pierre Joseph Cambon, André Jeanbon Saint-André, Jean Julien de Toulouse, Jean-Paul Marat, Jean-Paul Rabaut Saint-Etienne). We might even say that these Protestant revolutionaries exacted an unconscious revenge on Louis XIV by guillotining his great-great-great grandson Louis XVI.

36 An exception would apply in Alsace-Lorraine, where the local laws give the churches certain material benefits, but even there we sense that the Reformed would be willing to sacrifice these on the laïcité principle.

37 Our common, teasing phrase, used as an Anglican priest working in the French Reformed parish in Metz, was that the Huguenots were "les enfants terribles de l'église chrétienne"–"the bad boys of Christianity". Our parishioners accepted the epithet with pride.

38 See footnote (9) above for clear examples of this difference of style, manner and approach.

39 John 17:20–21 (RSV).

us to form unlimited spiritual relationships with our brothers, sisters and neighbours, in the image and likeness of the intimacy of the Father, the Son and the Paraclete? These two alternatives, which are not mutually exclusive, immediately reflect broadly Anglican and broadly Reformed approaches to Christian unity, and there is no denying that the approaches are distinct.

Whilst we cannot reduce the Reformed tradition to Calvin or to its French beginnings (it was Calvin himself who preferred the term "Eglise réformée" to "Eglise calviniste" precisely because he saw that the Reformed tradition was bigger and broader than himself or his own fiercely patriotic French identity)[40], we believe that the origins of the Reformed tradition in a non-Anglo-Saxon culture have lent it significant cultural differences from an Anglican tradition which, even if only a small minority of its adherents are now white Anglo-Saxons, still retains an overwhelming Anglo-Saxon, anglophone theological character. To understand even non-Huguenot Reformed theology and outlook, close study of the Gallic origins of this Christian tradition bears fruit[41].. The French are different from the English in religious and political style. The Reformed are different from Anglicans in religious and political style. Despite the great ecumenical strides of the late twentieth and early twenty-first centuries, which have revealed to Reformed and Anglicans their basic unity of faith, it is this cultural difference which keeps them apart.

40 Whilst it is difficult to calculate from information proffered by the World Communion of Reformed Churches, our estimation is that the majority of today's Reformed Christians speak English: http://wcrc.ch/

41 For an excellent recent study of the intellectualism and political radicalism typical of the French, see: Sudhir Hazareesingh, *How the French Think,* London, Allen Lane, 2015, *passim..*

La supranationalité des missions protestantes De la Société des Missions Evangéliques de Paris à la Conférence d'Edimbourg

Léonard Rwanyindo

Introduction

Cet article a l'objectif de parler de la dimension de supranationalité qui a caractérisé les Missions protestantes tout au long des XIX-XXème siècles. Nous traiterons ce sujet depuis l'amorce de l'esprit missionnaire, d'abord catholique, ensuite protestante, entraîné par la découverte de ce qu'on a appelé **le Nouveau monde**.

Les protestants ont été et restent minoritaires surtout dans les pays d'expression francophone. Le facteur de minorité n'a pas facilité leur travail d'évangélisation ni d'expansion. L'environnement politique souvent hostile à leur égard a été un frein qui a duré longtemps et qui se poursuit dans certains coins du monde en faillite de démocratie. Nous voulons examiner comment les Missions protestantes feront face et résisteront intelligemment aux oppositions politiques et confessionnelles dirigées contre elles.

Le lancement des Missions extra-Europe

Pour comprendre ce lancement missionnaire au-delà de l'Europe au XVème siècle, il faut recourir aux découvertes dirigées par les Espagnols et les Portugais. Christophe Colomb qui découvrit le chemin des Amériques en 1492 et Vasco de Gama celui de la Route des Indes. Cette ambition d'exploration du monde a donné un nouvel élan aux Européens pour la découverte d'autres coins du monde jusque là inconnus. Karl Heussi et Eric Peter parlent des conséquences politiques et religieuses de cette ambition exploratoire qui a pris son essor au XVème siècle :

«La politique coloniale comporte un aspect religieux : le zèle missionnaire se réveille au sein de l'Eglise. En Amérique, aux Indes, aux Japon, en Chine, les Franciscains, les Dominicains, les Jésuites surtout travaillent aves succès.»[1]

Les mêmes auteurs parlent du déclin des Missions chrétiennes intervenu au XVIIème siècle. Il faudra attendre le XIXème siècle pour assister à l'expansion missionnaire à travers le monde. Cette nouvelle aventure était liée à la colonisation qui s'imposait de plus en plus et s'implantait davantage en Afrique, en Asie et ailleurs sur tous les continents.

Comme notre sujet s'intéresse aux Missions protestantes, nous voulons aussi faire un petit saut vers l'esprit missionnaire des Eglises nées de la Réforme protestante au XVIème siècle.

La Réforme protestante et la Mission

La question missionnaire des Eglises nées de la Réforme protestante divise les historiens. La plupart d'entre eux pensent que la grande préoccupation des Réformateurs protestants n'était pas d'apporter l'Evangile vers l'extérieur de l'Europe du moins dans le sens missionnaire des XIX-XXème siècles. Leur premier souci était de réformer l'Eglise en Europe. C'était leur souci le plus pressant et urgent avec la conviction de ne pas disperser leurs énergies ailleurs mais de les conjuguer. Certains théologiens vont jusqu'à écrire que les protestants se préoccupaient moins de ce qui passait dans le reste du monde.[2]

L'objectif le plus visé par les Réformateurs (Luther, Calvin et autres,) n'était pas d'apporter l'Evangile aux païens mais de réformer d'abord l'Eglise qui avait perdu sa pureté de doctrine et de moeurs de l'époque apostolique.[3]

En accordant la parole à Théodore de Bèze, l'un des Réformateurs strasbourgeois, nous prenons connaissance de ce qui se disait concernant les Missions. Laissons-lui la parole dans les termes ci-dessous :

«Je crains que nous ne devons pas rechercher curieusement si les apôtres on atteint toutes les nations, ni non plus nous inquiéter grandement d'une mission auprès des autres nations les plus éloignées, car il y a chez nous et autour de nous bien assez de travail pour nous et nos descendants.»[4]

Cet esprit d'une Eglise qui doit rester interne sur le continent européen interpelle mais est à situer et à comprendre dans le contexte politico-religieux pour le pro-

---

[1] Heussi, K., Peter, E., **Précis d'Histoire de l'Eg**lise, Editions Délachaux et Niestlé, Suisse, 1967, p. 186.

[2] BRAEKMAN, E., **Histoire du protestantisme au Congo**, Editions de la Librairie des Eclaireurs unionistes, Bruxelles, 1961, p. 24.

[3] Ibid., p. 21

[4] Ibid., p. 24.

testantisme qui se cherchait encore. Il fallait que les protestants puissent d'abord consolider leur existence avant d'envisager de se lancer sur les autres continents. Faut-il demander à un enfant qui apprend à manger de commencer par la nourriture solide ou de commencer cette nouvelle étape de sa vie par boire du lait ? Comme l'écrit l'apôtre Paul :

«Je vous ai donné du lait, non de la nourriture solide, car vous ne pouviez pas la supporter ; et vous ne le pouvez pas même à présent ... »[5]

Même si le contexte n'est pas le même pour une telle comparaison il y a pourtant une indication d'état de fragilité d'un protestantisme naissant dans des conditions politiques et religieuses qui ne lui étaient pas favorables. Il est tout à fait clair qu'un enfant n'apprend jamais à marcher en commençant par courir afin d'éviter de tomber. Nous ne nous empêchons pas de penser qui si les protestants avaient eu les moyens matériels et en ressources humaines pouvant leur permettre d'aller vers d'autres peuples, leur position aurait été autre.

Si l'élan missionnaire protestant a dû attendre le mouvement piétiste et le Réveil, nous devons savoir qu'il y a eu auparavant quelques tentatives missionnaires vers l'extérieur de l'Europe. Relevons la pensée d'Adrien Saravia dans son Traité sur les ministères :

«L'ordre d'aller prêcher l'Evangile jusqu'aux extrémités du monde ne concerne pas seulement le siècle des apôtres, mais tous les siècles postérieurs, jusqu'à la fin du monde. D'ailleurs le fait même de l'extension actuelle de l'Eglise à une plus grande partie de la terre que celle que les apôtres ont pu évangéliser montre bien que le ministère de la prédication missionnaire n'était pas limité aux seuls apôtres... » Il termine sa pensée par écrire :

«Ce ne sont pas des individus qui doivent partir en mission de leur propre autorité ; l'Eglise seule possède l'autorité apostolique nécessaire pour envoyer en mission des hommes idoines et elle a le devoir de le faire aussi longtemps qu'il existera encore des peuples vivant dans l'ignorance de Dieu.»[6]

François Zorn nous résume la priorité des priorités pour des réformateurs dans l'annonce de l'Evangile :

«Pour les réformateurs, la première cible de la parole de Dieu puisée directement dans les Ecritures, c'est l'Eglise elle-même, qu'elle soit restée dans le giron de Rome ou qu'elle en soit sortie en se nommant promptement «Eglise évangélique». Toute l'Eglise doit connaître une réformation et ce processus n'est pas nouveau ; ce qui l'est, par rapport aux précédentes et nombreuses réformes que l'Eglise a connues, c'est qu'elle ne se fait plus au nom du retour à l'Antiquité classique mais en se référant à la Modernité, tant

---

[5] I Corinthiens 3 : 2.

[6] BRAEKMAN, E.,M., Op.cit., pp. 25–26

en matière de piété que de comportement des individus dans l'Eglise et dans la société. L'individu comme l'Eglise sont donc à réformer par la parole divine seulement.»[7]

Ce texte et d'autres qui étudient cette période des réformateurs et les Missions démontrent ce souci permanent de préoccupation de réformer l'Eglise en profondeur sur le continent européen avant peut-être d'envisager d'aller sur les autres continents.

En confrontant la pensée missionnaire de Théodore de Bèze à celle d'Adrien Sarivia, nous constatons une divergence très nette mais cela ne signifie pas l'absence totale d'initiative même si nous pouvons parler d'un fait ponctuel et un peu marginal par rapport à ce qu'on peut qualifier d'élan missionnaire qui, lui, interviendra plus tard.

Dans les obstacles qui se dressaient sur le chemin et pouvaient empêcher l'esprit missionnaire, nous voulons signaler la position de l'Espagne et du Portugal, les premiers pays dans la course vers la colonisation et l'évangélisation d'autres continents. Le Traité de Tordesillas est à évoquer. Il s'agit d'une alliance conclue entre la papauté, les Espagnols et les Portugais réputés catholiques. Les deux pays se répartissaient l'évangélisation du monde en dehors de l'Europe. Ce Traité date du 7 juin 1494. Il avait un caractère international et établissait le partage entre les deux premières puissances coloniales citées ci-dessus avec exclusivité. Les autres puissances occidentales maritimes, notamment la France, l'Angleterre et les Pays-Bas n'avaient pas le droit sur ces nouvelles terres à cause de ce Traité. C'est un obstacle de détails à mettre dans le dossier de ce qui pouvait barrer le chemin missionnaire aux Eglises encore naissantes de la Réforme au XIème siècle. Les Portugais régnaient en maîtres sur les côtes africaines. Ce frein de territorialité politico-coloniale n'est ni à négliger ni à oublier mais à signaler dans ce qui pourrait justifier le retard des protestants dans le lancement du projet missionnaire vers les terres lointaines. Malgré cela, quelques initiatives ont été prises même si nous pouvons les considérer insuffisantes.

La présence missionnaire protestante au Brésil

Même si nous ne pouvons pas parler d'élan missionnaire au même titre que celui qui verra le jour au XIXème siècle avec accélération au XXème, nous ne pouvons pas passer sous silence la présence protestante au Brésil dès novembre 1555 avec la bénédiction de Genève de Jean Calvin. C'est le 12 juillet 1555 qu'un certain Nicolas de Villegagnon quitte la France pour aller fonder une colonie fran-

---

[7] ZORN, F., **Un héritage perdu et retrouvé. La vision missionnaire des réformateurs Luther et Calvin**, art, dans Revue Spiritus, dossier La Réforme et la mission chrétienne, n°227, juin 2017, p. 161.

çaise dans ce qu'on appelle le Nouveau monde. Difficile de qualifier cette initiative clairement parce qu'il était plutôt question :

«De préparer en ces lieux un refuge pour ceux qui voudraient s'y retirer pour fuir les persécutions»[8]

La suite nous apprend que l'objectif était de s'adresser aux sauvages (terme de sauvage employé par Villegagnon lui-même dans sa correspondance) pour leur salut. D'où l'idée de refuge ne peut pas nous empêcher de parler de l'esprit de Missions.

Cette entreprise a bénéficié du soutien de plusieurs notables protestants. A son arrivée le 10 novembre 1555 au Brésil, Villegagnon crée une colonie qui porte le nom «Ile Coligny».[9]

L'expédition vers le Brésil a quitté la France sous le patronat de l'Amiral de Coligny qui avait manifesté une certaine sympathie à l'égard des protestants. Cette présence protestante dans un pays d'Amérique latine ne sera pas un long fleuve tranquille. Villegagnon et son équipe seront confrontés à une forte opposition et à la révolte des colons. Craignant d'être dépassé par la situation, il a été obligé de faire appel à Genève pour solliciter des renforts. Le contenu de la lettre qu'il a adressée à Calvin le 31 mars 1556 révèle sa crainte de voir échouer cette initiative pourtant jugée importante dans son objectif d'attirer les sauvages à la connaissance de leur salut :

«Il demandait toute l'aide et tout le secours que l'Eglise et les ministres genevois lui pourraient accorder en cette saine et sainte entreprise… Il priait instamment que, pour mieux le réformer, lui et ses gens, et pour attirer les sauvages à la connaissance de leur salut, de nombreuses autres personnes bien instruites en la religion chrétienne accompagnent les dits ministres dans leur traversée.»[10]

La réponse venue de Genève est significative dans le sens qu'elle exprime la reconnaissance à Dieu parce que l'oeuvre du Christ est en marche dans un pays lointain, en terre étrangère auprès des nations vivant dans l'ignorance totale de Dieu. Nous avons ici des ingrédients de tentatives d'action missionnaire d'une Eglise réformée en dehors du continent européen.

Même s'il est difficile de savoir réellement l'implication de Calvin dans cette aventure missionnaire au Brésil, le témoignage de Villegagnon exprime le sentiment de soutien reçu de l'homme fort de Genève :

---

8 BUCKLER, A., **Jean Calvin et la Mission de l'Eglise**, Editions Olivétan, 2008, p. 36.

9 Coligny : Amiral Gaspard de Coligny est un notable français né le 16 février 1519 à Châtillon-sur-Loing. Il est mort assassiné à Paris, lors des massacres de la nuit de Saint-Barthélemy du 24 août 1572.

10 Ibid., p. 36

«Je pense qu'on ne saurait déclarer en paroles combien m'ont réjoui vos lettres, et les frères qui sont venus avec elle.»[11]

Après cette constatation d'échange épistolaire et d'envoi de renforts sollicités par Villegagnon et ses compagnons de voyage, nous pouvons dire que le soutien de l'Eglise de Genève est sans contestation. Les consignes de Genève étaient de donner d'abord le lieu de culte aux colons et ensuite de s'occuper de l'évangélisation des païens. François Zorn écrit que cette tentative d'apporter l'Evangile en Amérique latine a été qualifiée par les missiologues et ecclésiologues d'occasionalisme missiologique de Calvin.[12]

Signalons que cette initiative s'est soldée par un échec car les pasteurs envoyés de Genève n'ont pas réussi à établir de vrais contacts avec le peuple indien. Cet échec n'est pas un cas unique mais nous renvoie à d'autres connus, notamment celui des Missions catholiques dans le royaume du Kongo[13] en Afrique australe.

Du XVème siècle au XVIIème siècle, les Portugais ont eu le monopole missionnaire exclusif sur le contient africain à partir des côtes qui étaient le lieu d'entrées et de sorties commerciales avec ce qu'on appelle des comptoirs. Il faut rappeler qu'en plus du commerce, les explorateurs et les souverains européens avaient l'objectif d'apporter la Bonne Nouvelle aux peuples qui ne l'avaient pas reçue.[14] L'ambition du portugais, le prince Henri le Navigateur est un exemple par excellence dans ce domaine. Il disait faire tout pour déjouer l'influence musulmane, qu'il taxait d'ennemi de la foi chrétienne, et voulait apporter la foi aux peuples d'autres pays.[15]

Parlons de la présence missionnaire au royaume du Kongo. Après la découverte de l'embouchure du Kongo par le Portugais Diego Câo en 1482, les relations entre le royaume de Kongo et le Portugal allaient s'intensifier. Le roi de ce petit royaume ayant apprécié l'art de la construction des bateaux et de la navigation demande aux Européens de lui envoyer quelqu'un pour enseigner son peuple. A notre époque, nous parlerions de séduction technologique. Cette période comportait toujours l'attitude de séduction afin de pouvoir s'installer sur la terre à coloniser avant de passer à l'usage de la force quand la séduction maligne ne marchait pas. Nous parlons de maligne parce que l'objectif du colon était l'exploitation des richesses sans l'avouer au préalable. Il était animé par des raisons économiques sans vraiment révéler ses intentions aux futurs colonisés.

---

11 Ibid., p. 38.

12 ZORN, F., op. cit., p. 162.

13 Kongo : royaume situé vers l'Angola qu'il ne faut pas confondre avec les deux Congo.

14 FALK, P., **La croissance de l'Eglise en Afrique, Imprimerie Saint-Paul**, Kinshasa, 1985, p. 47.

15 Ibid., p. 47.

Déjà une ambassade du Kongo voit le jour au Portugal en 1491. Ce fut à cette même période qu'un contingent de missionnaires composé de maçons et de charpentiers arriva au Kongo pour construire une partie de la capitale. Signalons que la stratégie missionnaire catholique différait considérablement de celle des protestants. Alors que le missionnaire catholique se dirigeait directement vers l'autorité du pays, le protestant, lui, allait vers la population car il estimait avoir la mission de l'évangéliser et de la changer en lui parlant du Christ. Le slogan catholique consistait à dire que celui qui a la tête a le corps, c'est-à-dire qu'une fois que le missionnaire catholique était accepté par l'autorité du pays, ce dernier était automatiquement déclaré catholique. C'est dans ce sens que le roi du Kongo, sa femme et son fils aîné, Alphonso reçoivent le baptême. Ce baptême était le signe de bonnes relations entre le Portugal et le royaume du Kongo qu'on espérait voir durer pendant longtemps.

Cette présence missionnaire catholique connaîtra des moments de faiblesse à cause des maladies qui entraînaient la mort précoce des missionnaires ou les obligeaient à regagner l'Europe. A un certain moment, la situation politique est devenue tendue et les Portugais ont été massacrés lors d'émeutes tribales. Cette opposition farouche de la population n'est pas un cas unique parce que la colonisation s'est installée souvent dans la douleur à cause des contestations de peuples qui se voyaient envahis.

Les efforts d'évangélisation de ce petit royaume voisin du royaume de l'Angola se terminent par un échec. Au XVIème, les Portugais privilégiaient le commerce d'esclaves au lieu de l'évangélisation. Ce choix était dicté par les intérêts économiques. Ils avaient de plus en plus besoin de gens pour travailler dans les plantations de l'île de Sâo Tomé et devaient répondre aux besoins pressant de trouver des travailleurs robustes (Les Africains ayant plus de résistance aux maladies tropicales) pour leurs plantations en Amérique latine.[16] Cette initiative missionnaire dans ce petit royaume s'est terminée par un échec comme celle de Villegagnon et ses compagnons au Brésil. Ce n'est pas pour autant que l'esprit missionnaire s'arrêtera parce que l'élan missionnaire protestant ne viendra pas des Eglises établies mais des mouvements missionnaires nés du mouvement piétiste et de Réveil.

L'esprit missionnaire et le piétisme

Le mouvement piétiste a déclenché un nouvel élan missionnaire chez les protestants qui à leur tour allaient se lancer à l'assaut des autres continents pour annoncer le salut à ceux dont la société occidentale disait qu'ils vivaient dans le monde des ténèbres. Pour mieux comprendre l'intensité suscitée par cette période

[16] FALK, P., op.cit., pp 53–54.

dans la création des Sociétés missionnaires protestantes, il faut connaître les principaux critères du piétisme qui prend son essor dans le protestantisme allemand en 1690–1730.

Quatre critères sont à signaler :

- Une piété très orientée vers l'être intérieur ;
- Une piété d'action (l'amour du prochain devait s'exprimer par des actions concrètes notamment dans la création d'hôpitaux, écoles, maisons d'accueil, etc.) ;
- Une piété de rupture nette avec le monde et ses plaisirs (danses, théâtres, lectures profanes, etc.,) ;
- Une piété qui se sent étrangère à l'Eglise d'Etat.

Pour les défenseurs de ce genre de piétisme, l'Eglise d'Etat était jugée mondaine. Il fallait s'en méfier et rompre avec elle. Ce mouvement a gagné beaucoup de sympathisants chez les petits groupes de fidèles qui deviendront ses grands supporteurs pour porter l'Evangile en terres païennes[17] en obéissance aux Ecritures qui étaient la principale et importante référence.

Philippe Spener, théologien alsacien devient le chef de file de ce mouvement qui allait donner l'impulsion missionnaire protestante à partir de l'université de Halle où son ami Auguste Herman Franck (1663–1727) devient professeur. Ce dernier deviendra le chef spirituel de la Mission luthérienne dans la colonie indienne de Tranquebar.[18]

Ce qui a été qualifié de froideur des Eglises traditionnelles établies allait provoquer un grand mouvement de Réveil chez les protestants anglais à la fin du 18ème siècle. L'accent sera mis dans le domaine missionnaire, biblique et social. La terre païenne devient la priorité des priorités pour porter le Christ en dehors du continent européen. L'évolution politique dans le monde facilitera cette ambition missionnaire protestante. Le XVIIIème siècle voit les souverains protestants être en possession des comptoirs dans les terres lointaines. François Zorn parle de ce tournant missionnaire :

«Ainsi, on voit dès 1706 le missionnaire allemand Ziegenbalg, du groupe du piétisme de Halle, créer dans le comptoir danois de Tranquebar aux Indes une première Eglise protestante (luthérienne). Puis en 1721, c'est le pasteur luthérien Hans Egede qui atteint l'île d'Imerksok sur la côte ouest du Groenland, où les Danois disposent d'un comptoir de pêche, et qui commence la première mission auprès des Esquimaux.»[19]

Sous l'impulsion de ce grand mouvement de Réveil, la porte est ouverte pour la création et le travail des grandes Sociétés missionnaires protestantes. Elles allaient

---

17 PETER, E., HEUSSI, K., op. cit., p. 196.

18 Ibid., p. 198.

19 Zorn, F., op. cit, p. 163.

s'occuper de l'évangélisation du monde dans un esprit de communion et d'interdépendance comme nous le verrons dans la suite. Notons que l'existence de ces comptoirs tenus par les pays protestants était un encouragement et un stimulant pour les Missions protestantes.

En 1792, William Carey crée la Société Missionnaire Baptiste (SMB) qui devient ainsi la première grande Société missionnaire protestante.[20] Elle sera suivie par la fondation des autres. Nous citons la Société Missionnaire de Londres qui sera très active dans l'action missionnaire d'esprit supranational et dans la création des autres dont celle de la Société Evangélique des Missions de Paris (SEMP).

La création de la Société Evangélique des Missions protestantes de Paris

En parlant de la fondation de cette Société de Paris, nous voulons souligner l'accent d'esprit missionnaire supranational qui se manifestera dès le début de sa création et sans lequel elle n'aurait pu voir le jour.

Il est bien de rappeler le contexte sociopolitique français à l'égard des protestants. Les protestants français ont été victimes de persécutions pendant deux siècles au moins. La révocation de l'Edit de Nantes intervenue en 1685 les a placés dans une situation de précarité. Il y aura la période de charte de Louis XVIII qui allait redonner l'espoir de liberté :

«Après la chute de l'Empire, Louis XVIII, dans la charte qu'il octroya à ses sujets, confirma les libertés que Napoléon avait accordées aux non-catholiques ; rassurés, les protestants purent envisager leur action dans des domaines que n'avaient pas réglés les articles organiques.»[21]

Ce changement politique pouvait permettre aux pasteurs et aux consistoires de fonctionner sans crainte ni risquer leur vie. Ce ne fut pas le cas parce que la méfiance de Napoléon à toute assemblée délibérative n'a pas permis la création du synode. La situation se compliquait parce que toute activité hors du culte dominical avec une concertation nationale était simplement interdite. Kruger et ses collègues décrivent la situation pouvant étonner quiconque qui l'apprendrait dans la France actuelle :

«Pour les Eglises organisées selon de telles lois, il ne pouvait être question d'imprimer ou de vendre des Bibles, ou des recueils de cantiques, d'ouvrir des écoles et des écoles normales, d'avoir des hôpitaux et des asiles, de former des diaconesses ou d'envoyer des missionnaires. La loi ne leur laissait d'autres choix que de fonder des sociétés charitables consacrées à ces activités.»[22]

---

20 CAREY, W., deviendra missionnaire en Indes

21 KRUGER, E., BLOCHER, J., BLANC, R., Histoire des Missions protestantes françaises, Editions, Le Phare, Namur, 1970, p. 15

22 Ibd., p. 16.

Dans un tel contexte et climat politiques, il fallait être créatif et prudent et bénéficier de la collaboration des autres Sociétés missionnaires protestantes afin de parvenir à la création de la SEMP.

Différentes initiatives ont été mises sur pieds. On a procédé d'abord à la création d'une société biblique en 1818 ayant des comités régionaux à travers toute la France. L'objectif était la diffusion de la Bible. Cette initiative a été suivie par la fondation d'une société des traités religieux. Deux sociétés : celle de la morale chrétienne et de l'instruction primaire suivront très rapidement. La plupart des personnalités, membres de ces différentes sociétés venaient de l'aristocratie française d'une part et d'autre, il s'agissait des pasteurs touchés par le Réveil qui avait commencé par gagner Genève en 1810 et qui rayonnait en France. Cette présence des aristocratiques était une chance qui pouvait faciliter l'avenir des protestants longtemps persécutés.

Un autre élément très important est à signaler. Il s'agit de l'influence des Frères moraves qui gagnait de plus en plus les milieux français. Cette influence morave sera un atout dans le futur missionnaire des protestants français car elle faisait que les pasteurs et les chrétiens étaient informés des activités missionnaires protestantes dans les autres pays.

La Société Evangélique des Missions de Paris et les autres Sociétés des Missions protestantes

Les différentes informations dont nous venons de parler faisaient que les protestants touchés par le Réveil cherchaient de plus en plus à savoir ce qui se passait ailleurs sur le plan missionnaire. C'est pourquoi ils s'abonnaient aux publications de la Société des Missions de Bâle, de Londres et de la Church Missionary Society. Celle-ci a été créée en 1800. La revue «Archives du Christianisme» a vu le jour en 1818 sous l'initiative du pasteur Juillerat.[23] Ce fut une occasion très importante de diffuser des nouvelles missionnaires reçues des différentes Sociétés missionnaires protestantes en oeuvre dans le monde. L'objectif n'était pas d'informer uniquement mais de contribuer à faire connaître l'Evangile dans le monde proche et lointain et de continuer à susciter l'intérêt pour les Missions protestantes en terres païennes. Ainsi petit à petit, les persécutés français participaient indirectement mais efficacement à l'action missionnaire qui passionnait les milieux chrétiens touchés par le Réveil. L'enthousiasme ne cessait de croître malgré les obstacles politiques dont nous avons parlés précédemment.

Les contacts internes et externes s'intensifiaient en France. La collaboration avec la Société des Missions de Bâle s'activait davantage. Les comités auxiliaires nés ailleurs sous l'initiative de C.G. Blumhardt (directeur de la Société des Mis-

[23] Ibdi., p. 17.

sions de Bâle) devenaient très actifs en Allemagne et en Suisse en attendant qu'ils franchissent la frontière française. Cette collaboration inter-Missions protestantes très intense avec une dimension internationale ne faisait que susciter de plus en plus l'intérêt missionnaire dans tous les milieux protestants et donnait envie de travailler ensemble afin de se soutenir mutuellement face à l'hostilité politique. L'enthousiasme croissant faisait penser à la création des comités auxiliaires en France sous leurs formes, en Allemagne et en Suisse.

Grâce à tous ces préliminaires préparatoires, l'idée de création d'une Société missionnaire française était estimée suffisamment mûre pour qu'on puisse passer à la création d'une société auxiliaire à celle de Bâle. Après cette longue préparation, la SEMP voit le jour en novembre 1822 grâce à cette collaboration inter-Missions protestantes très intense. La Société des Missions de Londres a joué un grand rôle dans ce cheminement. L'objectif de la création de la SEMP n'était pas d'aller directement ouvrir ses propres champs missionnaires en terres païennes mais d'apporter l'Evangile aux peuples non-chrétiens établis en France.[24]

Dès sa création, la SEMP a été le témoignage de cette dimension de l'esprit missionnaire supranational qui a toujours renforcé les Missions protestantes afin de les faire tenir dans leur fragilité d'être minoritaires dans certains pays et sur le plan aussi bien national qu' international. Cette dimension inter-ecclésiale et internationale sera une force considérable de fonctionnement interne et de survie pour beaucoup de protestants victimes de persécutions dans certains pays. La suite nous apprendra combien la fragilité de la minorité est aussi sa force parce qu'elle lui impose la conjugaison de tous les efforts. On dit qu'un groupe minoritaire ethnique, religieuse, etc., s'aime. Ceci est vrai mais cet amour n'est pas si naturel, il est aussi conditionné par sa survie. Sans entraide mutuelle, la minorité risque d'être opprimée sans défense et de disparaître tout simplement. En déployant tous ses efforts, elle se constitue une force de résistance qui lui permet de survivre.

Comme la Mission de Bâle avait longtemps travaillé avec les Missions protestantes en Allemagne, la SEMP a suivi cet exemple et s'est mise très vite à la disposition des autres Missions protestantes afin de les faire bénéficier des différents outils de formations en langues étrangères à Paris. Le travail de la SEMP bénéficiera de l'aide des autres afin de pouvoir travailler malgré l'article 291 du code pénal français qui interdisait tout rassemblement de plus de vingt personnes.[25] C'est grâce à cette dimension de Missions inter-ecclésiales et internationales que la SEMP a pu travailler sans être dissoute. Cette loi d'interdiction ne sera abrogée qu'en 1901. Le comité directeur de la SEMP pouvait se réunir chez Mark Wilks, le représentant de la SML à Paris.

---

[24] Ibid., p. 19.

[25] Ibid., p. 21.

Dès le 09 juillet 1823, le comité directeur a pris une décision importante et très audacieuse. Il a ouvert à Paris la Maison des Missions dans laquelle les étudiants de la Mission de Bâle ont été reçus en octobre 1923. La direction de cette Maison sera confiée à Jean Henri Grandpierre, originaire de Neuchâtel en Suisse recommandé par Blumhardt. Le premier étudiant à y être reçu ne sera pas Français mais le pasteur Jonas King, un Américain qui apprenait les langues orientales à Paris en préparation pour aller travailler au Proche-Orient comme missionnaire. Il sera logé avec trois autres étudiants envoyés par Blumhardt dont l'un d'eux travaillera en Inde au service de la SMB et l'autre en Grèce ensuite en Syrie au service de la Church Missionary Society. Le troisième, originaire du Jura bernois, deviendra missionnaire en Abyssinie sur le compte de la Mission anglicane.[26] Grandpierre sera un homme très utile et engagé dans les relations internationales. Il enverra les premiers missionnaires de la SEMP en Afrique australe, région d'expression anglophone. Cela est aussi significatif dans l'expérience de coopération au-delà du nationalisme de cette époque.

Cet esprit de Mission supranational sera la force de toutes les Missions protestantes en terres païennes, souvent obligées de se défendre contre les oppositions politiques sous l'influence d'un catholicisme très agressif à toute présence protestante. La dispersion des Missions protestantes aurait été synonyme de leur mort ou du moins de leur insignifiance dans le monde dominé par les Missions catholiques avec beaucoup de moyens financiers et en ressources humaines. Cette interdépendance et coopération des Missions protestantes marquera le protestantisme et sera renforcée par les décisions prises lors de la conférence internationale tenue à Edimbourg en 1910.

L'esprit d'Edimbourg

Les Sociétés missionnaires protestantes ont très vite senti le besoin et la nécessité de se réunir régulièrement et de cultiver la communion fraternelle. La conférence internationale d'Edimbourg a souligné et accentué la nécessité de coopération missionnaire entre toutes les Sociétés missionnaires protestantes. Tout le monde présent à Edimbourg a exprimé l'urgence et la volonté de travailler ensemble pour l'évangélisation du monde. Il a été recommandé de faire tout pour la consolidation de bonnes relations inter-missionnaires. L'esprit de Mission dominait sur le sentiment de nationalisme. Ce fut l'occasion de créer ce qu'on a appelé des comités ou des conseils chrétiens régionaux qui devaient être constitués dans chaque champ de Missions. C'est suite à cela que l'on a vu naître des conseils chrétiens au Zaïre (Congo Kinshasa), en Afrique du Sud, au Mozambique, en Angola, au Kenya, au Nigeria, au Ghana, au Zimbabwe, etc. Le moment de leur

[26] Ibid., pp. 26–27.

création viendra aussi dans les pays d'expression francophone : au Burundi, Cameroun, Madagascar et au Rwanda. Ils seront les facilitateurs de **communion fraternelle** entre les Eglises et les Missions de différentes confessions oeuvrant dans un même pays.

La force de ces comités ou conseils régionaux a été le renforcement de collaboration, le cimentage de l'esprit de fraternité. Cet esprit a été la force de la minorité protestante qui risquait d'être étouffée et écrasée par la domination des Missions catholiques et leur influence politique dans le monde.

Nous voulons donner quelques exemples concrets qui ont été les fruits de l'esprit de Mission supranationale protestante. Cet esprit a permis aux Missions qui n'avaient pas assez de moyens financiers et en ressources humaines de bénéficier du soutien des autres. La Société belge de Missions protestantes au Congo créée en 1910 et qui, en 1921, a repris les stations missionnaires luthériennes au Rwanda, en ruine à cause de la première guerre mondiale, n'aurait pas pu travailler sans le soutien des autres Sociétés soeurs en Afrique centrale ni briller sur la scène internationale. La conjugaison des efforts a permis aux missionnaires protestants belges et anglicans au Rwanda à ouvrir l'école normale à Shyogwe dans le centre-sud du Rwanda en 1958 sans laquelle les protestants n'auraient jamais eu d'enseignants dans leurs écoles primaires.[27]

Un autre secteur très important rendu possible par cet esprit supranational est celui de la traduction et la diffusion de la Bible à travers le monde. C'est grâce à la collaboration entre les différentes Missions protestantes au Rwanda avec les Anglicans et les protestants belges en tête que la traduction de toute la Bible en Kinyarwanda a vu le jour en 1957. C'est un travail énorme qui n'aurait jamais pu être réalisé sans bénéficier de l'expérience de la Mission anglicane au Rwanda ni celle de la Société Biblique Britannique et Etrangère fondée en Angleterre en 1804. L'esprit de Mission supranational a servi de couverture de protection des Missions les unes pour les autres. Nous donnons l'exemple de la protection de la Mission anglicane au Rwanda par la Société belge de Missions protestantes au Congo. Nous citons ce témoignage de l'un des missionnaires anglicans lors d'une réunion inter-Missions :

«La Mission belge a été et sera de plus en plus notre point de contact avec le gouvernement. Avec elle, nous formons un corps dont on peut se sentir de même parenté ; sans elle, nous sommes des étrangers. C'est la seule Mission qui représente le protestantisme belge parmi les païens et la moindre retraite ici ferait tort à l'influence des forces protestantes en Belgique.»[28]

[27] RWANYINDO, L., **Le protestantisme belge dans la région des grands lacs**, Editions Publibook, Paris, 2003, p. 203.

[28] Ibdi., p. 285.

Cette intervention du missionnaire anglican témoigne combien la résistance protestante n'aurait pas été possible sans l'esprit supranational. Certains pays colonisateurs auraient étouffé les Missions protestantes et empêché leurs implantations dans les colonies dominées par les catholiques. Cela n'est pas le fruit du hasard mais de conviction telle que nous le lisons dans cette décision prise par la SML en soutien à la création de la SEMP :

«Etant donné que l'union des enfants de Dieu appartenant à diverses dénominations est très désirable pour l'accomplissement de cette oeuvre importante, et afin d'écarter, si possible, toute cause de futurs dissentiments, il est déclaré que le principe fondamental de la Société des Missions c'est que notre dernier dessein n'est pas d'annoncer aux païens le presbytérianisme, le congrégationalisme, l'épiscopalisme ou quelqu'autre forme ou ordre de gouvernement de l'Eglise (car à ce sujet, des personnes sérieuses peuvent avoir des sentiments divergeants) mais le glorieux Evangile du Dieu béni... »[29]. Cette forme de témoignage ne s'est pas limitée en Europe mais s'est étendue sur les terres de Missions.

C'est grâce à cet esprit supranational que l'Alliance Missionnaire Protestante du Ruanda-Urundi (AMPRU) est née. Celle-ci a joué un rôle prépondérant dans la défense des écoles, hôpitaux et droits des protestants en Afrique centrale dominée par le catholicisme des pères blancs très agressif faisant tout pour influencer le gouvernement colonial belge et plus tard de la république rwandaise pour barrer la route à toute implantation et expansion protestantes. L'AMPRU a donné naissance au Conseil protestant du Rwanda (CPR) en 1963 qui jouera un grand rôle dans la défense des droits des écoles protestantes au Rwanda jusqu'aujourd'hui. C'est également grâce aux forces conjuguées à travers le CPR que les protestants rwandais participent à l'accueil et la défense des réfugiés qui errent souvent dans la région des grands lacs à cause de l'instabilité politique devenue comme un cancer en Afrique. Nous ne pouvons pas terminer de parler des avantages de l'esprit supranational sans dire qu'il a été le catalyseur de la création du Conseil oecuménique des Eglises (COE) qui a son siège à Genève. Le COE permet aux protestants de faire entendre leur voix sur la scène internationale dans la défense de justice sociale et la lutte pour mettre fin à l'injustice imposée par des régimes de ségrégation raciale comme aux USA ou l'apartheid en Afrique du Sud et de mener le combat pour éradiquer la pauvreté dans le monde.

Conclusion

Si les différentes Sociétés missionnaires protestantes ont su travailler ensemble avec efficacité, c'est parce qu'elles ne dépendaient pas des Eglises établies, qui souvent se perdent dans les querelles confessionnelles. Elles avaient le droit d'action sans être enfermées dans l'autorité institutionnelle. La sensibilité

---

29 KRUGER, E., BLOCHER, J., BLANC, R., op., cit., p. 28.

spirituelle pouvait être le frein parce que la liberté individuelle d'interprétation de la Bible n'est pas toujours facile à gérer, à maîtriser ni à contrôler. Ces Eglises nées de Réveil et du piétisme ont souvent tendance à se tourner vers l'esprit fondamentaliste et à accorder moins d'importante à une meilleure formation des responsables dans les différents ministères de l'Eglise. Une chose très importante à retenir et à souligner est que sans l'esprit de communion fraternel et de collaboration, les Missions protestantes n'auraient pas fait grand chose.

La question de collaboration est à poser aujourd'hui dans le monde protestant qui ne cesse de se fractionner et de cultiver les divisions au lieu de se confédérer. Pourquoi autant de dénominations protestantes dans un monde qui parle d'oecuménisme et d'ouverture d'esprit les uns envers les autres ? Cette question nécessite d'être posée à tous ceux qui se réclament d'appartenir au protestantisme dans le monde. Les Eglises protestantes donnent l'impression d'être comme les chauffeurs de taxis qui se disputent pour les passagers. Cette image destructrice ne devrait-elle pas prendre fin et céder place à la conviction d'unité dans la diversité ? Ne faut-il pas privilégier le dialogue au lieu des divisions et cesser de cultiver le fondamentalisme qui barre la route à toute ouverture ? Si les protestants veulent être utiles et exercer une certaine influence dans la société, ils doivent se repenser et maintenir l'esprit de questionnement pouvant favoriser la réforme perpétuelle au sein du protestantisme.

La Vierge corrigeant l'enfant Jésus devant trois témoins – Max Ernst

Rémy Paquet

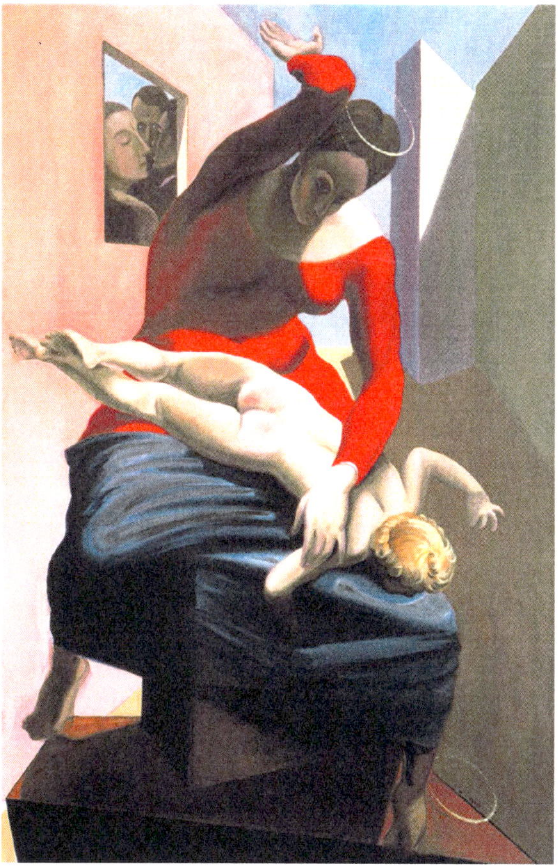

La Vierge corrigeant l'enfant Jésus devant trois témoins, André Breton, Paul Éluard et l'artiste, 1926. Huile sur toile, 196 x 130 cm, Musée Ludwig, Cologne.

Aussi connu sous le titre : La Provocation sacrilège de Max Ernst.

Repères biographiques

Max Ernst, peintre et sculpteur allemand dadaïste puis surréaliste, est né en 1891 à Brühl (ville située en entre Cologne et Bonn) dans une famille bourgeoise catholique. Ses deux parents, partisans d'une éducation stricte, souhaitaient former des individus craignant Dieu et talentueux. Son père, Philippe Ernst, fut très tôt pour lui un mentor, notamment dans le domaine de la peinture[1].

En 1909, Max Ernst commence des études de philosophie et d'histoire de l'art qu'il abandonne rapidement pour se consacrer à la peinture. L'exposition « Sonderbund » de Cologne en 1912 lui offre la possibilité de découvrir des oeuvres de Van Gogh, Cézanne, Gauguin, Signac, Picasso, Matisse, Hodler, Munch et d'autres représentants de l'expressionnisme allemand.

En 1919, il rend visite à Paul Klee à Munich et crée ses premières peintures : impressions à la main et collages. Expérimentateur infatigable, Ernst invente en 1925 le frottage et avec l'aide de Miró, il se lance dans la technique, du grattage où il racle le pigment de la toile. Il se met à la sculpture en 1934 et fréquente Alberto Giacometti[2].

Pendant la seconde guerre mondiale, considéré comme espion du Reich allemand, Ernst se réfugie à New York et, aux côtés des peintres d'avant-garde Marcel Duchamp et Marc Chagall, il aide au développement de l'expressionnisme abstrait parmi les peintres américains. À partir de 1950, Ernst part voyager en Europe. Max Ernst décède le 1er avril 1976 à Paris[3].

Tout au long de sa vie, Max Ernst, « l'homme des possibilités infinies » selon André Breton, a cherché les moyens de transcrire en deux ou trois dimensions le monde du rêve et de l'inconscient[4]. Il laisse à la postérité une oeuvre unique et vaste. Ses innovations techniques, du collage, jusqu'au *dripping*[5], ont introduit le principe du hasard dans l'art et ont fait découvrir des sentiers artistiques se situant selon ses propres mots « de l'autre côté de la peinture ».

Max Ernst est l'un des plus importants pionniers de l'avant-garde internationale du vingtième siècle. En 2005, un musée Max Ernst comprenant 300 œuvres a été ouvert à Brühl, sa ville natale[6].

---

1 Galerie HUS, Max Ernst Bibliographie détaillée : www.husgallery.com

2 Patrick MOREEUW, *Biographie de Max Ernst* : www.moreeuw.com utilisation avec permission de l'auteur.

3 Galerie HUS Max Ernst Bibliographie détaill'ee : www.husgallery.com

4 *Ibid.*

5 Cette technique, consistant à faire gicler la peinture directement sur la toile, sera abondamment utilis ée par Jackson Pollock.

6 Galerie HUS. *Op. cit.*

Description personnelle de l'oeuvre

La Vierge corrigeant l'enfant Jésus devant trois témoins est une huile sur toile de 196 x 130 cm. L'oeuvre en impose. La composition joue sur la perspective en projetant étrangement le point de fuite vers l'avant-bas droit du tableau. Le traitement de la lumière met en scène des plages fortement éclairées et d'autres plus sombres, presque obscures.

Au centre, et occupant quasiment tout l'espace, une femme plantureuse est assise à califourchon sur ce qui semble être un objet de forme cubique. Ses jambes sont couvertes jusqu'aux chevilles d'un drap bleu nuit. Son visage, fin et ovale, encadré de cheveux bruns tirés en arrière est impassible, fermé. Son regard semble absent.

Pieds nus, vêtue de rouge près du corps et coiffée d'une fine auréole, elle brandit au-dessus de sa tête une main droite courroucée toute prête à s'abattre avec force sur le postérieur de l'enfant nu maintenu allongé sur ses genoux. Son bras et sa main gauche, en comparaison avec le droit, donne une dérangeante impression de sensualité ou de plaisir.

L'enfant – qui n'est plus un nourrisson – et dont le visage est à peine suggéré, arbore une chevelure d'un blond doré. En équilibre précaire, fondant vers le sol, il présente au spectateur un fessier rougi par la fessée qu'il est entrain de subir. Son bras et sa main gauche sont suspendus comme dans une expression de douleur et d'impuissance. L'auréole qu'il portait est tombée au sol sous la rudesse du châtiment.

À l'arrière plan sur la gauche, une fenêtre percée dans une cloison couleur chair laisse entrevoir trois personnages spectateurs de la scène. Deux de profil et un de face dont les yeux perçants de ce dernier semblent regarder intensément la femme, l'enfant ainsi que nous-même.

Analyse

Parler d'une oeuvre de Max Ernst n'est pas – comme le fait remarquer Thomas SCHLESSER – la moindre des gageures. L'artiste étant réputé pour : « son refus de la cohérence et volontiers enclin à brouiller ses images à l'aide d'un élément perturbateur »[7]. La démarche herméneutique visant à transformer du visible en lisible est une fois de plus ardue. D'autant plus, que pour Ernst profondément marqué par la guerre, rien, « plus rien ne devait attester d'un orde sensé du monde puisque la rationalité de l'être humain avait servit sa propre perte»[8]. SCHLESSER mentionne pour illustrer son propos que la technique du collage à laquelle l'ar-

[7] Thomas SCHLESSER, Jacqueline LALOUETTE, La Vierge corrigent l'enfant Jésus devant trois témoins (1926) de Max Ernst, Sociétés & Représentations, 2009/1 (n°27), p. 207.

[8] *Ibid.*, p. 207.

tiste s'adonna dans les années Vingt avait précisément pour but d'éconduire toute exégèse. Nous naviguons donc en eaux troubles.

Un thème classique détourné

Cela dit, le tableau qui est l'objet de notre attention, fait explicitement référence aux images des *Vierges* ou *Madonesà l'enfant* qui peuple notre univers culturel et visuel. Elles sont un des thèmes les plus récurrents de l'art Occidental chrétien. D'ailleurs, à l'exception du Christ lui-même, la Vierge est la figure la plus représentée par les artistes de la Renaissance. Sous leurs traits, elle est la personnification de la grâce et de la pureté. C'est la *Madonna della misericordia* unissant en sa nature toute la douceur de la féminité[9].

Le prototype de cette iconographie féminine remonte à l'Antiquité (Ier siècle : catacombe de Priscille) et même aux déesses mères du paléolithique progressivement dotées d'un enfant sur les genoux, symbole de devenir et de nouveaux modes d'être au monde[10] L'Église, christianisant cette représentation signifiante y inscrira la théologie de l'incarnation : Marie *théotokos* affirmant ainsi la coexistence des deux natures en Jésus[11].

De nature figurative et d'esprit surréaliste le tableau de Ernst s'inspire de *La Vierge au long cou* (1534) du Parmesan[12]. La composition, certains codes maniéristes (les mains longues et le visage en amande notamment), le drapé bleu, les angelots regardant la scène, sont autant de points de convergences entre les deux tableaux. Mais ici le thème est malmené avec drôlerie et rompt violemment avec la tradition. L'artiste est un amateur du genre. Il affectionne le détournement des grands *topoï* iconographiques[13]. SCHLESSER fait remarquer l'influence constructiviste du décor. Étranger à toute vraisemblance, les pans de murs font penser à un théâtre ou aux cloisons d'un labyrinthe. L'accentuation de la perspective et le traitement de la lumière sont proche des artifices du cinéma expressionniste allemand et contribuent à l'atmosphère onirique de l'ensemble.

Fini la Vierge de tendresse et de miséricorde. Fini l'or, l'encens, les trônes et les êtres célestes – le ciel bleu est vide. La Vierge, immense, jambes écartées, structure la composition en pyramide dont le sommet est la main droite. Sa paume est tournée vers le ciel et le traitement de l'avant bras confère au mouvement une

---

9 Georges FERGUSON, *in Signs & Symbols in Christian* Art, Oxford University Press, 1972, pp. 94–95.

10 Marcel SANGUET, « La Madone pratiquait-elle l'éducation positive ? », *Spirale*, 2016/3 (n°79), p. 67–68.

11 Concile d'Éphèse en 432.

12 Thomas SCHLESSER et Jacqueline LALOUETTE, p. 208. Remarquons que le nom original de cette huile sur bois (216x132 cm) de Francesco Mazzola, dit Parmigiano est : *La Vierge à l'enfant et des anges* (1535–1540).

13 *Ibid* Voir des oeuvres comme : *Oedipus Rex* (1922) ; *Sainte Cécile* (1923), etc.

étrange brutalité[14]. La Madone devient sous le pinceau de Max Ernst une marâtre sexuée et érotisée qui prend plaisir à battre un Jésus, déjà garçonnet, le tout dans un évident schéma sadomasochiste[15].

Une relecture par la subjectivité

Passionné par Freud, Ernst nous livre par son travail de relecture d'un thème classique, un souvenir d'enfance.

Ainé d'un grande famille catholique, il vécu douloureusement le deuil de sa soeur Maria.

À l'âge de sept ans, le petit Max Ernst fugue de la maison familiale. Les passants l' aperçoivent comme « l'enfant Jésus » [16] ! Retrouvé et ramené à la maison il essuie alors la colère de son père Philippe, professeur autoritaire. Catholique convaincu et peintre amateur, il réalisa, une foi sa colère apaisée une toile représentant son fils en Christ inspiré par le célèbre *Autoportrait au col de fourrure* (vers 1500) de Dürer[17]. Cette vignette biographique n'est pas sans intérêt. La signature dans l'auréole tombée à terre associe Jésus au peintre ! Nous ne sommes pas seulement en présence d'une oeuvre ironique et détournant l'iconographie classique mais d' « une transposition fantasmagorique d'un épisode où se conjuguent la correction que subit le jeune Max et la violence du père divin. Notons que le tableau est sous le signe d'une double castration : l'auréole perdue de l'enfant humilié ; la féminisation du père »[18]. Remarquons aussi que l'autoportrait est doublé. Si Max Ernst est le jeune Jésus, il est aussi représenté à l'âge adulte dans la l'étroite fenêtre où il est entouré d'André Breton (à droite) et de Paul Éluard (à gauche) sorte de Rois Mages irrévérencieux dépourvus d'or, de myrrhe et d'encens ; ou tel Dieu le Père dans le *Retable de Boulbon* [19]. Contrairement à l'analyse de Marcel SANGUET qui présente les trois personnages comme simples spectateurs[20] ou celle de Françoise LEGRIS-BERGMANN qui leur confère « le pouvoir de ceux qui voient sans être vus [21] » (voyeurisme), SCHLESSER lit dans l'attitude égocentrée des personnages une allusion à une triple signature. En

---

14 SCHLESSER et LALOUETTE, p. 208.

15 Les références à Sade sont nombreuses dans les articles publiés dans *La Révolution Surréaliste. Voir : Marie-Denise* SHELTON, *« Une église contre l'église – l'anticléricalisme des surréalistes » in Contemporary French Civilisation, IX, N° 2 (Sum. 1985), p. 207.*

16 Thomas SCHLESSER. p. 209.

17 *Ibid.*, p. 209.

18 Thomas SCHLESSER, p. 210.

19 Cette oeuvre anonyme du troisième quart du XVe siècle et conservée au Louvre présente le Père regardant le Fils au travers d'une fenêtre.

20 Marcel SANGUET, « La Madone pratiquait-elle l'éducation positive », *Spirale*, 3013/3 (n°79), p. 73.

21 Françoise LEGRIS-BERGMANN, « L'invraisemblable vérité en peintre. Sur un tableau de Max Ernst », in *Portée. Théories et pratiques sémiotique*, Vol 17 (n°2), 1989. p. 80–81.

effet, A. Breton et P. Éluard co-auteurs de *L'immaculée conception* publié fin 1930 seraient ici présentés comme des pères spirituels à la possibilité d'une peinture illimitée. Ils prennent peut-être aussi la place des « commanditaires » [22] représentés dans les oeuvres de la Renaissance en tant que dédicataires. Car au premier plan du programme surréaliste (qui se définit comme matérialiste) figure la libération totale de l'individu des contraintes de la morale religieuse[23]. Avec cette *Vierge corrigeant l'enfant Jésus*, Ernst explore une hantise personnelle mais aussi selon la visée anticléricale des surréalistes, le blasphème jubilatoire comme « un moyen de libération totale de l'esprit »[24].

Éloge de la subversion

Si historiquement l'art a toujours entretenu un dialogue avec le religieux, au XXe siècle les choses changent. L'art acquiert une pleine autonomie et la religion est radicalement reléguée à la sphère privée. Pour le philosophe Luc Ferry, « l'émergence d'un univers laïc au sein duquel les êtres humains vont prétendre enfin se penser comme les auteurs, puis comme les créateurs de leur histoire mais aussi de leur culture » constitue la clé d'interprétation essentielle de l'évolution de l'art en Occident[25]. Ce changement avive l'esprit de provocation des artistes. Le surréalisme né de la révolte contre la grande guerre et les institutions qui en ont permis les horreurs est naturellement hostile à la religion. Ses provocations les plus violentes prennent pour cible, les agents, les symboles et les valeurs du monde catholique[26].

Produite en 1926 *La Vierge corrigeant l'enfant Jésus devant trois témoins, André Breton, Paul Éluard et l'artiste* est exposée au Ludwig Muséum de Cologne non loin de la cathédrale St. Petrus.

Elle représente unes des meilleures expressions de l'anticléricalisme ou de l'anti-catholicisme des surréalistes. Dès sa première exposition au « Salon des Indépendants » de Paris, la Vierge de Ernst fait scandale. Peu après, elle est exposée à Cologne où elle suscite des réactions féroces. L'exposition est fermée par l'archevêque de Cologne et Max Ernst excommunié pour acte de blasphème[27].

---

22 Selon SCHLESSER, les commanditaires ne regardent que rarement les groupes centraux de nature divine dans la peinture de la Renaissance. p. 210.

23 Marie-Denise SHELTON, *Une église contre l'église – l'anticléricalisme des surréalistes*, pp. 207–208.

24 « Déclaration surréaliste du 27 janvier 1925 », loc. cit. in Maurice NADEAU, *Histoire du surréalisme*, Paris, Le Seuil, 1945, p. 104.

25 Luc FERRY, *Le Sens du Beau. Aux origines de la culture contemporaine*, Paris, Le Livre de Poche, 2008, p. 16.

26 Jean-Pierre BERTRAND, Paul ARON, *Les 100 mots du surréalisme*, Presses Universitaires de France, Paris, 2010, p. 37.

27 Joachim KAHL-MARBURG, « The Blessed Virgin Chastising the Infant Jésus », p. 1 – *passim*.

Blasphématoire, sacrilège, provocatrice, certes l'oeuvre dérange, scandalise.

Si à toute époque les artistes se sont joués des codes académiques c'est à partir du dadaïsme et du surréalisme que la transgression devient un principe artistique à part entière. Ces mouvements d'avant-garde opèrent une rupture. Les actions du groupe Breton vise à briser les veilles idoles du monde plastique. Mais ce n'est pas tout, une autre forme d'iconoclasme est aussi mise en place : ne plus considérer que les arts plastiques soient réservés aux plasticiens[28]. Ils influenceront jusqu'à nos jours l'art contemporain où la transgression devient un impératif de création[29].

Reproduit dans *La Révolution surréaliste* dès décembre 1926 comme un tableau « blasphématoire » ou « sacrilège ». *La provocation sacrilège de Max Ernst*, interroge. Indéniablement, le tableau peut apparaître comme une oeuvre irrévérencieuse et provocatrice. Mais « pour créer, l'artiste doit se défaire du carcan de la tradition. En blasphémant, il peut accéder à la liberté »[30]. Mais comme le souligne Élisabeth Spettel, une oeuvre qui n'aurait pour seul object que de choquer « toune à vide »[31]. À l'inverse, Ernst en jouant avec les codes des scènes religieuses et en les détournant, offre plusieurs niveaux de lectures et questionne le regard. Il renverse nos habitus et nos stéréotypes visuels, nous provoque dans le but de réveiller notre regard et notre conscience. Il interroge sur les contradictions propres à la religion et à la nature humaine. Ernst ne provoque pas gratuitement. À la différence de la « pro-vocation » qui contrevient au respect de l'intériorité (critère fondamental de l'authenticité artistique selon N. Heinich)[32], la subversion garde une force critique. Elle est sans doute cette forme de transgression – dans laquelle Ernst excelle – qui renverse, met à mal nos habitudes de pensées et de regards sans jamais outrepasser certaines limites[33].

---

[28] Ainsi Max Ernst a étudié l'histoire de l'art, la philosophie et la psychologie mais il est un autodidacte en matière de peinture. Voir : Myriam WATTHEE-DELMOTTE, « Surréalisme, point de basculement du rapport à l'image », in *Image and Narrative. Online Magazine of Visual Narrative*. Nov. 2006/15.

[29] Élisabeth SPETTEL, « Double enjeu de la transgression : entre surréalisme et art contemporain », *Synergies Royaume-uni et Irlande*, n°6, 2013, p. 178.

[30] Daniel PROULX, « Art visuel, imagination et spiritualité : pour une topographie spirituelle guidée par l'imagination », Théologiques, Vol.18, n°2, 2010, p. 147. Citation de TAITTINGER et BOESPFLUG, *Traces du sacré*, Boulogne, Beaux-Arts éditions, 2008, p. 35.

[31] Élisabeth SPETTEL, « Double enjeu de la transgression : entre surréalisme et art contemporain », *Synergies Royaume-uni et Irlande*, n°6, 2013, p. 182.

[32] Nathalie HEINICH, « La transgression, entre provocation et subversion », in E. Dragon, *La provocation : une dimension de l'art contemporain* (XIX-XXe siècle), Paris, Publications de la Sorbonne, 2004, p. 166.

[33] Élisabeth SPETTEL, « Double enjeu de la transgression : entre surréalisme et art contemporain », pp. 179–184 – *passim*.

L'irrévérence nécéssaire à la religion

L'image est vulnérable, elle est facile à détourner. L'histoire montre, représentations picturales à l'appui, que depuis l'Antiquité grecque la dérision qui frappa premièrement les dieux du corpus Homérique n'a cessé de perdurer malgré les censures politiques et religieuses. Même au Moyen-Age on se moque de l'Église, des clercs, de la messe, etc., ce qui se poursuivra avec la Réforme où la gravure anticléricale et anti-papiste se diffusent largement[34].

Dans une même dynamique, l'image subversive permet par le biais de la dérision et de l'irrévérence la réflexion critique. Oui, Ernst profane ce que les chrétiens ont tendance à sacraliser comme par exemple la relation de Marie à son fils. Mais bien plus, la fessée mariale donne une leçon de théologie fondamentale : un rappel percutant de l'humanité de Jésus de Nazareth. Nous avons sous les yeux un plaidoyer iconographique contre la tentation monophysite !

Or comme le dit très bien Adolphe Gesché : « Maurice Merleau-Ponty craignait que l'homme ne meure au contact de l'absolu (...). Mais peut-être ne devait-il n'en être rien de cette crainte, dès là que l'absolu, on l'apprend par l'incarnation, ne meurt pas au contact du relatif et de la contingence. Quand nous avons un dieu de *kénose*, un dieu qui se donne dans l'évènement, dans l'histoire, le relatif alors n'a plus à craindre de mourir au contact d'un absolu qui se faufile dans le tissu même de sa contingence. Le christianisme est ainsi l'affirmation que Dieu et l'homme s'inter-signifient »[35]. Et Gesché d'ajouter : « Comme si Dieu nous rencontrait dans *son* humanité, qui est la nôtre »[36].

Si l'art au XXe siècle subit une déchristianisation inverse à sa christianisation, il advient quelque fois, que les motifs traditionnels détournés par « l'art profane » contribuent à interroger et à susciter une relecture créative et vivifiante du dogme. Or, *relire* la tradition, n'est-ce pas là une définition du mot : religion ?

Bibliographie

BERTRAND Jean Pierre, Paul ARON, Que sais-je. *Les 100 mots du surréalisme,* Presses Universitaires de France, Paris, 2010.

BOESPFLUG Francois, « La moquerie par l'image : un retour du blasphème ? », *Esprit,* 2013/5. pp. 42–50.

FERGUSON Georges, in *Signs & Symbols in Christian* Art, Oxford University Press, 1972.

FERRY Luc, *Le Sens du Beau. Aux origines de la culture contemporaine*, Paris, Le Livre de Poche, 2008.

---

34 Francois BOESPFLUG, « La moquerie par l'image : un retour du blasphème ? », *Esprit*, 2013/5, p. 43.

35 Adolphe GESCHÉ, Dieu pour penser. T.6. *Le Christ.*Paris, Le Cerf, 2001, p. 51.

36 *Ibid.*, p. 52.

GESCHÉ Adolphe, Dieu pour penser. T.6. *Le Christ,* Paris, Le Cerf, 2001.

HEINICHNathalie, « La transgression, entre provocation et subversion », in E. Dragon, *La provocation : une dimension de l'art contemporain (XIX-XX^e^siècle),* Paris, Publications de la Sorbonne, 2004.

KAHL-MARBURG Joachim, « The Blessed Virgin Chastising the Infant Jésus ». http: //www.kahl-marburg.privat.t-online.de/Kahl_MaxErnst_engl.pdf.

LE GRIS-BERGMANN Francoise, « L'invraisemblable vérité en peinture. Sur un tableau de Max Ernst », in *Portée. Théories et pratiques sémiotique,* Vol 17 (n°2), 1989. pp. 76–88.

NADEAU Maurice, *Histoire du surréalisme,* Paris, Le Seuil, 1945.

PROULX Daniel, « Art visuel, imagination et spiritualité : pour une topographie spirituelle guidée par l'imagination », *Théologiques*, vol. 18, n°2, 2010, pp. 143–162.

SCHLESSER Thomas, Jacqueline LALOUETTE, « La Vierge corrigeant l'enfant Jésus devant trois témoins (1926) de Max Ernst », *Sociétés & Représentations,* 2009/1 (n°27), pp. 205–214.

SHELTON Marie-Denise, « Une église contre l'église – l'anticléricalisme des surréalistes », *Contemporary French Civilisation,* IX, n°2, (Summer 1985), pp. 199–212.

SPETTEL Élisabeth, « Double enjeu de la transgression : entre surréalisme et art contemporain », *Synergies Royaume-uni et Irlande,* n°6, 2013, pp. 177–185.

WATTHEE-DELMOTTE Myriam, « Surréalisme, point de basculement du rapport à l'image », in Image and Narrative. Online Magazine of Visual Narrative. Nov. 2006 (n°15), Battle around Images : Iconoclasm and Beyond.

Ressources biographiques en ligne :

Galerie HUS, Max Ernst Bibliographie détaillée : www.husgallery.com

Patrick MOREEUW, *Biographie de Max Ernst* : www.moreeuw.com

L’art visuel dans le culte. Ou comment vivifier la parole liturgique

Rémy Paquet

Évoquer la présence de l’oeuvre d’art et en particulier de « l’art visuel »[1] dans la liturgie du Culte protestant ne va pas de soi.

C’est aller à l’encontre de ce qui semble encore être le sens commun pour beaucoup de fidèles car la tradition protestante est toujours restée méfiante à son propos.

Jeune pasteur stagiaire dans une église de tendance évangélique, je me trouvais immergé dans une communauté dans laquelle les préoccupations liturgiques étaient tout à fait secondaire, voire inexistante. L’esthétisme l’était tout autant. Innocemment je proposai lors d’une assemblée d’église d’organiser une exposition de gravures ayant pour thème la foi. Mauvaise idée. Un monsieur se leva menaçant de quitter l’église : « On n’est pas chez les catho ici ! Bientôt tu nous feras allumer des cierges » !

A n’en pas douter, cette réaction quelque peu rigide à contribué à renforcer en moi l’idée que nous vivions sur une autre planète cultuelle et culturelle …

Cela dit, cette vignette biographique met bien en lumière le fait que l’on a trop longtemps opposé à l’intérieur du christianisme, une théologie de la Parole, fondée sur la fidélité aux seuls textes bibliques et une production d’images chrétiennes justifiées par des légendes et traditions – la théologie orientale de l’icône ou la piété populaire. D’un coté on reconnaîtra les églises issues de la Réforme, de l’autre les églises catholiques et orthodoxes. Précisons que la question des images s’inscrit dans un débat théologique plus large et plus profond portant sur la nature des médiations religieuses, sur le choix des artéfacts pouvant servir à transmettre l’Évangile. Paul Tillich distingue en l’occurence entre une *substance* catholique qui met l’accent sur la réalité de la présence de Dieu dans certains lieux (des endroits, des institutions, des textes, des objets, des personnes, des rites et des images) et un *principe* protestant qui s’en prend – entre autre – au représentations

[1] En français, l’expression consacrée est « arts plastiques » . Pour ma part, j’emploierai principalement l’expression anglo-saxonne « arts visuels » qui délimite mieux mes intentions.

picturales du sacré parce qu'il redoute, non sans raison, qu'on en fasse des idoles[2]. Jérôme Cottin fait cependant remarquer que les frontières s'avèrent être beaucoup plus perméables qu'il n'y parait[3]. Les Églises de la Réforme n'ont pas toutes la même approche des images. Il faut distinguer entre les églises traditionnellement opposées à celle-ci (réformées, méthodistes, baptistes) et d'autres beaucoup plus tolérantes, voire favorables à leur utilisation dans un parcours de foi (luthérienne, anglicane).

Cependant, même dans les églises réformées, la tendance va actuellement dans le sens d'une réévaluation critique des images. Le besoin se fait sentir de trouver de nouvelles formes de communications vivifiantes qui fait place aux couleurs, aux gestes, aux émotions – aux cinq sens en général[4].

C'est le constat d'Ermanno Genre qui s'interroge dans son ouvrage *Le culte chrétien* sur la possibilité de penser à la liturgie « en pensant à l'art visuel, aux corps, à la dimension rituelle : éducation de l'oeil et pas seulement de l'oreille, mais également éducation aux propres émotions»[5]. En effet, la liturgie est action et à toujours quelque chose à voir avec le mouvement et le corps. Selon Suzane Langer, dans la dialectique art et liturgie, « l'art nous offre tout à la fois des formes d'imagination et des formes de sensation-sentiments ; il clarifie et organise l'intuition même »[6].

S'il est incontestable que l'histoire de l'art a partie liée avec la dimension liturgique et avec le culte – la foi chrétienne offrant « un terreau fertile »[7] à la création artistique ; ce constat n'a pas toujours été considéré de façon positive... Doit-on évoquer les deux crises iconoclastes qui ont divisé le christianisme d'abord en Orient (VII-VIIIe siècles) puis en Occident (XVIe siècle) ? S'il est vrai que les Protestants sont plus idolophobes qu'iconoclastes[8], les conséquences de l'His-

2 André GOUNELLE, « Catholicisme et protestantisme selon Tillich », dans P. TILLICH, *Substance et principe protestant*, Paris/Genève, Labor et Fides, p. 3–20.

3 Jérôme COTTIN, « Le christianisme libérateur de l'image », Lumière et vie, N°275, Lyon, juillet-sept., 2007, pp. 29–42.

4 A ce propos, le théologien Suisse Olivier BAUER, propose dans un article intitulé : *Pour un culte plein de sens*, une anthropologie sensorielle orientant une « théologie des six sens » : « Certes, la théologie est un savoir ; les sens de l'ouïe – par le discours – et de la vue – par la lecture – restent donc les plus appropriés pour transmettre le savoir théologique, dans le contexte occidental (et académique) du moins. Mais le christianisme est un croire ; les sens du goût, de l'olfaction, du toucher et de la proprioception – ainsi que les artefacts visuels et auditifs non-discursif – empêchent d'en faire une vérité objective ; ils sont sans doute les plus appropriés pour transmettre le croire chrétien. Olivier BAUER, « Pour un culte plein de sens », dans P. Kneubühler (Ed.), *Célébrer Dieu avec tous nos sens* (pp. 4–8). Berne : Églises réformées Berne-Jura-Soleure, 2009.

5 Ermanno GENRE, *Le culte chrétien*, Genève, Labor et Fides, 2004, p. 78.

6 Cité par GENRE, *Ibid.*, p. 78.

7 Jean-Claude THIENPONT, « Art et liturgie », p. 1.

8 Pour Jérôme COTTIN, ce serait une erreur de confondre iconoclasme et Réforme, même si

toire font qu'aujourd'hui encore, nos temples sont bien souvent ternes, austères et le qualificatif : « dépouillé » est un euphémisme. Bien sur, l'architecture des temples historiques donne à voir et à penser, mais la plus part du temps, l'espace liturgique n'est habillé que par des sons : musiques, chants, paroles.

Une constatation s'impose : la rigueur et la sobriété de nos cultes nous ont privé de l'émotion esthétique et d'un certain sens du sacré.

Dès lors, l'art visuel peut-il être au service de la foi et contribuer à vivifier la liturgie ? Peut-il être un médium pertinent dans un univers ecclésial essentiellement focalisé sur l'audition ?

Fides ex auditu ?

Si l'on en croit Michel Serres, le bon sens des philosophes serait la vue :

« Beaucoup de philosophies se réfèrent à la vue ; peu à l'ouïe ; moins encore donnent leur confiance au tactile comme à l'odorat »[9]. La théologie protestante, tout aussi peu sensible au toucher et aux odeurs, se démarque pourtant de la philosophie car c'est à l'ouïe qu'elle accorde massivement sa confiance : *« Dieu n'a plus besoin des pieds ni des mains ni d'aucun autre membre ; il ne requiert que nos oreilles ... Car si vous demandez à un chrétien quelle oeuvre l'a rendu digne du nom de chrétien, il ne pourra donner absolument aucune autre réponse que de dire que c'est écoute de la Parole de Dieu, c'est à dire la foi. C'est pourquoi les oreilles sont les seuls organes du chrétien, car il est justifié et déclaré chrétien non à cause des oeuvres d'aucun de ses membres mais à cause de la foi »*[10].

A cette survalorisation de l'ouïe correspond la dévalorisation de la vue, justifiée chez Luther par ce verset de l'Épitre aux Romains : « Ainsi la foi vient de la prédication et la prédication, c'est l'annonce de la parole du Christ » (Rm 10, 17).

Les protestants ont toujours trouvé dans le couple Parole de Dieu – oreilles humaines, une excellente manière d'exprimer les principes de leur théologie. Car aucun sens ne semble plus passif que l'ouïe. La théologie de la Parole exprime donc de façon adéquate la conception protestante de Dieu. En effet, comme la parole, Dieu est immatériel et personne ne peut le posséder (cf., Ex.20.4). La

---

les deux phénomènes se recouvrent partiellement. En effet, les iconoclastes voulaient détruire, faire table rase du passé ; ils avaient une démarche extrémiste, révolutionnaire. Les Réformateurs voulaient construire ; ils mettaient en avant autant la continuité que la rupture. Ils voulaient transformer le passé, non l'effacer. Et s'ils furent tentés par l'iconoclasme, ce fut plus au niveau de la pensée que de l'action. De fait, aucun Réformateur ne fut à la tête des mouvements iconoclastes qui étaient conduits par des hommes d'action, aux ambitions théologiques plus modestes (Carlstadt, à Wittemberg, Leo Jud, à Zurich, Nicolas Manuel, à Berne, Antoine Froment, à Genève). Voir Jérôme COTTIN, « Iconoclasme », Réforme N°2968.

[9] Michel SERRES, *Les cinq sens*, Paris, Grasset & Factuelle, 1985, p. 23.

[10] Cité par Kathy BLACK, *Évangile et handicap, une prédication pour restaurer la vie*, traduit par J-F. REBEAUD, Genève, Labor et Fides, 1999, p. 86.

théologie des oreilles signifie donc la conception protestante de la relation que les êtres humains peuvent entretenir avec Dieu : l'homme reçoit la foi et la grâce comme les oreilles reçoivent les sons.

Rien dans notre intelligence qui ne soit passé par nos sens – Aristote

Luther imaginait-il que l'oreille ne ferait que percevoir passivement la Parole de Dieu ? La citation ci-avant pourrait le laisser croire. Or cette idée pourrait être biaisée. « Que l'être humain ne soit justifié que par sa foi, c'est un fait. Mais cela ne signifie ni que la foi ne puisse passer que par les oreilles, ni qu'écouter ne soit pas « l'action de l'un de nos membres ». Comme les quatre autres sens, l'écoute implique une action humaine, une réaction et un décodage complexe du stimulus reçu. L'oreille n'est pas une vasque que Dieu remplirait de paroles.

Olivier Bauer note, à juste titre, que l'ouïe ne représente pas le sens fondamental de l'être humain et qu'il n'est pas non plus le plus performant : « Le sens de la vue est le plus complexe de tous les sens humains. Au travers des yeux, le système nerveux reçoit plus d'informations et à une plus grande vitesse que par tous les autres sens. On estime que 80–85% des informations arrivent par les yeux, 10–15% par les oreilles et 5% par les autres sens »[11]. L'oreille n'est réellement efficace que dans un rayon de maximum de 6 mètres. « En revanche, l'oeil peut sans aide extérieure, enregistrer une extraordinaire quantité d'informations dans un rayon de cent mètres et demeure encore un moyen de communication efficace à un kilomètre et demi »[12]. À l'église comme ailleurs, l'être humain est un être multisensoriel. Il utilise ses sens pour pour découvrir et appréhender le monde qui l'entoure. Avec Kathy Black, il faut reconnaitre que « le fait d'entendre n'est pas indispensable à la foi et que le langage n'est pas ce qui nous constitue à l'image de Dieu »[13].

Une révélation organoleptique

Puisque j'ai choisi de circonscrire mon propos à l'art visuel, ces arguments anthropologiques doivent nous amener à considérer que, dans le texte biblique, Dieu se révèle à l'ouïe, mais aussi à la vue, au goût, à l'olfaction et au toucher[14].

Certes, la parole est l'un des moyens privilégié de l'action de Dieu : dès le commencement du récit étiologique de Genèse, Dieu crée le monde par elle. Il l'adresse aux prophètes qui parlent en son nom ; elle se transmet dans la folie de la prédication, etc. Mais Dieu se révèle aussi autrement ! Pendant l'Exode, il se

---

[11] Helmut WENZ, *Körpersprache im Gottesdienst*, Leipzig : Evangelische Verlagsanstalt, 1995.

[12] Edward T. HALL, *La dimension cachée*, trad. A. Petita, Paris, Seuil, 1971, p. 63.

[13] Kathy BLACK, *Évangile et handicap, une prédication pour restaurer la vie*, trad. J-F.Rebeaud, Genève, Labor et Fides, 1999, p. 87.

[14] Olivier BAUER, *Pour un culte plein de sens* p. 6 – *passim.*

révèle au peuple d'Israël dans le goût de l'agneau, du pain sans levain, de l'eau, des cailles et de la manne. A Élie, il se révèle dans un souffle léger ; il se révèle encore dans les gestes du prophète Ézéchiel, dans l'odeur d'un parfum versé sur les pieds de Jésus, ou dans l'eau qui lave les pieds des disciples.

Le culte devrait donc mobiliser plus que le sens de l'ouïe.

L'image, quand bien même connotée négativement, n'échappe pas à cette constatation.

L'interdit biblique s'oppose à l'idole et non à l'image

On a en général interprété l'interdit biblique de représenter Dieu (Ex 20, 4–5 & Dt 5, 8–9) comme un interdit des images, et même de toute forme spiritualité incluant le regard (Dt 4, 15–20). La lecture particulièrement stricte qu'a faite Calvin de cet interdit mosaïque a encouragé l'iconoclasme. Pour Jérôme Cottin, l'exégèse récente nous invite toutefois à une lecture plus prudente : « cet interdit est incontestablement fondamental, mais il concerne les idoles, non les images. Si l'on reconstruit la genèse de ce commandement, on s'aperçoit qu'il n'est qu'une sous-partie d'un commandement plus fondamental : l'interdiction d'avoir d'autres dieux que le seul Dieu d'Israël. Certes la Bible est globalement négative quand elle parle d'images, mais ces images sont en général des idoles, c'est-à-dire des éléments matériels qui prétendent enfermer une parcelle de sacré, circonscrire un Dieu qui est au-delà de toute forme et de toute manière »[15].

L'interdit biblique de la représentation de Dieu est donc là non pour condamner de manière indifférenciée les images, encore moins l'art, mais pour nous rappeler les limites éthiques à ne pas franchir dans notre utilisation des images. « Cet interdit pourrait même fonder une possible pratique esthétique de la foi : l'image peut signifier Dieu, indiquer les traces de sa présence, non le montrer ou lui assigner une place dans la matérialité du monde »[16].

Le visuel comme lien entre la Bible et nous

Si la notion d'image se trouve mise en tension dans l'Écriture, la situation change selon Cottin si on lui préfère le terme de *visuel* qui suggère l'acte humain de perception. Un visuel qui s'oppose au *visible* :« le visible, c'est le monde de l'idolâtrie, le monde où l'image partout s'exhibe (...). Le visuel au contraire, c'est ce qui se voit au-delà, dans l'au-delà. Le visuel caractérise un monde où

---

[15] Jérôme COTTIN, « Le christianisme libérateur de l'image », *Lumière et vie*, N°275, Lyon, juillet-sept. 2007, pp. 29–42, *passim*.

[16] *Ibid.*

l'image est en présence et en promesse tout à la fois (...) »[17]. Dans le texte biblique, cette notion de visuel se trouve partout sous des formes différentes.

LE VISUEL NARRATIF ET ANTHROPOLOGIQUE

En effet, l'Écriture se déploie en figures narratives. Celle-ci se présente comme un ensemble de récits en images[18]. Ces images narratives sont de différents types[19] : une figure rhétorique, comme la métaphore – un récit en images, comme la parabole. La parabole dans le Nouveau Testament, outre le fait qu'elle est un genre littéraire très utilisé par Jésus, est là pour nous faire comprendre un aspect touchant au Royaume de Dieu. Ce n'est pas simplement un récit pédagogique, qui doit nous faire comprendre avec des images et situations concrètes de la vie quotidienne, des réalités spirituelles difficiles à comprendre. Les paraboles sont là pour nous faire appréhender la réalité du Royaume, certes encore à venir, mais déjà présent, fut-ce de manière cachée[20].

L'Apocalypse de Jean est une narration faite d'images, de symboles, de couleurs, d'objets, qui sont à la fois des réinterprétations d'images et de symboles antérieurs, et qui doivent à leur tour être interprétés, si l'on veut en saisir le sens pour aujourd'hui. D'autres récits comme les rêves ou les visions mettent en avant des images. Les prophètes d'Israël ont certes dénoncé violemment les idoles (Jr 50, 2 ; Mi 17, 3), ils ont aussi perçu les limites du discours pour faire passer un message, et ont eu alors recours à des actes symboliques pour frapper l'imaginaire (en part. chez Jérémie, Osée, Ezéchiel).

L'Ancien Testament, malgré la méfiance qu'il a envers les images matérielles – et peut-être grâce à elle – développe un imaginaire visuel considérable. En fait, le sens de la vue est fort développé dans la Bible, et « une étude attentive montre un étonnant parallélisme entre *voir* et *entendre,* ou à l'inverse, être sourd-muet et aveugle »[21].

Interaction de l'entendre et du voir

Pour le théologien berlinois Wolfgang Bittner la spiritualité s'articule dans l'interaction entre l'entendre et le voir[22]. La compréhension du *kérygme* consiste

---

[17] Georges DIDI-HUBERMANCITÉ par J. Cottin, « Le visuel et l'herméneutique biblique », p. 127.

[18] Ibid., *passim*.

[19] Daniel MARGUERAT, *Parabole*, Paris, Cerf (Cahier évangile 75), 1991, en part. pp 6–27 : « Jésus conteur d'images » .

[20] Jérôme COTTIN, « Le christianisme libérateur de l'image »,*Le pouvoir de l'image, Lyon, Lumière & Vie* 275, juillet-sept., 2007.

[21] Jérôme COTTIN, « Le visuel et l'herméneutique biblique », dans *Spiritualité contemporaine de l'art. Approche théologique, philosophique et pratique*, Genève, Labor et Fides, 2012.

[22] Wolfgang BITTNER, *Hören in der Stille. Praxis meditativer Gottesdienste*, Göttingen, Vandenhoeck & Ruprecht, 2009.

dans une transformation du voir dans l'écoute (Rm 10.17). Les textes bibliques doivent d'abord être entendus. Mais comme nous venons de le dire, ils sont majoritairement, des narrations qui donnent à voir des images. Les sens participent ainsi à la compréhension des textes : « Si je n'ai jamais entendu en moi le cri de l'aveugle Bartimée, si je n'ai pas entendu les tentatives pour le faire taire et en particulier son cri devant de plus en plus fort, alors je n'ai pas vraiment compris cette histoire »[23]. Ajoutons à cela que la pneumatologie a ici son mot à dire.

Sans entrer dans le détail d'une théologie biblique de l'Esprit, on peut dire à la suite de Cottin qu'il est une force créatrice de potentialités multiples[24]. Invisible, l'Esprit rend visible, il *fait voir* (Lc 4.17ss). L'Esprit n'est pas d'abord une personne ou un dogme, mais un acteur de transformation de l'humain, il permet de voir le monde autrement, de le transfigurer – à l'image de celui que Christ porte sur le monde.

Il s'agit là d'une revalorisation du regard. Une expérience du regard est donc fondée spirituellement et peut alors se déployer sur différent registres : liturgique et sacramental, éthique et esthétique. L'Esprit libère l'image du danger idolâtre comme il libère le croyant de l'auto-enfermement sur son propre aveuglement.

L'image comme signe

« Une image, ce n'est en effet pas que du visible, c'est aussi de l'invisible, du sens »[25]. L'Apocalypse se termine sur cette réconciliation des paroles et des images (Ap 21–22) : paroles de consolation et vision d'un monde nouveau, transformé, transfiguré. L'architecture splendide de la « Jérusalem céleste » et la vision d'un monde renouvelé ne sont pas que des décors, ce sont des éléments visuels qui participent au message du salut ! La réconciliation entre la parole et l'image est totale et définitive[26].

Quelles conséquences peut avoir cette découverte que les textes bibliques, s'ils condamnent très sévèrement l'idole, recèlent un potentiel iconique d'une incroyable diversité ? Revisités et actualisés, ces textes et thèmes bibliques peuvent contribuer à une libération de l'image. Cette libération que l'on peut situer selon Cottin à trois niveaux[27] :

---

[23] Wolfgang BITTNER, cité par J. COTTIN, « Le visuel et l'herméneutique », p. 138.

[24] Jérôme COTTIN, « Le Christianisme libérateur de l'image », p. 39.

[25] Jérôme COTTIN, « Le visuel et l'herméneutique », p. 140.

[26] Aussi chez Paul. La pensée de l'apôtre fait place à l'image lorsqu'il évoque le monde futur. Sa prédication pourtant marquée par la priorité absolue de l'écoute sur la vue, s'ouvre au dépassement du langage, incapable de cerner les réalités dernières (1Co 15. 25–50). Voir : Jérôme COTTIN, « Le Christianisme libérateur de l'image », *Le pouvoir de l'image, Lyon, Lumière & Vie* 275, juillet-sept., 2007, p. 4.

[27] J'emprunte, dans cette section, aux propos de Jérôme COTTIN, *Op. Cit.*

1. LIBÉRATION DE L'IMAGE DU RISQUE DE L'IDOLE
   C'était le combat des prophètes bibliques. Le monde des images a changé, mais le risque de l'idole est toujours là : faire de l'objet une matérialisation du sacré ; penser que son salut puisse venir, non d'une parole qui libère, mais d'un objet que l'on adore. Il s'agit ici moins de l'image en tant que surface à deux dimensions, que d'un objet, avec sa valeur matérielle. Or justement, l'idole biblique dénoncée est un objet, souvent précieux, non un tableau regardé. On n'est pas dans une simple relation de regard, mais dans une manipulation magique d'objets, qui évacue la transcendance absolue du Dieu biblique. Les objets vénérés ont changé de forme et de fonction, mais leur envahissement dans la société contemporaine et dans la vie des individus est réel. Cette emprise de la marchandise sur l'humain est dénoncée par certains penseurs actuels, dont les paroles virulentes rappellent les prophètes bibliques.
2. LIBÉRATION DE L'IMAGE DE SA GANGUE CLÉRICALE
   La question est la suivante : Qu'en est-il des images contemporaines – non religieuses ? Peut-on articuler ces images actuelles à notre foi chrétienne et si oui, comment ?
   Les textes bibliques, étudiés puis actualisés, peuvent nous aider à interpréter aussi un certain nombre d'images du monde contemporain, produites en milieu non ecclésial. On peut en faire facilement la démonstration avec le cinéma : les films sur Jésus ne disent en général pas grand-chose de l'Évangile en tant que Parole actuelle qui peut changer le monde et le cœur des humains ; tandis que de nombreux films non religieux (en apparence) mettent en image des thématiques qui pourraient être des actualisations du message du Salut : défense des rejetés de la société ; combat pour une société plus juste ; vision d'un monde touché par la Grâce ; Parole de libération au cœur des humains . . . .
   Les images du patrimoine chrétien restent un trésor considérable. Mais elles relèvent précisément du patrimoine, en ce qu'elles témoignent d'une société révolue. Elles risquent de faire croire que la foi ne serait qu'un trésor du passé. Elles ne sauraient remplacer des images contemporaines qui peuvent être utiles en ce qu'elles sont un des lieux possibles d'actualisation de la Parole ou de confrontation avec elle. La Parole biblique doit nous inciter à produire d'autres images que celles portées par la tradition chrétienne.
3. LIBÉRATION DE L'IMAGE DU POUVOIR DES MÉDIAS
   L'image dominante, incontournable, omniprésente aujourd'hui, est l'image médiatique, présente sous différentes formes (télévision, cinéma, Internet). Or, cette image peut tuer : tuer la parole, tuer le regard, tuer le rapport à l'autre, et donc aussi tuer la Parole.
   L'un des points communs de ces images médiatiques est qu'elles ne sont finalement que des signes qui se renvoient les autres, au service d'une industrie de

sur-consommation de ce que, faute de mieux, on appelle encore des images. Mais ces images ne signifient plus rien, elles sont interchangeables les unes avec les autres. Elle ne sont que des accumulations de signes vidés de tout contenu, et qui ne font plus sens. Coupées de tout contexte, non relayées par un langage symbolique, elles sont au service de monde de l'apparence.

La Parole est là pour nous rappeler l'ontologie de la parole humaine, qu'elle que soit la forme médiatique que prend cette parole.

On peut alors légitimement parler d'une triple libération de l'image par la Parole chrétienne fondée sur l'Ecriture. Libération éthique : l'image comme témoignage de l'humain en tant que lui seul est image de Dieu. Libération théologique : l'image qui fait de la Parole autre chose qu'un moyen de communication, en ce qu'elle renvoie à un accomplissement. Enfin libération esthétique : une image qui parle aux sens et accueille l'humain comme une unité corporelle et spirituelle.

Du visuel dans le culte ?

A la question le culte devrait-il accorder sa confiance à la vue et la présence des art-visuels dans le culte ? Il me semble que la réponse est oui et oui encore en ce qui concerne son potentiel de médium vivifiant dans la liturgie. Avec Bauer, la question n'est pas de savoir si l'Évangile peut être communiqué par des images – aujourd'hui, certains protestants l'acceptent et le font – mais de préciser quelles images peuvent remplir cette fonction. Or il nous semble que toute la nature et toute les oeuvres humaines – malgré ou dans leurs imperfections – peuvent renvoyer à Dieu, fondement de l'être. Si aucune image n'est religieuse par essence, toutes peuvent donc l'être par fonction[28]. Peu importe quel en est leur thème ou qui en est l'auteur. « Comme le dit le peintre Vermeer dans *La jeune fille à la perle* le roman de Tracy Chevalier : les éléments quotidiens – *des tables et des chaises, des bols et des cruches, des soldats et des servantes* – sont tout aussi susceptibles de représenter Dieu qu'une Nativité ou le portrait d'un évêque »[29]. Cependant, les innombrables images que nous produisons et que nous percevons ne sont pas toutes religieuses. Il faut donc définir des critères théologiques et contextuels pour identifier celles qu'il serait bon d'utiliser dans un culte.

Esthétique & éthique

On a trop longtemps opposé, dans le christianisme esthétique et éthique, création artistique et engagement militant. Pourtant ces deux dimensions devraient être complémentaires et non contradictoires. L'art peut tout à fait avoir une dimension éthique, revendiquer un message clair, sans pour autant cesser d'être de

---

[28] Olivier BAUER, *Pour un culte plein de sens, Op.Cit.*, pp. 7–8.

[29] Cité par Olivier BAUER, « Pour un culte plein de sens », *Op.Cit.*, p. 7.

l'art[30]. Une oeuvre d'art peut très bien renvoyer à notre responsabilité d'être humain et de chrétien dans un monde menacé et ainsi pousser agir pour l'améliorer ou le protéger. Quand le message chrétien de l'art est revendiqué, ou évoqué, cela nous rappelle la forte dimension, éthique du christianisme.

Cottin soutient même qu' « il ne peut y avoir une dimension éthique véritable que s'il y a aussi une dimension esthétique. L'esthétique comme l'éthique, permettent de sortir de l'idéalisme, d'accueillir l'être humain dans sa réalité, c'est à dire son humanité véritable »[31]. Le choc esthétique n'est pas incompatible avec la prise de conscience éthique[32].

Paul Tillich est le seul théologien de sa génération à avoir prêté un intérêt soutenu aux productions des arts plastiques ou visuels. C'est sur le front sanglant de Verdun qu'il découvre l'existence du beau dans une revue d'art qui présente *La Madone aux anges musiciens* de Botticelli. Cette rencontre conditionnera fortement son évolution théologique et ce qu'il dira sur le lien entre expérience esthétique et révélation.

Il dira lui même que « ce moment m'a donné un clé pour interpréter l'existence humaine ; il m'a procuré une joie essentielle pour moi et une vérité d'orde spirituel. Je compare cela à ce que le langage religieux désigne habituellement du nom de révélation ... »[33].

N'importe quel visuel ?

Tillich est un de ceux qui ont su voir de la théologie dans une oeuvre donnée[34]. Il fera d'ailleurs une lecture sélective de l'histoire de l'art, choisissant parmi les oeuvres contemporaines celle qui, à son sens, correspondaient le mieux à ce qu'il avait à dire en tant que croyant et théologien[35].

---

30 Jérôme COTTIN, « L'éthique des images », *Op.Cit.*, p. 5.

31 Ibid., p. 6–7. Jérôme COTTIN donne deux exemples : – La mystique Paulinienne, sans laquelle son message éthique se transformerait en une simple morale. Celle-ci repose sur des bases esthétiques (notamment le thème très visuel de *l'imago dei* : en Christ l'humain est image de l'image de Dieu).
La pensée esthétique de Calvin qui met en avant la création comme « beau chef d'oeuvre » et les sacrements qui sont une parole visible et même palpable, gustative. Chez Calvin, dans l'acte de croire, l'humain recourbé sur lui-même devient beau en Christ, c'est à dire en Dieu.

32 On pourrait malicieusement (car il faudrait tenir compte de l'hagiographie de la contre réforme) évoquer ici Thérèse d'Avila. C'est le choc esthétique d'un Christ couvert de plaies qui, dit-on, avait déterminé un grand changement dans son âme en 1554.

33 Cité par Bernard REYMOND, « Paul TILLICH et l'histoire de l'art », Revue de Théologie et de Philosophie 129, p. 70.

34 *Ibid.*, pp. 71–72.

35 Par exemple, le Guernica de Picasso qui pour lui correspondait aux exigences de l'esprit protestant. Ce regard sélectif conditionné par ses options théologiques peut lui être reproché. Voir l'article de B. REYMOND, « Paul TILLICH et l'histoire de l'art » .

Dans sa *Théologie systématique*, il s'intéresse (non pas à l'expressionnisme) mais au retable de Matthias Grünewald et plus particulièrement à la *Crucifixion*. Pour Tillich, cette oeuvre « a contribué à répandre l'esprit de la Réforme et à créer une représentation du Christ radicalement opposée à celle des mosaïques byzantines où le Christ, sur les genoux de sa mère est déjà souverain de l'univers. Une oeuvre comme celle de Grünewald serait censurée par les autorités de l'Église d'Orient, l'Église de la résurrection et non de la crucifixion ». Or commentait Tillich, si les Églises censurent dans ce domaine là, c'est parce qu'elles savent que « l'expressivité artistique est d'avantage qu'un ornement de la vie religieuse. L'expression artistique, en effet, ajoute quelque chose à ce qu'elle exprime »[36].

Comme l'écrit très clairement Jean-Claude Thienpont dans son article « Art et liturgie », l'utilisation liturgique de l'art doit se faire avec sagesse et discernement. L'oeuvre doit édifier et non fasciner. Paul Ricoeur mentionne dans un article sur la place de l'art dans la culture que, contre la théologie catholique qui fait volontiers l'apologie du « sacré », la théologie puritaine dénonce dans l'art une tentative de divinisation de l'homme. C'est par l'art que l'homme aurait le mieux réalisé la promesse du serpent : « vous serez comme des dieux ». Tout art, n'est-il pas à la gloire de son « artifice » demande Ricoeur ? Une pensée Réformée écrit-il « se gardera de l'une et de l'autre soi-disant théologie de l'art [...] La théologie *sacrale* et la théologie *puritaine* sont deux tentatives également aptes à nous égarer sur le sens de la création artistique. Cette création est purement humaine ; c'est à la fois sa grandeur et sa limite. Sa grandeur : L'homme a le pouvoir merveilleux d'inventer et de renouveler des symboles par lesquels il se représente, c'est à dire se *rend présent* des mondes possibles. Sa limite : Dieu a créé les cieux et la terre ; l'artiste créée des *images* - cela est d'un autre ordre »[37].

A cause de sa dimension symbolique et de la polysémie qui font sa force mais aussi sa faiblesse, la prudence et l'accompagnement pédagogique sont nécessaires. Pour beaucoup, il s'agit de réapprendre comment intégrer les expériences artistiques et esthétique dans la vie spirituelle. « L'Évangile ne se communique jamais dans un *vacuum* culturel. Étudier l'art – concrètement : fréquenter intelligemment des oeuvres d'art et en approfondir l'étude critique – donnera accès à des dimensions humaines qu'on aurait tord de négliger, tant elles peuvent favoriser le partage de l'Évangile et la spiritualité »[38].

---

[36] Paul TILLICH, *Théologie systématique* IV, *La vie de l'Esprit*, Genève, Labor et Fides, 1991, p. 217.

[37] Paul RICOEUR, « La place de l'oeuvre d'art dans notre culture », Foi & Éducation N°38, 1957.

[38] Jean-Claude THIENPONT, « Art et liturgie », p. 11.

Célébrer la Cène avec une oeuvre figurative

A la suite de ce qui vient d'être dit, je propose à titre d'exemple, l'utilisation de la gravure *Réconciliation* du graveur et illustrateur Liégeois E. Bury lors de la liturgie de la Cène. Afin que chacun puisse se laisser saisir par l'oeuvre, je n'en donne pas l'analyse complète. Cependant, il faut mentionner que la thématique développée par l'artiste est explicitement associée au texte de Jn 3.16.

L'amour inconditionnel du Père, son accueil et sa tendresse maternelle sont clairement exprimés par le personnage central (le Christ) d'où émane une lumière centrifuge qui illumine et contamine-en quelque sorte – le personnage courbé et las des errances de son existence symbolisées par les entrelacs dessinés sur le bas de son vêtement.

Le mystère de la périchorèse est également sous entendu. Du moins, la présence du Père l'est-elle, plus clairement : symbolisée par le disque à l'arrière plan (un motif récurent chez l'auteur).

La composition est symétrique et l'on pourrait même y deviner une croix avec en son centre les têtes des deux protagonistes. Elle laisse entrevoir l'harmonie de la Grâce, de la rencontre de réconciliation d'un humain avec son Sauveur[1] et Frère.

THÉOLOGIE VISUELLE

La Cène est ce moment où le Christ se rend mystérieusement présent. Les tentatives pour expliquer cette présence divergent, là n'est pas la question et Christ ne sera pas plus présent dans l'image – il faut le souligner clairement. Mais lorsque nous partageons le pain et le vin nous prenons conscience de ce que nous sommes devant Dieu : un pécheur gracié – réconcilié, anobli, des hommes et des femmes au bénéfice d'un même accueil, d'un même amour, d'une même grâce, d'une même miséricorde[2]. C'est là qu'il y a corrélation avec l'oeuvre en ce qu'elle est un rappel mais aussi un appel. C'est pourquoi, comme le sacrement est lié à la Parole, je recommande d'intégrer dans la liturgie la lecture de 2 Co 5. 14–15 et 17–20 en introduction à la préface ou au rappel de l'institution. La thématique peut être reprise dans la prière d'intercession, en particulier l'exhortation du v. 20.

DÉCORUM

Je propose que l'oeuvre prenne place sur la table de communion à coté de la Bible ouverte, mais en raison de son format réduit (150x90mm) qu'elle soit également projetée en haute résolution sur écran. Afin de profiter de l'oeuvre, l'invitation se fera le plus tard possible dans la liturgie.

---

1 J'utilise ce terme dans un sens tillichien. A savoir, que Jésus le Christ est le sauveur de par la signification universelle de son être qui est l'Être Nouveau. Voir : Paul TILLICH, Theìologie systeìmatique, III. Troisieìme partie : L'existence et le Christ, traduction Andreì Gounelle en collaboration avec Mireille Heìbert et Claude Conedera. Paris/Geneìve/Sainte-Foy (Queìbec), Cerf/Labor et Fides/Presses de l'Universiteì Laval, 2006, p. 261.

2 La Cène est envisagée sur le mode de l'hospitalité eucharistique.

PROPOSITION DE TEXTES POUR LA PRÉFACE ET L'ÉPICLÈSE

Préface

Dieu nous dit :
Si tu as besoin de moi, je suis là.
Tu ne peux pas me voir, pourtant je suis la lumière qui te permet de voir.
Tu ne peux pas m'entendre, pourtant je parle par ta voix.
Tu ne peux pas me toucher, pourtant je suis la force de tes mains.
J'agis sans cesse incognito.
Je ne suis pas dans les visions surnaturelle, ni dans le « miraculeux ».
C'est dans le silence, au profond de ton être que tu me trouves,
Comme un élan, comme un sourire, comme un amour.
Je suis vraiment là, je t'écoute, je te parle tout doucement.
Quand tu as besoin de moi, je suis
là.
Dans tes blocages, je suis là.
Dans ta solitude, je suis là.
Dans tes angoisses, je suis là.
Dans tes peines, je suis là.
Tu m'ignores peut-être, mais je suis pourtant là.
Ta foi en moi est vague,
Mais ma présence demeure.
Parce que je t'aime.
Mon enfant, je suis là

Épiclèse

Père, donne-nous ton Esprit d'amour, à nous qui venons à cette table comme tes invités et tes enfants, pour y communier à la vie, à la mort, à la résurrection de Jésus-Christ. Avec tous ceux qui l'aiment et croient en lui, donne-nous la force, le courage et la volonté d'être des artisans de ta paix, de ton Royaume, des ambassadeurs de ta réconciliation. Rassemble-nous en toi avec tous ceux pour qui Jésus, le Christ, a donné sa vie et que tu veux attirer à lui.

Bibliographie

BAUER Olivier, « Pour un culte plein de sens », dans P. Kneubühler (Ed.), *Célébrer Dieu avec tous nos sens* (pp. 4–8). Berne : Églises réformées Berne-Jura-Soleure, 2009.

BLACK Kathy, *Évangile et handicap. Une prédication pour restaurer la vie,* Genève, Labor et Fides, Genève 1999.

COTTIN Jérôme, « Le christianisme libérateur de l'image », *Le pouvoir de l'image, Lyon, Lumière & Vie* 275, juillet-sept., 2007.

« L'éthique des images », Conférence introductive de la rencontre internationale de l'ACE Art & Christianity Enquiry, 2009.

COTTIN Jérôme, Wilhem GRÄB et Bettina SHALLER (Éd.), *Spiritualité contemporaine de l'art. Approches théologique, philosophique et pratique*, Genève, Labor et Fides, 2012.

GENRE Ermanno, *Le culte chrétien. Une perspective protestante,* (C. Lanoir,Trad.), Genève, Labor et Fides, 2008.

HALL Edward, T., *La dimension cachée*, Paris, Éditions du Seuil, 1971.

MARGUERAT Daniel et Yvan BOURQUIN, *Pour lire les récits bibliques,* 4ᵉéd., Paris, Genève, Cerf, Labor et Fides, 2009.

MARGUERAT Daniel, *Parabole*, Paris, Cerf (Cahier évangile 75), 1991.

REYMOND Bernard, « Paul Tillich et l'histoire de l'art », revue de théologie et de philosophie N° 129, pp. 67–74, 1997.

RICOEUR Paul, « La place de l'oeuvre d'art dans notre culture », Foi &Éducation N°38, 1957.

SERRES Michel, *Les cinq sens,* Paris, Grasset & Factuelle, 1985.

TILLICH Paul, *Substance catholique et principe protestant*, Paris/Genève, Cerf, Labor et Fides, Presses de l'Université de Laval, 1995.

Théologie systématique IV, *La vie de l'Esprit*, Genève, Labor et Fides, 1991.

Theìologie systeìmatique, III. *Troisieìme partie : L'existence et le Christ,* traduction Andreì GOUNELLE en collaboration avec Mireille HEÌBERT et Claude CONEDERA. Paris/Geneìve/Sainte-Foy (Queìbec), Cerf/Labor et Fides/Presses de l'Universiteì Laval, 2006

Substance catholique et principe protestant, Cerf, Labor et fides, Presses de l'Université de Laval, 1995.

WENZ Helmut, *Körpersprache im Gottesdienst : Theorie und Praxis der Kinesik für Theologie und Kirche*, Leipzig, Evangelische Verlagsanstalt, 1995.

Summaries / Résumés en anglais / Samenvattingen in het Engels

Heye Heyen, **Pastoraat en zingerichte therapie.**
Different schools of psychotherapy are presented as partners of pastoral care. In fact, the reception of a special psychotherapeutic school reveals how a representative of pastoral care understands his own subject. After psychoanalysis, client-centered therapy, and behaviour therapy, the author describes Frankl's logotherapy (meaning centered psychotherapy). He shows that logotherapy comes close to several essential aspects of pastoral care.

Johan Temmerman, **Logotherapie in vloeibare tijden. Pastoraat en postmoderniteit.**
In the article *Logotherapy in liquid times. Pastoral care and postmodernity*, the author explores the theoretical frameworks of a liquid modernity as it is described by Zygmunt Baumann. He connects this sociological thesis with the theory of the logotherapy by V. Frankl. The end of the article features Primo Levi, another Holocaust survivor who testifies to the cruelty of Auschwitz in writing. He points to the difficulty of determining value in extreme moments of crisis. This sheds an illuminating light on both therapeutic and pastoral action.

Harry Sinnaghel, **In een logotherapeutisch perspectief naar Bijbelse teksten kijken**
The article consists of two parts. In the first part, the author explains logotherapy based on Viktor Frankl's book 'Man's Search for Meaning'. In the second part the author uses some of the concepts of logotherapy to explain two Bible texts.

Douwe Boelens, **Hoe mensen verbonden zijn. De intergenerationele benadering van Ivan Böszörményi-Nagy als inspiratiebron voor Contextueel Pastoraat**
This article contains the text of a guest lecture at the Protestant Theological Faculty in Brussels. The goal of this lecture is to introduce the 'Contextual Approach' as a method of family care. This method was inspired by the theories and research of Ivan Böszörményi-Nagy. Some of the central concepts of the Contextual Approach are discussed in this article. The Contextual Approach was not developed

from religious pastoral care, but it may contribute to the working theories of pastoral care towards families.

Jannica de Prenter, **Waar is mama nou? Ondersteunen bij rouw en verlieservaringen in de zorg voor mensen met een verstandelijke beperking.**
This article discusses loss and mourning in people with a mental disability. In practical, daily care for people with mental disabilities, caregivers are often challenged by questions like: ‚How can I recognize mourning in people with a mental disability?' 'What can I learn about mourning?' and 'What can I do to guide and help them in their mourning process?' This article adresses these questions by offering a viewpoint on care for people with mental disabilities, in which knowledge about mourning is discussed in relation to the question of how cognitive, social and emotional development affects the way people with mental disabilities understand death.

Leendert-Jan Parlevliet, **Getuigen van vertrouwen in een veranderende wereld**
Bearing witness of trust in a changing world.
In this article, we start with the observation of a parallel development in the disciplines of the theology of pastoral care and religious education. In both disciplines the personal authentic story has become more and more important.
In relation to this development, we elaborate on changes in religious education in primary schools and in teacher training programmes for primary education. In primary education, the worldview-questions of children have become more and more important and the personal development of children has become paramount. These developments have impact on worldview and religious education in teacher training programmes. The teacher training institute we focus on in this article has given centre stage to dialogue between students and between students and trainers in the curriculum. As a consequence, much thought is given to the identity of the training programme. At the heart of this program we find the personal authentic story of which all who are concerned bear witness.
This consequently has impact on the religious and worldview identity of the teacher training institute.

Johan Temmerman, **De eindeloosheden van Franz Kafka. Theologie in tijden van zinsverlies.**
This article deals with the relevance of theology in times of religious loss of meaning. The author focuses on the literary work of the Jewish writer Franz Kafka who, like no other at the beginning of the 20th century, sketched the splits of a revolving modernity without perspective. At the same time a dialogue between Einstein and Freud arose during this period, because with God the perspective on world peace also disappeared. The conclusion of the survey is a warm plea for spiritual resistance in literature and theology.

Doris Lambers-Petry, **Soziologische Aspekte zur Erforschung des historischen Jesus**

When asking about the authority Jesus displayed in his teaching, his contemporaries immediately considered a gift from God: *exousia*. In modern times, the convincing effect some people have on others, is called *charisma*.

Charisma develops during human interaction. A charismatic person evokes astonishment, fascination, irritation, even shock.

For a deeper insight into the charisma of Jesus, we have to examine the effects he had on others and how the relationships Jesus conducted were motivated. For a complete picture, all kinds of relationships would have to be taken into consideration. In this article, we concentrate on two relationships: Jesus and his family, and Jesus and his disciples.

It is generally acknowledged that Jesus' relation with his biological family was not a simple one. During the time of his public life, his highly irritated familiy considered that Jesus was insane. However, after his death, his brothers and other male relatives took over responsibilities as missionaries or leaders of local communities, especially in Jerusalem. Why? A possible answer might be found in the Davidic descent the family discreetly claimed for itself. After consideration, Jesus' messianic teachings might have made sense.

In early times, Jesus took profit from his former closeness with John the Baptist. His first followers came from this circle. Others left their families and workplaces. Why? Fascination and hopes for a better (after-)life may be part of their motivation. But let us not forget that Jesus himself chose his followers. And his criteria were different: many seem to have been Galileans, they were young and in good health, and ready to leave their homes. They had to renounce social stability and lead a peripatetic life, depending on support from sympathisers. Jesus demands unconditional loyalty and rewards this with messianic instruction and promises of participation in his glorious mission.

Johannes Taschner, **‚Breekt elk juk!' – Religiekritiek in Jesaja 58.**

In the Protestant tradition, we speak of God as someone who gives his blessings freely. In Isaiah 58 this seems not to be the case. The reader is asked to change his life *and only then* God will make him a 'watered garden' (V.11b). A closer look to the intrabiblical references of this text shows that declaration of the jubilee (Isaiah 61,1–4) stands in the background of the call for doing justice in Isaiah 58. For Christians the same ground is prepared: in Luke 4:18–19 Jesus cites Isaiah 61,1–4 and proclaims the jubilee for all.

Doris Lambers-Petry, **Zu den Anfängen der Reformation in Flandern**

The fact that two Flemish Augustines were the first martyrs of the Lutheran Reformation seems to be widely unknown. Their Antwerp convent had close contacts

to Wittenberg, where many of the young monks went to study, first with the vicar general of the Reformed Augustinian congregation, Johannes von Staupitz, then with Luther himself. The same can be said of the Augustinian convents in Gent and Ypres. All three convents quickly became centres of Lutheran theology, the Antwerp convent playing a more important role not only because of the cultural and economical significance of the city, but also because of the quality of their preaching, which even impressed Erasmus, who at the time lived in Leuven.
These developments became notorious to the very rigorous Flemish Inquisition. Many monks were accused of heresy and imprisoned, others were able to leave the country. The Antwerp convent was destroyed. The three monks who refused to deny their convictions were taken to Brussels. Two of them were publicly humiliated and burnt on the Market Square, the third later died in prison.

Jack McDonald, **'What keeps Anglicans and reformed apart?' Personal experience of the Reuilly Common Declaration and its implications for Anglican-Reformed dialogue**
This article examines the current state of Anglican-Reformed dialogue through a brief study of the history of Anglican-Reformed relations, through three modern Anglican-Reformed ecumenical statements, and through our personal experiences as an English Anglican priest who (following the provisions of the Reuilly Common Declaration) worked as the minister of a French Protestant parish. Our aim is to use these three phenomena to sketch a contemporary answer to the question *what keeps Anglicans and Reformed apart?* Cultural and historical considerations will be seen to be of more importance than doctrinal.

Léonard Rwanyindo, **La supranationalité des missions protestantes. De la Société des Missions Evangéliques de Paris à la Conférence d'Edimbourg**
Under the impetus of the revival movement and pietism, Protestant missions were born and became very active in the world from the nineteenth century. Protestantism has often been the victim of persecution in some countries, including France. This is one of the reasons that may explain why it remained a minority. Without the wisdom and creativity of missionary work, Protestant missions would not have survived in the countries under the domination of Catholic missions. The supranational spirit initiated and developed by Protestant missions has been their work force, resistance against denominational and political threats and testimony. It was the catalyst for the creation of the World Council of Churches (WCC) in Geneva in 1948 and plays a very important role in the visibility of Protestantism around the world. Like this spirit of supranational work and missionary witness, Protestantism should question its current splitting and examine the possibilities of confederation instead of cultivating divisions.

Rémy Paquet, **La Vierge corrigeant l'enfant Jésus devant trois témoins – Max Ernst**

«The Blessed Virgin Chastises the Infant Jesus Before Three Witnesses: A.B., P.E. and the Artist' (1926) is exposed at the Ludwig Museum in Cologne, not far from St Peter's Cathedral. Blasphemous, sacrilegious, provocative, the work disturbs and scandalises. By changing the codes of religious scenery and diverting them, Max Ernst offers several levels of analysis and questions our perception. He turns our habitudes and our visual stereotypes upside down, and provokes us in order to awaken our vision and our consciousness. The work is subversive and questions the very contradictions we have with regards to religion and human nature. Through mockery and disrespect, it invites us to critical thinking and to the re-reading of christological dogma.

Rémy Paquet, **L'art visuel dans le culte. Ou comment vivifier la parole liturgique**

It is undeniable that the history of art shares a common core with the liturgical dimension and cult – Christianity offers a 'fertile ground' to artistic creation. This observation has, however, not always been considered positive. We could mention the two iconoclastic crises that divided Christianity first in the East (7th to 8th centuries) and then in the West (16th century). If it is true that Protestants are more 'idol-phobic' than iconoclastic, as a result of history our Protestant churches today are often dull, stark, and to describe them as bare would be a euphemism. Indeed, the architecture of the traditional *temples* nourishes the thoughts and the sight, yet most of the time the Reformed liturgical space is only clothed in sounds: music, songs, words. One conclusion becomes clear: rigour and sobriety in our worship prevented us from feeling aesthetic emotion and certain sense of sacredness. There is a need to find refreshing new communication channels that give way to colours, movement, and emotions. In the future can visual arts serve faith and contribute to revive liturgy? Can they be a meaningful medium in an ecclesiastical worth that is mostly focused on hearing?

Contributors

REV. DOUWE BOELENS studied theology in Kampen (the Netherlands) and Budapest (Hungary). He worked as a pastor in the care for drug addicts and their families, and later on in the care for the visually impaired. As a minister he has served Protestant churches on the island of Curacao, in Turnhout and in Brussels. He has additional degrees on Clinical Pastoral Care, Mental Health and Contextual Pastoral Care.

DR ROBERT BOUDIN did his PhD at *the Institut d'histoire des religions et de la laïcité* of the ULB with a thesis on the relationship between Church and State. He was professor at the French-speaking Protestant faculty in Brussels since 1965, and at the Dutch-speaking faculty since 1979. In 1977 he became rector at the FUTP-FPG, a position he held until his retirement in 1991. He has written countless publications and took many initiatives relating to the history of Belgian Protestantism.

DR JACK MCDONALD is president of the Central Committee of the Anglican Church in Belgium and professor of church history at FPG Brussels.

DR HEYE HEYEN is professor of practical theology at FPG Brussels. In addition, he practises as an independent psychotherapist at Oldenburg (Germany). He was previously a Protestant minister in Germany and a university lecturer in the Netherlands.

Recent book:
– Gericht predigen, Münster (LIT) 2017
Homepages: www.heye-heyen.de and www.logotherapie-oldenburg.de

DR DORIS LAMBERS-PETRY is professor of New Testament and Early Church History at FPG Brussels. She studied theology in Tübingen, Saarbrücken, and Brussels, and has served as a minister of the VPKB and as a teacher at the European School of Brussels.

RÉMY PAQUETwas born in Leuven (Belgium) in 1978. He is assistant minister in the parish of Amay and particularly interested in theology of culture and in ecumenical dialogue.

DR LEENDERT-JAN PARLEVLIET (1960) studied theology in Brussels and Amsterdam. After a career in publishing and broadcasting of books, magazines and television shows on religion and theology, he became a teacher trainer. Recently he has been working as a researcher and professor at the teacher training institute of HZ University of Applied Sciences in Vlissingen, the Netherlands. In 2017 he obtained his PhD at FPG Brussels, with Heye Heyen as supervisor. His dissertation based on research in the field of religious education is entitled *Leren theologiseren met kinderen* (‚Learning how to do theology with children').

DR JANNICA DE PRENTER holds a doctorate in Catholic theology from KU Leuven and works as a pastoral worker for people with a mental disability in Zeeuws-Vlaanderen (the Netherlands). In addition, she studied theology at FPG Brussels.

DR LÉONARD RWANYINDO : Diplômé en théologie protestante (Butare – Rwanda), licencié, diplômé des études supérieures et docteur en théologie protestante de la Faculté universitaire de théologie protestante de Bruxelles. Pasteur de paroisse au sein de l'Eglise protestante unie de Belgique (EPUB). Collaborateur scientifique et responsable de la chaire de l'Histoire des missions (missiologie) à la Faculté universitaire de théologie protestante de Bruxelles.

HARRY SINNAGHEL
With a career of more than 30 years in ICT, managing software projects and programs in Belgium and abroad, Harry Sinnaghel decided to make a career switch and has started a master's degree at FPG Brussels.

DR JOHANNES TASCHNER is professor of Old Testament at FPG Brussels and chaplain of the Comenius-Gymnasium in Düsseldorf.
Recent publications:

- Georg Steins, Philip Sumpter, Johannes Taschner (eds.), Relationships Between the Two Parts of the Christian Bible,. Historical, Literary and Theological Studies, 'Osnabrücker Studien zur Jüdischen und Christlichen Bibel', Vandenhoeck & Ruprecht 2016
- Gottes mütterliche Seiten (Meditation zu Jes 66,13), GPM – Meditationen 2015, 71–76
- Johannes Taschner / Heiko Wenzel, Narrative, Debate, and the Book of the Twelve, in: Heiko Wenzel (ed.), The Book of the Twelve. An Antology of Prophetic Books or the result of Complex Redactional Process? Osnabrücker Studien zur Jüdischen und Christlichen Bibel 5, Vandenhoek & Ruprecht Osnabrück 2018, 79–92.

DR JOHAN TEMMERMAN is dean and professor of systematic theology at FPG Brussels. His interests include the philosophy of religion and currents of alternative Christianity.

Recent books:

– *De onderstroom van religie en atheïsme. Vrijmetselarij, mystiek, gnostiek, hermetisme,* Leuven, 2014.
– *Maarten Luther, 500 jaar reformatie*, Brussel, 2016.
– *Geloof en vrijheid. 200 jaar Protestantse Brabantdamkerk,* Gent, 2017.

Homiletische Perspektiven/Homiletic Perspectives

gegründet und bis Band 8 herausgegeben von/founded and edited up to volume 10 by
Prof. Dr. Gottfried Bittner und Prof. Dr. Heye Heyen
herausgegeben von/edited by Dr. Theo Pleizier, Prof. Dr. Jörg Seip

C. M. A. van Ekris
Making See
A Grounded Theory on the prophetic dimension in preaching
What is theologically and homiletically happening in 'prophetic' sermons? This empirical theological study offers an analysis of the prophetic dimension in contemporary practices of preaching, including sermons from Bonhoeffer, King and Tutu, and from Dutch local contexts. After a phenomenological opening, five theological concepts are extracted from the studied sermons: exposing destructiva, interrupting dominant discourses, recognising the Word, overcoming destructiva and edifying the congregation. In this study, prophetic speech is reconstructed as an illuminative interplay between epiphanic and inductive aspects.
vol. 10, 2018, 388 pp., 39,90 €, pb., ISBN 978-3-643-90990-9

Heye Heyen
Gericht predigen
„Von dort wird er kommen zu richten die Lebenden und die Toten". – Während diese Worte im Glaubensbekenntnis jeden Sonntag gesprochen werden, wird darauf in der Predigt nur äußerst selten ausdrücklich Bezug genommen. Viele Prediger scheinen dem Thema eher auszuweichen. Die vorliegende Studie untersucht anhand von im Internet publizierten Predigten aus den letzten zwölf Jahren, welche Motive und welche Schwierigkeiten von Predigern mit dieser Thematik erkennbar sind. In einem Schlussteil werden mögliche Schritte einer angemessenen Rede vom Jüngsten Gericht aufgezeigt.
Prof. Dr. Heye Heyen, geb. 1953, ist Inhaber des Lehrstuhls für Praktische Theologie an der Fakultät für Protestantische Theologie in Brüssel. Zugleich ist er psychotherapeutisch tätig in einer eigenen Praxis in Oldenburg.
Bd. 9, 2017, 90 S., 24,90 €, br., ISBN 978-34-643-13357-1

Axel Denecke
Vollmächtig und liberal!
Predigten in der Tradition des Juden Jesus. Mit einem Lernprogramm für die Praxis
Die Predigt Jesu wurde bisher noch kaum einer Untersuchung für Wert erachtet. Hier klafft eine große Lücke in der homiletischen Forschung. Die Predigt Jesu unterscheidet sich zwar graduell, aber nicht prinzipiell von unserer Predigtpraxis. Die Leitfrage des Buches lautet daher: „Was können wir von der Predigt des Juden Jesus für unser eigenes Predigen lernen?" Dies wird mit den beiden Leitbegriffen „vollmächtig und liberal" -in dieser Zuordnung ungewöhnlich und in manchen Ohren auch provokativ- beantwortet. Dabei wird Jesus bewusst in seiner jüdischen Tradition in den Blick genommen und die jüdische Schriftauslegung auf die Übertragbarkeit in den christlichen Kontext hin befragt.
Nach dem Erfahrungsbericht über eine „homiletische Jahresreise zu Beginn des 21. Jahrhunderts" und den grundsätzlichen Überlegungen zum Thema wird am Ende ein sehr konkretes „Lernprogramm für die Praxis" vorgestellt.
Bd. 8, 2009, 176 S., 19,90 €, br., ISBN 978-3-643-10062-7

Heye Heyen
Lebensbejahend predigen
Bd. 7, 2008, 168 S., 19,90 €, br., ISBN 978-3-8258-1884-5

Hanneke Schaap-Jonker
Before the Face of God
An Interdisciplinary Study of the Meaning of the Sermon and the Hearer's God Image, Personality and Affective State
vol. 6, 2008, 384 pp., 34,90 €, pb., ISBN 978-3-8258-1432-8